The Details
Of History

历史的细节 卷四

火药、枪炮与革命

杜君立 – 著

天地出版社
TIANDI PRESS

图书在版编目（CIP）数据

火药、枪炮与革命 / 杜君立著. — 成都:天地出版社,
2021.4（2021年10月重印）
（历史的细节）
ISBN 978-7-5455-6144-9

Ⅰ．①火… Ⅱ．①杜… Ⅲ．①世界史－通俗读物 Ⅳ.
①K109

中国版本图书馆CIP数据核字（2020）第219160号

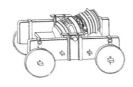

HUOYAO，QIANGPAO YU GEMING

火药、枪炮与革命

出 品 人 杨　政
作 　 者 杜君立
责任编辑 杨永龙　李晓波
装帧设计 今亮后声
责任印制 王学锋

出版发行 天地出版社
　　　　　　（成都市槐树街2号　邮政编码：610014）
　　　　　　（北京市方庄芳群园3区3号　邮政编码：100078）
网　　址 http://www.tiandiph.com
电子邮箱 tianditg@163.com
经　　销 新华文轩出版传媒股份有限公司

印　　刷 河北鹏润印刷有限公司
版　　次 2021年4月第1版
印　　次 2021年10月第2次印刷
开　　本 880mm×1230mm　1/32
印　　张 13
彩　　插 16页
字　　数 258千字
定　　价 68.00元
书　　号 ISBN 978-7-5455-6144-9

它（火药）使整个作战方法发生了变革……火器的采用不仅对作战方法本身，而且对统治和奴役的政治关系起了变革的作用。要获得火药和火器，就要有工业和金钱，而这两者都为市民所占有。因此，火器一开始就是城市和以城市为依靠的新兴君主政体反对封建贵族的武器。以前一直攻不破的贵族城堡的石墙抵不住市民的大炮；市民的枪弹射穿了骑士的盔甲。贵族的统治跟身披铠甲的贵族骑兵队同归于尽了。

——恩格斯

弓矢远于刀枪，故敌尝胜。我铳炮不能远于敌之弓矢，故不能胜敌。中国之铳，惟恐不近；西洋之铳，惟恐不远，故必用西洋铳法。

——孙元化

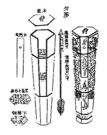

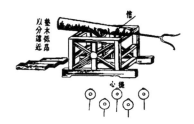

第十章　暴力的技术

引 子

1777 年，美国独立战争正进入相持阶段，一批又一批英军跨越大西洋，被送到美洲的前线。在这里，与他们对抗的是所谓的"美国人"。

不久前，这里还是大英帝国属下的美洲殖民地，这里的每一个人也都是英国国王的臣民。但从 1776 年开始，"新英格兰"便造反了，宣布他们成立了一个新的国家——"美国"。

作为傲视天下的日不落帝国，英国绝对无法容忍这种叛国分裂的行为，战争便爆发了——对英国人来说，这是镇压叛乱；对"美国人"来说，则是革命。

10 月 7 日这天，在纽约附近，一场决定性的战役即将拉开序幕。

身着红色战衣的英国士兵已经集结起来，准备发动进攻。他们装备了当时非常普遍的燧发式滑膛步枪。

对英军来说，他们的对手虽然装备很差，但战斗力却不可小觑。

"美军"对地形地理非常熟悉，常常采用游击战术，打了就跑，这大大弥补了他们在武器上的劣势。更可怕的是，因为法国的暗中支援，这些反叛者也拥有一定数量的先进武器，其中就包括枪膛带有膛线的来复枪。

这种枪与普通步枪在外观上没有太大区别，但它的枪管要长得多，最大的秘密就在其修长的枪膛里面。一般的枪膛都是光滑的，而它的枪膛内壁则刻有一条螺纹状的膛线，即来复线；当子弹从枪膛里射出时，与这条来复线发生摩擦，便出现自转，子弹像钻头一样飞向前方。

千万不要小看这种自转，它对子弹的速度、射程和精确性影响巨大。普通子弹在飞行中是静止的，就像钉子一样"劈"开空气，而来复枪的子弹则像螺丝钉一样"钻"开空气，从而大大减少了空气阻力。这不仅让子弹射得更快更远，而且也更准，几乎很少发生偏移。

自从中国人发明火药后，火枪就一直在与弓弩竞争战场的主导权。到18世纪时，火枪在西方世界已经非常普及，但就射程和射击的准确性而言，并不比弓弩强多少。

当时的战争模式一般都是这样的：两军在平坦的地方排列成横队，向对方靠近，相距几十米时开始射击。有人将这种战术戏称为"排队枪毙"。一边射击一边靠近，越走越近，最后用刺刀进行白刃战，整个战斗以冷兵器结束。

当时的英军在这方面表现得极其典型：他们身穿鲜艳的制服，无论行动和射击都是整齐划一的，就连白刃战也像是一台杀戮机器。这一切，都依赖于他们所接受的严格训练，尤其是那些意志坚强、指挥有方、出身贵族的将军，常常构成英军的灵魂。

与英军相比，美军简直就是一群农民军。美军的军服自然谈不上规范统一，火枪更是长短不齐，甚至还有原始的火绳枪，但仅靠极少量的来复枪，却让美军获得了巨大的力量平衡。一名英国军官写道："这种乡野战争只适合野蛮人和强盗，战争必须全部在森林里进行。"

来复枪的出现，一下子拉开了火枪与弓箭的差距，虽然它填装子弹仍然很麻烦，难以大范围普及，但却创造了一种新的步枪战术——狙击。

中国古代说一个人神武，常谓之"万军之中取上将首级如探囊取物"。实际上，这样神武的人是极其罕见的。然而，有了来复枪，从数百米之外就可以轻松杀死敌军上将，而且这样的狙击手并不难找，所谓的"神武"变得容易起来。

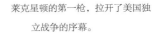

莱克星顿的第一枪，拉开了美国独立战争的序幕。

现在，一位手持来复枪的美军狙击手登场了。他的名字叫蒂莫西·墨菲。他爬上一棵大树，有树叶做隐蔽，正好居高临下，便于寻找一个"高价值目标"。

对美军来说，与训练有素、严整正规的英军面对面作战并无胜算。与其这样，不如通过猎杀其军官摧毁其指挥系统，从而获得战场的主导权。因此，像墨菲这样的狙击手就发挥了举足轻重的作用。他们借助远程狙击，使劳师远征的英军变得群龙无首。

墨菲很快就发现了目标，一个身穿军官大衣、纽扣闪闪发光、骑着高头大马的家伙。他举枪，瞄准，开枪，目标应声倒地。

墨菲不知道，死在他枪下的军官是西蒙·弗雷泽将军，英国陆军准将，也是这场战役中英军的最高指挥官。

弗雷泽之死，标志着这场战役提前结束。英军在弗雷泽被射杀之后，只得选择撤退。10天后，包括弗雷泽所部在内的共计6000名英军士兵向美军投降。

从后来的历史来看，这一枪成为美国独立战争的一个重要转折点。

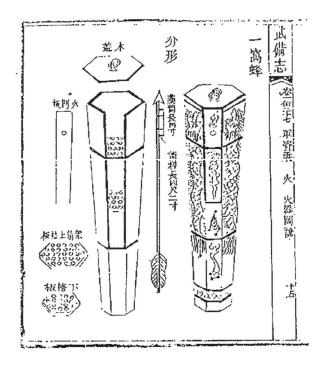

明代《武备志》中的火箭

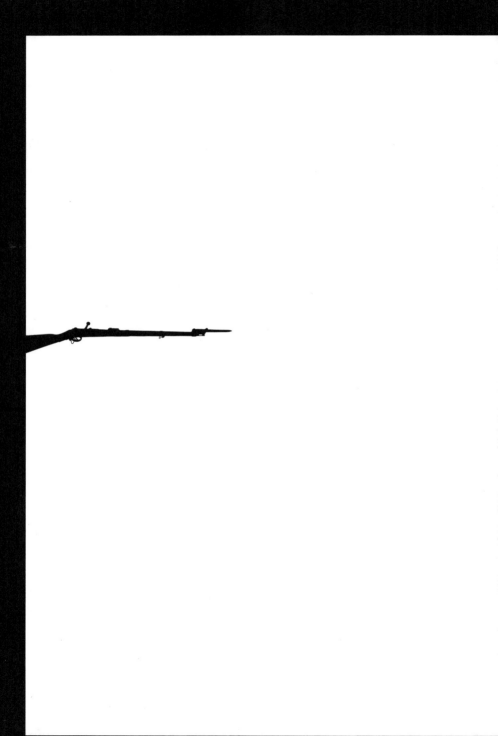

第一章　战争的起源

好斗的人类

　　历史探讨的一个基本话题，就是人类的起源。说到人类的起源，免不了从动物说起。人作为一种动物，一个明显的优势是身体足够大。相比之下，老鼠或兔子就太小了。

　　可以设想一下，如果人类只有猫一般大小，那么就会面临数不清的天敌，说不定很快就会被狼给灭绝。

　　巨大的身体让人有足够的力气来保护自己，并能够凌驾于大多数危险的动物之上。对人类来说，陆地上只有极少数猎食性动物比人更大，比如老虎、狮子。也就是说，人类单凭身体，就已经是仅次于老虎、狮子的顶级猎食动物。

　　相比老虎和狮子，人类的力气就小得多，也没有獠牙利爪，速度上也差得远。老虎可以猎食野牛，人类从速度、力气、爪牙等各方面都不具备这种猎食能力。好在人类足够聪明，学会了用工具来弥补这些缺陷。

　　媒介学家麦克卢汉说，人类发明的所有工具都是人自身身体的延伸。轮子提高了人类移动的速度，刀矛利斧等武器胜过一切爪牙。弓箭的发明之所以神奇，是在于它同时提升了人类在速度和爪牙两个方面的能力，人类可以在很远的地方发起攻击——其速度之快，让猎物根本来不及躲避；爪牙之利，可以瞬间洞穿猎物身体。

人类另一个优势是寿命足够长。在哺乳动物中，人类几乎是最长寿的。长寿的最大好处，就是能够积累足够的经验，并将经验变成历史。一般而言，年轻人积累经验，老年人书写历史，人类就这样通过分享和交流，迅速变成一种智慧动物，发明创造就成为人类特有的能力。通过发明创造，人类逐渐弥补了自身原有的缺陷。

一直以来，人类从力气上始终无法得到太大提升，直到发明了火药。火药的发明，使人类获得了来自外界的巨大能量，并可以将其任意的转化为自身的攻击力。

火药的能量之大，让人原有的力量显得微不足道。无论是枪炮还是地雷，人类借用火药，获得了大得不可思议的力量。从此以后，人类超越老虎和狮子，成为毫无争议的地球之王。当原子弹出现后，人类的力量之大，简直可以将地球撕为碎片，更不用说其他动物了。

达维特的油画《萨宾妇女的调停》

    虽然动物世界的法则是弱肉强食，但人类无疑是最为好战
的动物。

    从整个人类历史来说，人类不同部族或国家之间的冲突此
起彼伏，延续不断。而所谓的和平，其实只是上一次战争与下
一次战争之间的暂歇期和酝酿期。

    在一般人看来，这种战争视角确实是非常悲观而又令人沮
丧的。

    "人类的历史就是战争的历史。"写作《罗马帝国衰亡史》
的历史学家爱德华·吉本如是说。

战争无疑是人类历史活动中最激烈而又最典型的事件。历史不乏必然性和偶然性的冲突，这些冲突并不一定表现为战争，但战争却是冲突最极端的表现方式。战争具有立竿见影的效果，集中爆发的、有组织有预谋的巨大暴力，能够迅速打破原有的秩序，在短时间内带来天翻地覆的剧变。

回顾整个人类史，从古到今发生过数不清的战争。有许多决定性的战争，在短短一天中所获得的战果，直接塑造了历史大势，比如牧野之战、萨米拉海战。这些战争不仅改变了一个国家和王朝的命运，而且推动了文明的发展进程。

据 20 世纪 80 年代前后一份不完全统计，在有记载的全部人类史上，即至今 5560 年中，共发生过大小战争 14531 次，平均每年 2.6 次。还有一种统计说，在 1945 年之前的 3344 年里，平均每两年就有一次重大战争。3000 多年间，世界享受和平时光的时间仅为 230 年。[1]

作为地球上最好斗的一种动物，人类因为财富、权力、信仰或者资源，甚至为了一个女人，或是一块石头，都会大动干戈、血流成河。

关于战争，通常的定义是"为了某种尊严而采取的行动"，也可以被定义为"和平的缺失"。从战争机理来说，战争来源

1- 申文勇：《二十世纪战争史》，吉林大学出版社 2008 年版，第 4 页。

于一些人的狂热和预谋。他们一方面说：统一战争是正义的；另一方面又说：反抗异族侵略也是正义的。

英国哲学家罗素指出，战争是集体狂热的结果，也是专制政治的帮凶。

中国自古流行"弓马取天下"。其结果只证明了一件事，即战争是暴力的发源地。从后来的历史看，许多战争是没有理由的。

在很多西方人眼中，中国一直是田园牧歌式的。罗素就曾说："中国人更有耐心、更为达观、更爱好和平、更看重艺术，他们只是在杀戮方面低能而已。"[1] 其实伏尔泰说得更透彻：中国一点也没少打仗。[2]

不仅如此，细究起来，从神农到黄帝，战争也是中国历史的发轫——

　　　　昔者神农伐补遂，黄帝伐涿鹿而擒蚩尤，尧伐骧
　　　兜，舜伐三苗，禹伐共工，汤伐有夏，文王伐崇，武

---

[1] 罗素：《为中国请愿》，转引自：冯崇义《罗素与中国：西方思想在中国的一次经历》，生活·读书·新知三联书店，1993 年版，第 27 页。

[2] 伏尔泰在《风俗论》中曾这样谈中国："几个世纪以前，教他们使用火炮的是葡萄牙人，而教会他们铸造大炮的则是耶稣会士。中国人没有致力于发明这些毁灭性工具，但不应因此称颂他们的德行，因为他们的仗并没有少打。"

王伐纣，齐桓任战而伯天下。由此观之，恶有不战者乎？（《战国策·秦策》）

在商朝的《卜辞》中，总共记载了61次战争，每一场战争都是"人夷其宗庙，而火焚其彝器，子孙为隶，下夷于民"（《国语·周天下》）。

据《逸周书·世俘》记载，以"仁德"著称的周武王，曾经讨伐了99国，灭50国，杀死177779人，俘虏300230人。自公子卬与魏战，到周之初亡，秦所屠杀或掳去的六国民众，多达1398000人。正所谓"战争杀戮，不知纪极，尽人之性命，得己之所欲，仁者不忍言"（《无能子·严陵说》）。

所有为了获得权力而发动战争的人，往往都以正义自诩，但孟子则谴责说："春秋无义战！"

据许倬云先生统计，《左传》中春秋259年间，只有38年没有战争，其余年间各种战争超过1200次，平均一年4.63次；战国242年间，仅大规模的战争就有460余次，平均每年1.9次。[1]

相比春秋，在战国时期，至少有89年没有战争。简单地看起来，战国时期好像战争的次数有所降低，但事实上，小战

1- 许倬云：《变迁中的古代中国》，转引自《剑桥中国秦汉史》，中国社会科学出版社1992年版，第38页。

变大战，战争烈度被大大地提高了。

刘向在《战国策》的序言中说："万乘之国七，千乘之国五，敌侔争权，盖为战国。贪饕无耻，竞进无厌，国异政教，各自制断，上无天子，下无方伯，力政争权，胜者为右，兵革不休。"

春秋时期的战争大多是霸权之争，战国时代则完全是功利主义战争，就是苏秦所说的"兵趋利"。砥砺甲兵，争利于天下，目的是为了"辟土地，充府库"，军事成为赤裸裸的战争经济学。

马尔萨斯诅咒

战国时期，中国正处于青铜向铁器的转变期，传统农业文明刚刚走向成熟，战争就已经全面开始。

先秦时期，战争是"国际"秩序重建的唯一手段。150多个诸侯国，大多数在战争中灭亡或被吞并，只有22个生存到了战国时代，然后经过激烈混战，只剩下七八个国家，最后由秦一举"定鼎"。

据司马迁在《史记·秦本纪》中的记载，秦国为一统天下，以"虎狼之师"攻魏杀8万人，战五国联军杀8万人，伐韩杀1万人，击楚杀8万人，攻韩杀6万人，伐楚杀2万人，伐韩、魏杀24万人，攻魏杀4万人，击魏杀10万人，又攻韩杀4万人。公元前262年，白起伐赵，杀42万人，又攻韩杀4万人，又攻赵杀9万人。以上不完全统计，杀人已达130万之多。

这些统计数字并未计入早期征巴蜀和后期伐匈奴以及秦人战死者。

《汉书》谈到秦王朝创立的代价时说，其"以兵内兼六国，外攘四夷，死人如乱麻"（《汉书·天文志》）。从此留下"杀人如麻"这则成语。

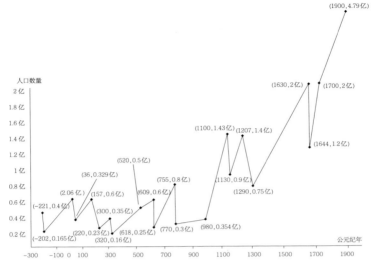

人口数量

(1900,4.79亿)

(1630,2亿) (1700,2亿)

2亿
1.8亿
1.6亿
1.4亿
1.2亿
1亿
0.8亿
0.6亿
0.4亿
0.2亿

(1100,1.43亿)
(1207,1.4亿)

(520,0.5亿)

(36,0.329亿)

(2.06亿) (157,0.6亿)

(-221,0.4亿)

(609,0.6亿)

(755,0.8亿)

(1130,0.9亿)

(1290,0.75亿)

(1644,1.2亿)

(300,0.35亿)

(-202,0.165亿)
(220,0.23亿)
(320,0.16亿)
(618,0.25亿)
(770,0.3亿)
(980,0.354亿)

公元纪年

-300 -100 0   300   500   700   900   1100   1300   1500   1700 1900

中国古代人口历史的发展变化曲线

（数据来源：《中国人口史》）

　　用郭建龙的说法，秦国的统一，实际上是将中原国家的人口资源消耗干净，使得他们无力反抗才获得的。

　　正是在春秋末期的时代背景下，传统的《司马法》已经失去现实意义，因此才有了《孙子兵法》的诞生。

　　如果说孔子影响了中国的话，那么孙子则影响了世界。在孔子四处奔走，宣传道德教化时，孙子写出了世界第一部宣扬"战争艺术"的著作《孙子兵法》。《孙子兵法》被誉为"瑞士军刀"理论，几乎成为人类战争的《圣经》。

　　中国人素有著史的传统。在中国古史中，兵制和战功的记载之多，是其他前现代民族所不能望其项背的。

公元前 221 年，名副其实的战国时代被秦始皇用战争手段完成一统，此后的 12 个主要朝代以及其他 16 个次要朝代，无一例外，也都是通过军事手段建立的。

从《孙子兵法》问世开始，中国古代战争就从贵族的有限战争转变为全民皆兵的无限战争，战争以大屠杀的形式展开，屠城杀戮不绝于史。每一次封建王朝改朝换代，都伴随着一场人口大灭绝，"师之所处，荆棘生焉；大军之后，必有凶年"（《老子·三十》）。

作为《孙子兵法》的产地，古代中国战事不断，不乏自相残杀的内乱。

因为人多地少，残酷的资源限制使中国的每一场战争都规模不小。这也是所谓的"马尔萨斯诅咒"[1]。中国古代之所以总是一治一乱的轮回，是因为每过一段时间，人口与资源之间的

1- 英国经济学家托马斯·罗伯特·马尔萨斯在《人口论》（1798 年）中提出，人口增长是按照几何级数（1、2、4、8……）增长的，而生存资料仅仅是按照算术级数（1、2、3、4……）增长的，人口不能超出相应的农业发展水平。马尔萨斯还进一步指出，多增加的人口总是要以某种方式被消灭掉，比如战争、饥荒和瘟疫，都会使人口下降到与生存资料生产水平相适应的道路。这种人口增长的瓶颈现象被称为"马尔萨斯诅咒"，也称为"马尔萨斯陷阱"或"马尔萨斯灾难"。马尔萨斯的理论从问世开始，就遭到了猛烈抨击。但近代也有学者指出，该理论有其合理成分，客观上提醒了人们注意人口与生活资料比例协调，防止、抑制人口的过速增长，从而成为现代人口理论的开端。

平衡就会被打破，引发社会动乱，最终导致战争的发生。

其实不仅中国如此，整个人类世界也都是如此。因此，西方有"末日四骑士"的说法，即瘟疫、战争、饥荒和死亡。

在中国传统农耕时代，战争与人口一直保持着微妙的互动关系。战争初期，通过杀戮削减对方人口；到了战争后期，因为自身的"丧众"而又转向掳掠对方人口，以扩大自己的势力。

三国时期，吴国因为人口太少，甚至不远万里，派卫温和诸葛直率甲士万人渡海去夷洲，抢掠数千人而还。

西汉末年（公元 2 年），中国人口一度达到 6000 万的极限。此后将近 1600 年里，直到明清时期高产水稻和美洲作物被大面积推广之前，一旦人口超过 6000 万，就预示着资源极限临近，战争的危险一触即发，然后战争杀戮使人口迅速降低到 2000 万左右。[1]

在冷兵器时代，战争也是人口比拼。战争的物资消耗和兵源都依赖人口，正如刘备所说，"夫济大事，必以人为本"（《三国志·蜀书·先主传》）。随着人口的大量死亡，社会财富

1- 据葛剑雄主编的《中国人口史》（复旦大学出版社 2002 年版）统计，西汉末年（公元 2 年），中国人口第一次达到前所未有的 6000 万。随后王莽篡汉，战乱不断，到东汉初年的 57 年，人口降低到 2100 万，降低率达 65%。157 年，中国人口恢复到了 5648 万，随后爆发了黄巾起义和三国混战，到三国末期，人口谷底大致在 2300 万左右。从中国历史来看，周期性的战争给社会带来的破坏是极其巨大的，仅以人口损失来说，几次重大战乱造成的人口损失大都在一半至三分之二之间，金元之际更是达到 80%，明清之际的跌幅也达 40%。（《中国人口史》第一卷第 375 页、407 页、302 页）

也往往在战乱中化为灰烬。

在富庶的两汉中期，奢靡与厚葬成风。但进入战乱不断的三国时代，贵为魏王的曹操长达十年只盖一条旧被子，临终时还嘱咐妻妾们要自己纺织缝衣；安葬时也是穿着日常衣服入殓，衣服上还打着补丁，甚至连陵址都选在"瘠薄之地"。

曹操作为诗人，写出了"白骨露于野，千里无鸡鸣。生民百遗一，念之断人肠"的名句，而作为战争中的统帅，则和董卓一样，有着"马前悬人头，马后载妇女"的屠杀。

> 自京师遭董卓之乱，人民流移东出，多依彭城间。遇太祖至，坑杀男女数万口于泗水，水为不流。陶谦帅其众军武原，太祖不得进，引军从泗南攻取虑、睢陵、夏丘诸县，皆屠之，鸡犬亦尽。墟邑无复行人。(《三国志·魏书·荀彧传》)

…………

人力型战争

战争是和平的缺失，战争的目的是破坏，而不是建设。战争的破坏程度是由战争规模和兵器的杀伤力共同决定的。

从规模上看，人类自从进入文明时代以来，战争规模越来越大，参战的军队和卷入战争的人数越来越多，破坏性也越来越大。

苏东坡《策问》中说："古者以民之多寡为国之贫富。"在现代火器出现之前，古代战争基本上都是人力型战争，或者说是人力密集型战争。对战争双方来说，可以调动的人力数量决定了战争的胜负和结果。按照兵法，如果己方人力是敌方的十倍，就可以围而歼之；如果是对方的几倍或双倍，就可以对攻；如果持平或不及对方人数，只能采取防守或躲避。

虽然自古不乏以少胜多的神奇战争，但以多胜少、恃强凌弱仍是多数情况和常态。胜利需要周密的作战计划、成功的奇兵突袭、雄厚的经济基础以及严格的军事纪律。战争是危险的，而对战争心存侥幸则是更加危险的。

在人力战争时代，士兵的勇气和指挥者的智力，自然可以增强军队的战斗力，武器装备也具有同样的效果，但这些因素都居于附属地位。斗智斗勇，最终还是要斗力。打仗基本上全部靠人，"人海战术"常常是很管用的。实际上，直到原子弹时代，这种战争观念仍然局部存在。

三国时期，魏、蜀、吴三国互相征战不止，这为后人提供了无穷的历史创作素材，仿佛战争全靠谋略。但实际上，决定战争成败的关键还是实力，或者说人力。

262年，即曹魏景元三年，蜀汉景耀五年，东吴永安五年，当时三国的大致情况是：魏国103万户，士兵50万(《晋书·文帝纪》)；蜀国28万户，士兵10万(《蜀书·后主传》卷33注引《蜀纪》)；吴国52万户，士兵23万(《吴书·三嗣主传》卷48注引《晋阳秋》)。也就是说，魏国无论是人力，还是军力，都比吴蜀两国强得多，即使吴蜀两国加起来也不及魏国。后来的结局是魏灭吴蜀，三国归晋，一点也不意外。

在人力资源有限的情况下，要挖掘出最大的战斗力，一方面要选择高明的将帅，另一方面则要提高武器装备的水平。相对而言，后者属于技术范畴，更加可控。通过武器——更准确

汉代画像石之荆轲刺秦王

地说是"机器",战争就可以尽可能地消除人为因素。战争的
理性化,往往意味对战争更有胜利的把握,从而将战争的风险
大大降低。

战争是零和游戏,其原则是"你死我活",即杀死或打败
敌人,而自己安然无恙。人与人的杀伤力理论上是接近的,只
有武器才能让双方拉开距离。

在中国,有一个人人皆知的故事——荆轲刺秦王。荆轲是
战国时期顶级的刺客,即使武艺很高,他要刺杀秦王,还是必
须有一把刀作为武器。为了将刀带入秦王宫,专门搞了一份地
图。"图穷匕首见",荆轲拿着这把匕首,依然未能刺死秦王,
还让秦王跑了。

秦王身边虽然有很多人,但因为都没有武器,竟然拿荆

轲没办法。在偌大的秦王宫，荆轲持刀追秦王，秦王绕着柱子跑，荆轲也刺不到，秦王也跑不了。其实秦王身上带着一把长剑，但因为太长，一时拔不出来。等到秦王拔出剑来，手持匕首的荆轲就落败了。

从武器角度来说，匕首太短，长剑比匕首的杀伤力大得多。

荆轲无奈，只好将匕首当作"飞刀"投出，结果被秦王躲过。秦王砍了荆轲八剑，而自己毫发无损，荆轲就这样死在秦王剑下。

随着武器权重的日益倾斜，最后便逐渐改变了战争的形态，武器取代人力，成为战争的一个主要因素，这就出现了技术型战争。

现代战争基本都是技术型战争。决定一国军事力量的，主要是武器装备水平和士兵的战术素养，而不是军人数量，虽然拥有一定数量的军队仍是必需的。

其实在古代战争中，战马作为一种武器装备，曾经起到了举足轻重的作用，这导致北方游牧民族常常以很少的人就能打败数倍于己的中原军队。在某种意义上，游牧民族发动的就是技术型战争。农耕民族因为缺少战马，就如同手无寸铁的人与持刀者搏斗一样，只能被动防守。即使这样，最后仍然免不了失败。

郭建龙在谈到八里桥之战时说，所谓战术，必须在双方武

大卫用投石索击杀
巨人歌利亚

器基本对等的前提下才有可能施展。[1]对现代高科技战争来说，所谓士气和智谋即使没有完全过时，也已经发挥不了决定性作用。

从人力型战争到技术型战争的演变，最关键的是武器升级达到了一定程度，即武器远远超过了普通人力在战争中的作用。

这一划时代的巨变就是火药和火器的出现。

1- 郭建龙:《中央帝国的军事密码》，鹭江出版社 2019 年版，第 395 页。

《圣经》中记载，歌利亚是一个有名的巨人，力大无穷，手持长矛，全副武装。当他带兵进攻以色列时，所有人都退避三舍，无人敢应战。谁也没想到，他最后被一个小牧童大卫用投石索击中脑袋，命丧沙场。

人类史也是一部战争史，而战争史多半也是武器史，从原始时代粗陋的木制或石制兵器，到短暂的青铜器，直到长达两千年历史的钢铁武器，从大象、战马到风帆战舰，人力构成冷兵器时代的战争源泉。随着冷兵器时代的结束，武器在战争中的作用大大提高了。"战争技术当然是所有技术中最昂贵的，随着社会进步，战争技术必然成为最复杂的技术。机械及其他必然与战争技术相联系的技术的状态，决定了战争技术在某一时期所能完善的程度。"[1]

虽然在刚开始阶段，这种新式武器与传统冷兵器并没有太大区别，它们仍然只是人力型战争的辅助因素，但在后来的战争中，这些热兵器迅速发展，杀伤力迅速提高，直到最后很大程度上改变了人力在战争中的主导地位。

在美国工程师制造的原子弹面前，日军的"玉碎计划"已经没有任何意义，日本所面临的只有两个选择：死亡，或者投降。

1-［英］亚当·斯密：《国富论》，唐日松等译，华夏出版社 2005 年版，第 494 页。

第二章　战争的能量

从火攻到火药

很多历史学家都承认，中华文明是一种早熟的文明，这种"早熟"主要体现在官僚政治和农业经济这两方面。

政治与经济的早熟，也带来了文化的早熟。正因为文化的早熟，战争在中国最早成为一种技术。

············

弩是中国独创的武器，它使杀人更加省力和"文明"，从而大大提高了效率。八牛弩甚至将畜力引入这种杀人机器，使其动力性能得到更大提高，其杀伤力更加不可阻挡。

杀人作为一种需要巨大能量消耗的工作，迫使中国人很早就关注能量技术。马和马镫无疑大大地增加了战士的机动性能，而弩则提高了能量效率。较小面积、较大深度的创伤，更高的命中率，在能量有限的情况下，无疑大大提高了战争效率。

总体上来说，冷兵器时代的战争仍以人类自身的能量为主。为了提高战争能力，中国甚至创造了独特的体力杀人技术——武术，或曰技击。

公元前 279 年，田单以火牛阵首开能量战争之先河，畜

牛　火

田单所用的火牛

力在这场齐燕大战中成为杀戮的主要能量来源。火虽然出现在这场战争中，但只是用于激发牛的杀戮精神，远未成为主要能量。

孙子最早提出将自然能量引入战争，"以火佐攻者明，以水佐攻者强"（《孙子兵法·火攻篇》）。与人类自身的能量相比，自然能量要大得多。一旦将人类肌肉之外的另一种能量引入战争，交战双方的力量平衡必然会马上被打破。因此，在战国后期的战争中，水攻和火攻屡见不鲜。

在《三国演义》中，官渡之战、赤壁之战、夷陵之战等决定性的战役，无不因火攻而以弱胜强、以少胜多。

夷陵之战中，吴兵用船装载茅草等易燃之物，接近蜀军营寨后，顺风点火，火势蔓延数百里，蜀军大败。自此之后一代枭雄刘备抑郁而终。

早在此次战役前，硫黄和硝石作为燃烧剂就已经正式登场。

硝石即硝酸钾,这种钾盐在中国西北许多地方都有天然分布,尤其是兵家必争的陇道和蜀道。因为几乎是中国独有,所以被西方人称为"中国雪"。硫黄同样也有很多天然存在。

将硝石、硫黄和含碳物质,经过人工均匀拌和、炼制,就可以制成火药。

或许是因为这种天然有利的因素,中国得以最先发明火药。

发明火药的初衷,并不是为了战争和杀人。实际上,火药完全是中国炼丹术的副产品。

早在战国时代,中国就形成了蔚为壮观的炼丹术。李约瑟认为,中国炼丹术与西方古老的炼金术一样,都属于原始化学,而中国炼丹术更为古老。西方炼金术是想用石头炼出黄金、白银,中国炼丹术则试图从矿物中炼制长生不老之药。

中国自先秦以后,农耕社会走向成熟,其结果,一方面是人口大量增加;另一方面,瘟疫也开始大面积暴发。尤其是丝绸之路的开通以及汉朝与北方草原地带的频繁战争,引发的瘟疫在东汉末期造成一场罕见的大浩劫,这场灾难一直持续到西晋时期。

当时,无论贵族还是平民,在瘟疫面前都别无二致,这导致不少贵族子弟抱着及时行乐、醉生梦死、玩世不恭的想法,道教和佛教极度盛行。疾病也刺激了医学进步,中医史上著名的《黄帝内经》和《伤寒杂病论》就诞生在这一时期。

与此同时,还有一些怕死的皇帝和贵族,不顾一切地访求辟邪不死的丹药。早期的秦皇汉武曾派人到东海、西域求药，然而终归证明所谓不死药只是传说。后来的人们求药不成，转而开始"炼药"。

随着火法炼丹技术在贵族之间的传播，偶然之间，便"发明"出了最原始的火药。

现存最早的火药配方，出于唐朝炼丹家清虚子撰写的道家医书《太上圣主金丹秘诀》。李唐王朝托附老子李聃为始祖，不仅奉其为玄元皇帝，还以道教为国教，炼丹的道士因此炙手可热。[1]

正是这一时期，炼丹的道士找到了硫黄伏火法。他们发现，将硫黄、硝石和碳这三种物质放在一起进行加热时，反应异常剧烈——"以硫黄、雄黄合硝石并蜜烧之"，就会"焰起，烧手面，及烬屋舍"（《真元妙道要略》）。之所以没有出现爆炸，是因为这些天然原料没有经过提纯处理，其中的杂质延缓了化学反应。

1- 中国古代所谓的"丹药"多以金、银、铅、汞等重金属为原料，因为重金属的超稳定性。而硫黄能化金、银、铜、铁等金属，所以方士在炼丹时，常用硫黄作为"还丹"的原料，硝和木炭起着助燃作用。当然，古人关于这三种物质的认识，经历了一个相当长的实践过程。唐代是道教和炼丹术最为盛行的一个时期，唐朝21位皇帝中，竟有6位因吃丹药而亡。在此期间，中国炼丹术发生了历史性的转变，就是用药趋向定量化和小量化。在此之前，炼丹用药动辄就是"各数十斤"，甚至"百斤"（《抱朴子》）。唐代炼丹多以两为用药单位，这使炼丹更加接近科学的化学实验，从而为火药的出现提供了可能。

经过不断的试验，晚唐时期，火药终于在中国诞生。

虽然当时的人们是从药房里买了火药回去服用，试图延长寿命，但已经有人将火药用于杀人，以缩短人的寿命。

鲁迅先生曾说："外国用火药制造子弹御敌，中国却用它做爆竹敬神。"[1] 事实上，火药从一开始就已经被中国人用于战争，而不仅是娱乐。虽然很多人热衷于火药爆炸巨响的刺激性，并用于节庆、仪式和祭祀，但越来越多的人发现了火药爆炸所产生的巨大能量，并将这个能量用于杀人。

作为神秘的炼丹术的产物，可以说，火药是一种文明的产物。即使被用于战争，火药也是文明人的武器。

在古代历史中，火药的出现，改变了自从马镫时代以来文明人在战争中的不利处境。有了火药，文明人就可以用技术来压制野蛮人的暴力。如果说马镫时代的战争是野蛮战胜文明的话，那么火药时代的战争则是文明战胜野蛮。

> 当代战争火药武器的巨大开支明显有利于那些更能负担这种开支的国家，从而使富裕和文明国家比贫穷野蛮国家处于明显有利的地位。在古代，富裕文明国家很难抵御贫穷野蛮国家的入侵；在当代，情况则

1- 鲁迅：《电的利弊》，载《鲁迅全集》第5卷，人民文学出版社2005年版，第18页。

《武经总要》中记载的火药配方

相反。火药武器的发明，初看似乎对文明的持久和传播有害，实际上却起到有利作用。[1]

哲学上有句名言，恶是历史进步的杠杆。如果说马的介入，大大延长了人类杀戮的半径，那么火药的介入，则大大提高了人类杀戮的效率。

1—［英］亚当·斯密：《国富论》，唐日松等译，华夏出版社 2005 年版，第 508 页。

与马相比，火药的能量更具无限性，其能量密度要远远大于人类和马这些动物的肌肉力量。火药巨大的能量，不仅使人的血肉之躯显得脆弱，甚至让城墙工事等建筑物同样不堪一击。

　　对于战争来说，火药成为一个巨大的能量倍增器，它使传统的动物能量显得微不足道。如果现代性的基本特征之一是化学力取代了人力的话，那么火器可以被视为第一种现代发明。

　　在火药出现之前，杀一个人需要足够的力气、技术和运气，当然还有更为重要和必不可少的勇气或残忍。火药的出现，完全改变了杀人的前提。杀人不再需要多大力气，甚至不需要技术，只需要你有杀人愿望就足够。

　　与传统武器相比，火药的杀伤力具有更大的可塑性和无限性。

　　当火药成为杀人行为的主要力量时，人的作用在于只须做出决定：杀还是不杀，杀甲还是杀乙。

　　进入火药时代，杀人显得轻而易举。

发明火药

看中国古代史，很多帝国都是通过战争建立的，最后也都因战争失利而倾覆。战争推动了王朝的暴力更迭，也推动了暴力技术的发展。当历史进入 10 世纪时，火药火器已经在中国战场上雷鸣般轰响，而西方世界对火药仍一无所知。

恩格斯在 1857 年为美国百科全书写的《炮兵》词条中写道：

> 现在几乎所有的人都承认，发明火药并用它朝一定方向抛射重物的，是东方国家。……在中国，还在很早的时期就用硝石和其他引火剂混合制成了烟火剂，并把它使用在军事上和盛大的典礼中。[1]

《左传》说："国之大事，在祀与戎。"在中国古代，祭祀与军事关系非常密切，巫师、道士和军事家也常常被混为一

1-《马克思恩格斯全集》第 14 卷，人民出版社 2013 年版，第 193 页。

谈。在战争中，双方严守机密，权谋机变。因此，人们把战争称为"阴事"，把军用文书称为"阴书"，军用符牌叫"阴符"，军事计谋叫"阴谋"。

在古人看来，战争没有固定的规律，结果难以预料，具有极大的偶然性。因此，不得不依靠占卦、望气、观星等办法来预卜战争的胜负。在殷墟甲骨文卜辞中，大多数都和战争有关。可见殷人有多么迷信，几乎每打一仗都先问神明。

在古代军队中，一般也有巫师和术士随军作战，以答疑解惑。从最早的黄帝、姜太公、张良、鬼谷子到后来的诸葛亮等，这些著名的兵家也都是身兼方士和军事家的半人半仙的人物。

其实，古代的兵书和道书也常常难分彼此，有人就认为老子的《道德经》其实是一部兵书。

唐朝历代皇帝和许多文臣武将都极其崇奉道教，著名的将军李抱真、高骈、安禄山都笃信方术。出征打仗时，讲究"风角""孤虚""向背""星占"，甚至迷信"撒豆成兵""呼风唤雨"这类法术。

正因为唐军常有方士参战，所以火药便被方士用于战争。

唐哀帝天祐元年（904 年），杨行密部将郑璠率军攻打豫章（南昌），"发机飞火，烧龙沙门，率壮士突火先登入城，焦

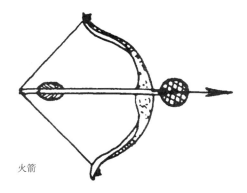

火箭

灼被体"[1]。北宋许洞所撰《虎钤经》指出，郑璠的"飞火"，即"火炮火箭之类"。

此次"发机飞火"，或许是中国第一次将火药用于军事。

所谓"飞火"，其实就是在箭杆上绑一个火药团，点燃引信后，用弓或弩射出去。这仍然属于火攻，不过已经产生了距离上的提升。

现代人都知道，火的燃烧实质上是一种氧化反应。但火药的"燃烧"属于无氧燃烧，即自燃烧，硝起着催化剂作用，这与一般火的燃烧完全不同。

火药之所以具有极大的杀伤力，就在于它"燃烧"所产生的能量。这种"燃烧"发生的时间，只有人们眨眼时间

1- 宋·路振：《九国志》，转引自：刘旭《中国古代火药火器史》，大象出版社 2004 年版，第 13 页。

的 1/100000。这种瞬间释放巨大能量的"燃烧",就叫作"爆炸"。[1]

中国真正进入火药时代是在宋朝。

从建隆元年(960年)开始,中国进入科技、文化、经济最为鼎盛的大宋帝国时代。当此之时,北方游牧部落依靠骑射优势,对南方保持着极大的军事威胁。因此,宋朝开始建立极其庞大而完备的军事工业体系,并开设专门的研究机构来制造各种先进武器。北宋天圣元年(1023年),朝廷在汴京设置"火药作"。这是"火药"之名首次出现于中国史籍中。

国学泰斗陈寅恪认为:华夏民族之文化,历数千年之演进,造极于赵宋之世。正是在这种文明开放的时代背景下,中国率先进入热兵器时代。具有较高技术含量的火药和火器的全面兴起,离不开宋朝对军事科技的极大支持和鼓励。火药由官方机构进行正式生产和管理,也标志着火药时代的来临。

1- 同依靠空气中的氧气才能燃烧的易燃物不同,火药是由硝石在点火燃烧后依靠自身释放的大量氧气,完成燃烧过程的自供氧燃烧体系,即内燃体系,因而可以在密闭的容器中燃烧。在燃烧过程中,氧化和还原反应在瞬间剧烈地进行,并迅速释放出物理与化学能,产生大量的高温高压气体,其体积急剧膨胀,高达火药体积的几十乃至千百倍,将容器胀破并发出巨大声响,使周围的介质遭到破坏。硝石因在反应过程中释放出大量的氧气而起着氧化剂的作用。硫和炭因得到大量的氧气而助燃,起着还原剂的作用。其反应方程式是:$16KNO_3+3S+21C=5K_2CO_3\downarrow+2K_2S\downarrow+K_2SO_4\downarrow+13CO_2\uparrow+3CO\uparrow+8N_2\uparrow+740\ kcal/kg$(吉布斯提出)。

在人类历史上，中国首先掀起了火药、火器的发明高潮。

据《宋史·兵志》载，宋太祖开宝三年（970 年），兵部令史冯继升等进火箭法；唐福献上所制火箭、火球、火蒺藜；知宁化军刘永锡献上自己创制的手炮。

庆历四年（1044 年），受朝廷委托，曾公亮、丁度等编纂的《武经总要》，堪称中国第一部军事百科全书。该书《守城·火药法》中，记载的火器达十多种，如火箭、火炮、火药鞭箭、引火球、蒺藜火球、铁嘴火鹞、竹火鹞、霹雳火球、烟球、毒药烟球等。同时，书中还完整记录了两种不同的黑火药配方：炮火药中，硝石占 57%，硫黄占 20%；蒺藜火药成分中，硝石占 50%，硫黄占 25%。

在当时的技术条件下，发射器械都很原始，因此火器的杀伤力主要取决于火药配方。

初期的火药还非常原始，只是一种类似于油的可燃物，直到后来增加了配方中的硝石含量，才有了爆炸，这才使得包括火枪、火炮在内的各种火器有了出现的可能。

晚唐的早期火药中，硫与硝的配比为 1:1，宋代已经增加到 1:2 和 1:3。相对而言，后者的配比较为科学，基本接近现代黑火药。

从燃烧到爆炸，这种质的变化，标志着黑火药已经正式进入北宋国家军队装备系列，并实现了标准化生产。用军事史学家王兆春的话说，即"大型作坊的流水线作业，进行批量生

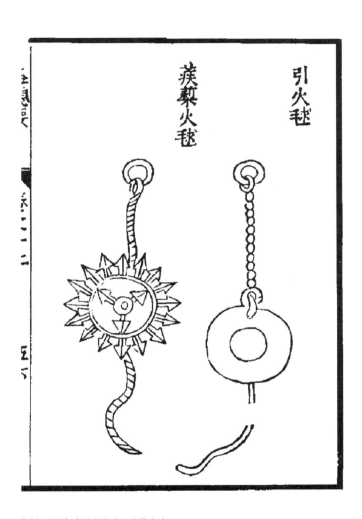

《武经总要》中的引火球、蒺藜火球

产"。仅元丰六年（1083年），朝廷就向两处军营分别调拨了10万支和25万支火药箭。

中国率先进入火器时代后，依靠燃烧、爆炸、毒气和烟幕等不同杀伤形式的火药战争，引发了巨大的多米诺骨牌效应，从而改变了人类历史的进程。

在接下来的四个世纪中，硝烟代替了狼烟，炮声盖住了金鼓，火药改变了地球原先的面貌。

与许多古老发明一样，火药起源于东方，却在西方走向兴盛和成熟。一方面，欧洲列强用火药征服并统治了全世界，而另一方面，火药给欧洲带来的死亡、破坏和痛苦，远远超过人类有史以来所有战争的总和。

从人类战争史来说，火药的发明是颠覆性的——

人类最初的作战武器是棍棒和石头，然后是刀剑和弓箭，在漫长的几千年间不断改进。火药和炸药的发明，代表着杀伤能力的巨大飞跃——这产生了一个不连续性。后来的几个世纪中，军队不断改进这方面的技术，造出了子弹、炸弹和加农炮。机枪和现代大炮的杀伤力与早期的来复枪和加农炮不可同日而语，但是它们不过是同一技术的改良而已。[1]

1-［美］罗伯特·拉蒂夫：《未来战争：科技与全球新型冲突》，林华译，中信出版社2019年版，第72页。

第三章　围城之战

兵临城下

　　进入文明时代以后，人类最诡异的发明就是墙。

　　墙的意义在于隔离。如果说原始的洞穴是为了隔离野兽，那么人工建造的墙则是为了隔离人类。从社会学角度来说，墙是暴力的产物，墙的作用就是隔绝暴力、制止侵犯。《左传》中也说："人之有墙，以蔽恶也。"

　　中国具有最为悠久的墙文化，最著名的莫过于长城。

　　其实，长城远远不只是一堵墙，它是个多功能军事工事，从长城的路线到瞭望台的设置，每一个细节都充满智慧。

　　一般传统观点认为，修筑长城是为了防御擅长骑射的北方游牧民族入侵，但有学者提出不同的观点：无论是燕长城、赵长城还是秦长城，都深入到传统农耕区域以外，其实是东周诸侯国在强烈的企图心驱使下，攻占了戎狄的土地。长城是对土地权属的确认，是出击的桥头堡，是对其他诸侯国的地理扼制，是对北方商业利益的掠取。从这一点来说，城墙不仅是一

中国古代每个城市都有城墙保护

种防守，同时也是一种蚕食式的进攻。[1]

对中国历史来说，长城具有某种隐喻色彩。如果说城堡是欧洲中世纪的封建标志，姬路城（炮楼）是日本领主统治的标志，那么长城就是中国古代历史文化的象征，而中国每一个有悠久历史的城市无不以城墙为主要特征。

对中国古代城市来说，城垣就是城市，没有城墙也就没有城市。汉字中的"国"和"邑"都离不开城墙。修建一座城市的城墙，就相当于建立一个国家。"凡欲安君治民、兴霸成王、从近制远者，必先立城郭，设守备，实仓廪，治兵库"（《吴越春秋·阖闾内传》）。

欧洲的城市是市民文化和公民文化的产物，中国城市则是

1- 可参阅：［美］狄宇宙：《古代中国与其强邻：东亚历史上游牧力量的兴起》，贺严、高书文译，中国社会科学出版社 2010 年版。

官僚权力的产物，是统治者的居住地。在古代中国，城市的存在只是为了实现对城市以外农民阶层的统治，因此也可以说，中国城市首先是政治机构驻地。

作为军事手段，城墙不仅必不可少，而且是统治权力生存的基本保障，就像墨子所说，"城者，所以自守也"。

《世本》和《吕氏春秋》等典籍认为，夏朝的先祖鲧是中国城池最早的建造者。中国古人按照天道的运作建立城池，"城以盛民""郭以守民"。

现代考古发现，商朝的城墙就已经高达 9.1 米，墙底部厚 10 米到 20 米，顶部厚 5 米至 10 米。第一帝国时期，秦始皇一度尽毁六国城郭，但随着郡县制的普及，又恢复了"无郡不城"和"无县不城"。

在古代，中国城墙不仅普遍，而且规模浩大。通过一些遗留至今的城墙，我们可以想象当年古城池的雄伟壮观。这也让一些欧洲城堡专家自叹不如，"相比之下，欧洲中世纪的城堡简直不堪一击"。

与中国相比，欧洲的城墙确实逊色。

罗马人是古代欧洲最擅长修建城墙的。他们的城墙通常有 10 米高，但却只有一两米厚。罗马城的城墙比较雄伟，但底部最厚也不过 6 米。

西方最高大的城墙应属君士坦丁堡：外墙厚 2 米，内墙厚 5 米，中间间隔 15 米的无人区。欧洲人把君士坦丁堡叫作"最无懈可击的古代城堡体系"。但一比较，就发现它的外墙和内墙厚度，只有中国一般城墙的几分之一。

实际上，中世纪的绝大多数时期，除了贵族骑士的城堡，欧洲大部分城镇是没有墙的。

在中国古代，一般筑墙材料为黏土配以砂浆。城墙要求坚固，主要用石灰加水搅拌，再加入沙石。长城用的就是这种石灰砂浆。

此外，"糯米灰浆"在古代也很普遍。具体做法是，先将糯米煮熟透，倒入石灰砂浆中，再掺入猕猴桃汁，经过搅拌融合，凝固后非常结实。明清以后大部分城墙、桥梁和砖塔等大型建筑，采用的都是这种"糯米灰浆"。现代检测表明，"糯米灰浆"的各项性能几乎与现代水泥相仿。

《左传》中记载了一种叫"蜃灰"的石灰，是用蛤壳烧成的，其化学成分主要是碳酸钙。这种"水泥"效果很好。现代探察发现，秦直道就用了这种蜃灰混合黄土，使得这条古道历经千年，依旧寸草不生。

亚平宁半岛有很多活火山，著名的庞贝城就被一场火山喷发所毁灭。但火山也不是没有好处，古罗马人就把火山灰掺入石灰砂浆里面，从而使得建筑非常坚固，这被西方人叫作"最早的水泥"。

总体而言，对古代中国的城市来说，城墙就是围墙，域内有较大的面积和更多的人口。相对来说，西方城堡只是贵族私

古代城墙一般都采用泥土版筑

人家产，面积也要小得多。因为中国城墙远比西方城堡更加厚
重结实，所以在火药和火炮发明之后，并没有出现像欧洲中世
纪那样天翻地覆的政治巨变。

在人类文明史上，城墙的发明无疑是人类走出洞穴之后一
次非常重大的事件。城墙体现了人类对自然的反抗，道路与城
墙成为人类文明的最典型物化。

因为墙的出现，由墙围合而成的"城"成为人类世界的政

治、经济、文化中心。城的商业化就是城市，城市构成财富的聚合，因此又成为战争各方争夺的禁脔。

进入农业文明时代后期，人类的战争已经从野外决战转向对城市的争夺。

"黑云压城城欲摧，甲光向日金鳞开。"[1] 作为中国古代战争机械专家，墨子对守城极有经验，连攻城机械专家鲁班也自叹不如。"公输般九设攻城之机变，子墨子九拒之。公输般之攻械尽，子墨子之守圉有余。"（《墨子·公输》）

从中国春秋晚期"墨守成规"开始，在长达 2000 多年的人类战争中，绝大多数战争都是城池攻守战。"城池修，守器足"。所谓城池，城即城墙，池即护城河。城池既是经济发展的产物，也是战争压力的产物。

魔高一尺，道高一丈，与城墙同时出现的是攻城战争，以及守城之术。

> 夫守者，不失其险者也。守法，城一丈十人守
> 之，工食不与焉。出者不守，守者不出，一而当十，
> 十而当百，百而当千，千而当万，故为城郭者，非特费

1- 唐代李贺诗《雁门太守行》前两句。全诗为：黑云压城城欲摧，甲光向日金鳞开。角声满天秋色里，塞上燕脂凝夜紫。半卷红旗临易水，霜重鼓寒声不起。报君黄金台上意，提携玉龙为君死。

于民聚土壤也。诚为守也。千丈之城，则万人之守；
池深而广，城坚而厚，士民备，薪食给，弩坚矢强，
矛戟称之，此守法也。（《尉缭子·守权》）

战争主要是攻与守，在武器人员接近的情况下，有了城墙
依托，守方面对攻方就占据了极大优势。所谓天时地利人和，
对所有战争都是适用的。为了让城墙更加不可逾越，不仅要修
得又高又厚，还要修数重，"内为之城，外为之郭"。事实上，
城墙还是一道重要的心理屏障，给城内人带来安全感。

在中国古代，城和市在一起，一座城既是权力中心，也是
财富中心。一旦城破，覆巢无完卵，城内之人必遭涂炭，甚至
连祖坟都保不住，所以守城者往往会困兽犹斗，拼死抵抗。

墨子擅长守城，他为守城总结了十四条理由：

凡守围城之法：厚以高；壕池深以广；楼撕揗；
守备缮利；薪食足以支三月以上；人众以选；吏民
和；大臣有功劳于上者多；主信以义，万民乐之无
穷。不然，父母坟墓在焉；不然，山林草泽之饶足
利；不然，地形之难攻而易守也；不然，则有深怨
于敌而有大功于上；不然，则赏明可信而罚严足畏
也。此十四者具，则民亦不宜上矣，然后城可守。
（《墨子·备城门》）

与中国春秋时代同期的斯巴达人以骁勇善战闻名。公元前464 年，美塞尼亚人依据伊托木要塞起义，斯巴达人连攻数年不下。在普拉提亚之战中，斯巴达人围困了两年，城中的普拉提亚人最后因为绝粮才被迫投降。在著名的特洛伊战争中，希腊人围攻特洛伊城长达 10 年，就连英雄阿喀琉斯也战死在城下，最后因木马计才攻陷特洛伊。

固若金汤

蜀汉建兴六年（228年），诸葛亮率领大军北伐，经大散关（今宝鸡南）进入关中，包围了小城陈仓（今宝鸡陈仓区）。

5万蜀军兵临城下，坚守陈仓的魏国名将郝昭毫不畏惧。

诸葛亮先遣魏延攻打，连日无功；再使郝昭的同乡游说其降，亦被郝昭严词拒绝。诸葛亮只得用兵强攻，使尽各种手段，陈仓城仍不能破。

郝昭以3000名守军，踞城池阻止十几倍的蜀军北伐，相持达20余日，用兵如神的诸葛亮居然也无计可施，最后因粮尽只好退兵。[1]

此次攻守战也是历史上有名的火攻战例，"火箭"首次见于史册。

1- 晋·裴松之《三国志注》：亮自以有众数万，而昭兵才千余人，又度东救未能便到，乃进兵攻昭，起云梯冲车以临城。昭于是以火箭逆射其云梯，梯然，梯上人皆烧死。昭又以绳连石磨压其冲车，冲车折。亮乃更为井阑百尺以射城中，以土丸填堑，欲直攀城，昭又于内筑重墙。亮又为地突，欲踊出于城里，昭又于城内穿地横截之。昼夜相攻拒二十余日，亮无计，救至，引退。

冷兵器时代的火箭

当时的火箭只是在箭头后部绑附浸满油脂的麻布等易燃物，点燃后用弓弩射向敌方，从而实施远距离纵火。

战争是一种力量较量。对防御一方来说，城墙能有效地取代许多士兵。从效益上来讲，这是一种很好的置换。相比于士兵，它们既不需要食物，也不需要饲料，因而极大地缓解了防御者的补给问题。

此外，它们有效地将轻型和重型步兵的优点结合了起来。城墙与沟渠提供了比盾牌强大得多的障碍，防御者能够像轻型步兵那样直接向进攻者投射武器，同时还有城墙提供的防护，使自己免受进攻者投射武器的伤害。

还有就是，城墙让防御者居高临下，其投射武器无论在射程还是速度上，都占有很大的优势。攻城一方无论使用云梯还是攻城塔，都要忍受守城者的袭击，如弓箭、沸油、烈火和滚木、雷石等。

所谓守，并不是一味死守，其实是守攻结合。依靠城池庇护，守城者也可以掌握战争的主动权，想出击时就出击，不想出击时就闭门不出。而攻城者就比较被动，想进攻时，对方有城池阻挡；想休息时，对方却随时都可以开城来战。

三国时期，张辽据守的合肥被孙权以十几倍的兵力包围，但张辽却以骑兵屡屡主动出击，孙权一方损失惨重，士气低迷，不得不撤兵。

在很多时候，攻守胶着，攻城者不得不选择再筑一道城墙，或挖一圈壕沟，既能阻止对方出城偷袭，也能起到严密围困的效果。但这样一来，其实是将攻城的希望寄托在"饥饿"二字上，只能坐等对方弹尽粮绝，最后饿死。而这往往要耗费漫长的时日，有时甚至以年计。

《管子·权修》中说："地之守在城，城之守在兵，兵之守在人，人之守在粟。"

如果说攻城战是一场消耗战，那么对攻方来说压力会更大，因为攻方人数更多，面临更大的后勤压力。古代粮食一般都存放在城市，在战争爆发前，守方往往会坚壁清野，使得远道而来的敌军难以就地获得补给。

在冷兵器时代，城墙堪称是最为可靠的防御性武器。"一夫当关，万夫莫开。"除非守城者在兵临城下时，因恐慌弃守，或者是在内无粮草、外无救兵的情况下投降，否则，一旦守城者有充足的粮草储备，并有鱼死网破、与城共存亡的决心和勇气，那么任何英勇善战的攻城者想要达到目的，都是极其艰难的，正如韩非子所说，"万乘之国，莫敢自顿于坚城之下"

（《韩非子·五蠹》）。

战国时期的法家商鞅也极其推崇守城："四战之国务在守战。守有城之邑，不如以死人之力与客生力战。其城难拔者，死人之力也。客不尽夷城，客无从入。此谓以死人之力与客生力战。"（《商君书·兵守》）就是说，不消灭所有守城之人，就无法进城。

冷兵器时代战争的特点是，必须接近敌人才可以杀死敌人，而城墙却阻止了这种靠近。同时，城墙制造了居高临下、以静制动、以逸待劳的守城优势，并使骑兵优势失去效用。

兵家认为，"量土地肥硗而立邑，建城称地，以城称人，以人称粟。三相称，则内可以固守，外可以战胜"（《尉缭子·兵谈》）。又说，"城之不可守者：大而人少；小而众多；粮寡而柴水不供；垒薄而攻具不足；土疏地下，灌溉可泛；邑阙人疲，修缉未就。凡若此类，速徙之"（《卫公兵法辑本·攻守战具》）。可以说，只要城市守军能找到食物和水，他们就能躲在厚实的围墙后面，进行长期的抵抗，所谓"高筑墙，广积粮"。如果依山傍水，构成天堑，那几乎是天兵亦不可撼动。

因此，孙子说"攻城则力屈"，他将攻城列为不得已而为之的下策：

上兵伐谋，其次伐交，其次伐兵，其下攻城。攻城之法为不得已。修橹轒辒，具器械，三月而后成；距堙，又三月而后已。将不胜其忿而蚁附之，杀士三

分之一而城不拔者，此攻之灾也。(《孙子·谋攻》)

在安史之乱中，以骑兵为主的安史叛军几乎势不可当，这时出现了一位堪称中流砥柱的英雄——张巡，他仅以为数不多的军队，依托城池多次击败叛军，不仅鼓舞了唐军的士气，也在一定程度上改变了战争的走向。

唐玄宗天宝十五年，也是唐肃宗至德元年，用安禄山"大燕"的纪年则是圣武元年，即 756 年。张巡以 1000 余人守雍丘(今河南杞县)，叛军令狐潮用 4 万军队围攻雍丘，"围凡四月，贼常数万，而巡众才千余，每战辄克"(《新唐书·张巡传》)，最后令狐潮只得兵败而去。

两年以后，张巡又以 6800 余人的兵力守睢阳(今河南商丘南)，而敌军多达 10 余万人，反复以云梯、钩车、木驴、地道等各种方法攻城，均被张巡击退。

张巡并不只是一味死守，还时不时地乘敌不备主动出击，突击直冲贼营，"凡十六日，擒贼将六十余人，杀士卒二万余，众气自倍"；"巡执旗，帅诸将直冲贼阵，贼乃大溃，斩将三十余人，杀士卒三千余人，逐之数十里"(《资治通鉴·唐纪三十五》)。

如此一来，围城者反倒对被围者害怕起来，便在城外挖了三道壕沟，以防止张巡出击。

就这样，张巡在睢阳坚守了整整一年，城中粮尽，便吃马，马吃光了吃老鼠、吃麻雀，最后连皮制的铠甲弓弩也煮着

古代守城战常用的守城用具

吃了（张巡甚至将自己的家人杀了分食）。人们都知道城破必亡，所以也没有人叛变投敌。最后睢阳沦陷时，仅存400活人。

这是一次中国历史上著名的守城之战，最后虽然城陷，但从战争史上来看却是一场巨大的胜利。张巡以不足万人的兵力，在一年时间与叛军作战400余次，杀敌达12万，牵制了数十万敌军，用小小的睢阳保障了整个江淮地区的安全。

安史之乱使中国北方生灵涂炭。因为张巡的坚守，南方得以免遭兵燹，中国历史因此而发生了一次重大的文化南移。

可以说，城市攻防战是冷兵器时代最典型的战争形式，这种残酷的拉锯战甚至延长到火药时代。但火药的出现，无疑敲响了城墙的丧钟，所谓的"固若金汤"，逐渐成为一种古老的神话。

第四章　蒙古折鞭

宋朝火器热

在中国历史上，宋朝是一个典型的重文轻武的时代，面对北方游牧民族的威胁，始终处于被动防守状态。正所谓兵虽多而战力弱，国虽富而兵不强。

宋朝战力弱、兵不强的原因，是军马资源的匮乏。为了提高战斗力，宋朝只能想方设法来提高军事技术水准。好在宋朝有这样做的资本，当时宋朝文化发达，经济实力也堪称雄厚。

早在北宋初年，政府岁入就达到 1600 余万缗，到太宗皇帝时达到极盛，几乎两倍于唐朝。从整体经济规模上看，北宋也远超盛唐，至王安石变法时期，岁入达 6000 余万缗。南宋虽然偏安江南一隅，繁荣的对外贸易却使岁入达到北宋的两倍。

很多历史学家断定，两宋时期的中国，其经济实力和科技水平基本称冠当时世界。这或许与当时政治的相对开明有关。

与元、明、清三代不同，宋朝官府不仅不禁止民间研究军事技术，相反还予以鼓励和奖励，于是"吏民献器械法式者甚众"。比如：石归宋献弩箭，增月俸；木工高宣发明八车船，受赏赐；唐福献火器，赐缗钱；冯继昇进火药法，赐衣物束帛。

为了对抗辽、金、西夏和蒙古等强大的军事政权，宋朝不仅继承和改进了古老的弩炮，并将火药引入城池守卫战中，使中国率先进入热兵器时代。

钱穆先生认为，人类文化大致有三种类型：游牧、农耕、商业文化。宋代中国在工商业方面极其发达。可以说，宋帝国的国防完全是建立在庞大的军工体系之上的。

宋朝的工业生产体系仍以官办为主。军器监是统管全国军器制造的官方机构，雇工达 4 万多人；监下分十大作坊，火药和火器各为独立的作坊。

从史书记载可见，当时的生产规模已经非常大。元丰七年（1084 年）正月，为了应付与西夏的战争，兰会路调运火药箭25 万支；二月，又调运火药箭 2000 支，火炮箭 2000 支，火弹 2000 枚。所谓火弹，其实是火蒺藜一类的罐装火器。

为了生产火药，北宋还从日本大量进口硫黄。宋神宗时，招募商人于日本国买回硫黄 50 万斤，以每 10 万斤为一纲，自明州（今宁波）押送开封。

大规模的生产和使用，反过来也促进了火药和火药兵器的技术水平的提高。

在北宋早期，火器尚处于初级阶段，基本上还只是一种特殊的火攻方式。比如用砷制成的毒气弹，和用石油制成的燃烧弹，或掺杂一些发烟的毒性药物，主要利用的是火药的燃烧性能，以焚烧敌人的防御工程和后勤物资。这种火攻对人马虽有一定的震慑作用，但杀伤力仍然很有限。

到北宋晚期，燃烧性火器开始向爆炸性火器转型。比较典型的，如用火药、陶瓷和竹筒制成的"霹雳炮"。这种"炸弹"在敌军人群中被引爆时，陶瓷弹体炸裂，形成的弹片四散飞射，往往可以造成可怕的杀伤力。

靖康元年（1126年），金人围攻汴京，宋将李纲用霹雳炮这种"秘密武器"击退金兵。次年，赵宋宗室赵士晤在洺州与将士死守，用飞火炮炸碎金人的攻城器具。开禧三年（1207年），金军以20万人进攻襄阳，宋军荆鄂都统赵淳率部守城，他们以霹雳炮、火箭等火器对金军发起反击，终保襄阳无恙。

但说到底，政治决定军事。在对金战争中，北宋畏金如虎，即使有先进的火器，也根本不足以改变战争失败的命运。金兵第二次兵临城下时，宋钦宗大恐，下令不能得罪金兵，一霹雳炮炮手因为发炮，竟被枭首处死。

右燕尾炬束葦草下分兩岐如燕尾以脂油灌之發火
自城上縋下騎其木驢杈金燒之
飛炬如燕尾炬城上設桔橰以鐵索縋之下燒攻城
蟻附者。
鞭箭用新青竹長一丈徑寸半為竿下施鐵梢
一竹界鞭子別削勁竹為鞭箭長六尺有鏃慶正中施
絲繩六尺別削勁竹為鞭箭長六尺有鏃慶正中施
為勢。一人持箭末激而發之利在射高中人如短兵
放火藥箭則如樺皮羽以火藥五兩貫鏃後燒而
之。

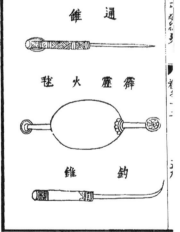

《武经总要》所载之火药鞭箭

悉以繩爲一法爲一大卷筒中央貫銅胡盧下施雙足
内有小筒相通貫筒胡盧亦施捩絲校其放法準上坐
敵來攻城在大壕內及傳城下於跳空版内放猛火油中人
用蒺藜爲火牛謂水不能滅若水戰則可燒浮橋戰艦於上流
皆以藥爛水不能滅若水戰則可燒浮橋戰艦於上流
放之。先於上流衆鎗施火。
右霹靂火毬用乾竹兩三節徑一寸半冊鐫裂者存節
勿透用薄瓷如鐵錢三十片和火藥三四斤裹竹爲毬
毬兩頭留竹寸許毬外加傳藥若賊穿
地道攻城我則完地迎之用火錐烙毬開竅如霹靂
然以竹扇簸其煙焰以薰灼敵人合其毬草

《武经总要》所载之霹雳火球

北宋时期，虽然严禁火药制作技术的外传，如熙宁九年（1076年）颁布禁令：不准"私市硫黄、焰硝及以卢甘石入他界"（《宋史·食货志》）。但契丹人还是在战争中得到了火药技术，在燕京整天炫耀火炮的威力。这使得北宋官府更加严厉地禁止榷场私卖硫黄和焰硝。

螳螂捕蝉，黄雀在后。宋辽相争，最后胜利的却是金国。在两年之内，宋辽两国就接连被灭国，让人不能不感叹历史变脸之快。

在北宋时期，汴京一直是火药、火器的制造中心。靖康之乱，汴京沦陷，金人不仅俘获了徽钦二帝，还得到了许多火药技术，一时如获至宝，进一步发展火药和火器，用来反击宋军。

"自中原遭胡虏之祸，民人死于兵革水火、疾饥坠压、寒暑力役者，盖已不可胜计。"（《鸡肋编》）北宋灭亡以后，产硝的泽州（今山西晋城）、河北大名等北方大部分土地也尽皆沦陷，这使金国也很快进入了火器时代。

金国不仅完全继承了宋帝国的火器技术，还推陈出新，研制出一批更具杀伤力的新型爆炸性火器，可谓青出于蓝而胜于蓝。

比如金人创制的"震天雷"，铁制外壳，内装火药，用抛石机发射，爆炸后弹片四射，可穿透铁甲，比"火蒺藜""霹雳弹"更具杀伤力，完全就是现代炸弹的原型。

南宋嘉定十四年（1221 年），金兵攻蕲州（今湖北蕲春南）时，就使用震天雷，宋人称之为"铁火炮"——"其形如匏状而口小，用生铁铸成，厚有二寸"，爆炸时"其声大如霹雳，震动城壁"。

宋军最终未能守住蕲州。有幸存者记录，"番贼攻击西北楼，横流炮十有三座，每一炮继以一铁火炮，其声大如霹雳。其日对炮，市兵贾用因拽炮被金贼以铁火炮所伤，头目面霹碎不见一半"[1]。

现在宋朝反过来要向金朝学习。南宋仿制了大量铁火炮，到宝祐五年（1257 年）时，南宋荆淮有铁火炮 10 余万只，江陵府每月就可生产 1000 到 2000 只铁火炮。《景定建康志》记载，当时的建康府在两年多时间，总共制造了各种火攻器具"六万三千七百五十四件"。

南宋末期，曾做过军器监主簿的李曾伯在给朝廷的报告中称："今静江（今广西桂林）现在铁火炮大小止有八十䒷支而已，如火箭则有九十五支，火枪止有一百五筒，据此不足为千百人一番出军之用。"[2]

景炎二年（1277 年），蒙古人围攻静江，在坚守了三个

1- 赵与裒：《辛巳泣蕲录》，转引自：[美] 欧阳泰《从丹药到枪炮：世界史上的中国军事格局》，张孝铎译，中信出版集团 2019 年版，第 35 页。

2- 李曾伯：《可斋续稿后集》卷 5《条具广南备御事宜》，转引自：王兆春《世界火器史》，军事科学出版社 2007 年版，第 38 页。

月之后，最后的250名宋军将士，用一具大铁火炮集体殉国。《宋史》记述当时的情形时说："燃之声如雷霆，震城土皆崩，烟气涨天外，兵（指城外的蒙古兵）多惊死者，火熄入视之，灰烬无遗矣。"

绍兴三十一年（1161年）的胶州湾海战中，120艘战船和3000人组成的南宋舰队，对阵700余艘战船和7万人组成的金国舰队，结果宋军用火箭和火球使金军连人带船全军覆没，"火箭环射，箭所中，烟焰旋起，延烧数百艘（金船）"（《宋史·李宝传》）。

这也是火药和火器首次被用于海战。

突火枪

火药出现以后，枪炮也渐具雏形。

世界上使用火炮的最早记载，是在南宋绍兴二年（1132年）正月初九。当时建州（今福建建瓯）民众为了反抗盐榷制度而聚众起义，宋朝遣名将韩世忠率兵镇压。韩世忠依靠火炮，仅用了六天，就攻破起义者占据的建州城。

除了火炮，还有突火枪。

南宋寿春府"造突火枪，以巨竹为筒，内安子窠，如烧放，焰绝然后子窠发出，如炮声，远闻百五十余步"（《宋史·兵十一》）。突火枪完全以火药爆炸产生推动力，使安装在竹筒内的子弹（子窠）射出来杀伤敌人。

这无疑是现代枪炮的直系远祖。

由此可见，枪管一开始是用竹子或者纸筒做的，后来变成更加坚固结实的金属，如铜或铁，它的杀伤力也从最初依靠火星、火焰，逐渐增强到依靠它的发射物，最后演进为一把早期的枪。

同样，火药也从一开始仅仅用来助燃，发展到后来用于爆破和助推。

南宋宝祐五年（1257年），建康府的一份军器制造清单上，清楚地标明所生产的"突火筒三百三十三个"。此突火筒应与突火枪相同或相似。

两宋时期，中国长时间处于南北对抗的战争状态，军事力量成为各方兴衰存亡的关键。吊诡的是，这场热兵器时代初期的军备竞赛，最后竟然被冷兵器时代的蒙古画上了句号。

13世纪初，成吉思汗的蒙古游牧部落迅速崛起，然后以风卷残云之势，展开了对金国的征服。

金贞祐二年（1214年），金宣宗被迫南迁汴京，蒙古军进入中都（北京）。金天兴元年（1232年），窝阔台率军再次兵临汴京城下，北宋靖康一幕也在金国重现。

攻城时，在攻城器械"牛皮洞"的掩护下，蒙古军潜至城下挖掘城墙，守城的金军用矢石毫无效果，遂将一只震天雷沿城墙放下去。震天雷发火爆炸时，震耳欲聋，城下攻城掘墙的蒙古军，连同防护用的牛皮，都一起被炸成碎片。

《多桑蒙古史》记载：

> 时有火炮名震天雷者，用铁罐盛药，以火点之。炮起火发，其声如雷，闻百里外。所热围半亩已上，火点著铁甲皆透。蒙古又为牛皮洞，直至城下。掘城为龛，间可容人，则城上无可奈何矣。人有献策者，以铁绳悬震天雷顺城而下，至掘处火发，人与牛皮皆

碎迸无迹。又有飞火枪注药，以火发之，辄前烧十余步，人亦不敢近。蒙古唯畏此二物。[1]

一位被困在城内的人记录道：进攻越来越激烈，投石如同下雨般从空中抛下。人们说这些投石半像碾石，半像锻锤。金国守军不敢露面。但城内有一种叫"霹雳弹"的火箭，给蒙古军造成惨重的损失。那些没有被炸伤的人，最后也被炸药引起的火烧死、烧伤。

所谓霹雳弹，也就是震天雷。

到了明代，有人曾在西安再次见到这种古老的火器："春往使陕西，见西安城上旧贮铁炮曰震天雷者，状如合碗，顶一孔，仅容指，军中久不用，余谓此为金人守汴之物也。"（《何孟春《余冬序录摘抄》外篇卷五》）

虽然已过去很多年，但当时演示时，这只震天雷仍颇具杀伤力——"火发炮裂，铁块四飞，故能远毙人马"（同上）。

除了震天雷，金人还有一种在突火枪基础上改进的飞火枪。

金军一度组织了一支 450 人的飞火枪敢死队，夜袭蒙古大营，"持火枪突入，北军不能支，即大溃，溺水死者凡

1- [瑞典] 多桑：《多桑蒙古史》（上），冯承钧译，中华书局 1962 年版，第 190 页。

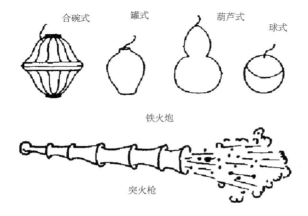

合碗式　　罐式　　葫芦式　　球式

铁火炮

突火枪

宋代火器

三千五百余人"（《金史·蒲察官奴传》）。

面对坚固的城池和可怕的火器，窝阔台久攻不下，只好围而不攻。围城长达一年时间后，开封城内饿死者超过 10 万，最后城内弹尽粮绝，瘟疫四起，金哀宗不得不弃城逃跑。

在南宋和蒙古的夹击下，金国灭亡。接下来，就变成了蒙古为刀俎，南宋为鱼肉。

宋代常常被视为"中国的文艺复兴"时期。南宋完全继承了北宋在生产技术上的所有成就，拥有当时世界上最先进的科学技术和繁荣发达的经济、文化。1235 年，窝阔台以南宋背盟为由，展开对南宋的征服战争。

依靠火器和城寨，宋人不屈不挠的抗争持续了 40 多年。

在宋朝人这里，蒙古人遭遇到了在整个亚欧大陆都未曾遇到的顽抗和苦战。

美国历史学家罗兹·墨菲在《亚洲史》中写道：宋朝人在和蒙古人的斗争中，使用了以火药推动铸铁筒内密配合抛射体的武器，这肯定是大炮在战争中的首次亮相。这些新的作战技术特别适用于攻城，很快就传到欧洲，并在 14 世纪初在那里使用。[1]

他同时也惊叹道："令人震惊的是，（宋朝）如此庞大的地区竟然被一个人口仅约 100 万、只得到很少几个干草原游牧部落同盟者支持的民族所征服！"[2]

不过，墨菲也指出，如果没有来自被俘的宋人和阿拉伯的技术人员的帮助，蒙古人永远不可能征服宋朝。这些技术人员包括攻城技师、枪炮铸造工、炮术专家和航海家。[3]

1- ［美］罗兹·墨菲：《亚洲史》，黄磷译，海南出版社 2004 年版，第 211 页。
2- 同上书，第 212 页。
3- 同上书，第 211 页。

钓鱼之城

蒙古与南宋的战争，是当时世界军事最发达的帝国与经济文化最发达的帝国之间的对决。

虽然当时蒙古人已经征服几乎整个亚洲，但在中国南方，他们遇到了前所未有的抵抗。

令成吉思汗的子孙们惊异的是，所向披靡的蒙古人，面对以军事积弱著称的南宋帝国的拼死抵抗，在联合色目人和北方人，花了 40 多年的时间，并付出惨重的代价之后，方才以武力征服了整个中原地区，这不能不说是一个奇迹。

如果对蒙古的扩张进程进行一个统计，就会发现，他们征服宋朝的战争进行得并不容易。蒙古灭金用了 22 年，灭西夏用了 21 年。相比之下，在其他亚欧国家所遇到的抵抗就弱得多，毁灭中亚的喀拉汗国和花剌子模国用了 2 年，毁灭美索不达米亚建立伊尔汗国用了 8 年，征服俄罗斯建立金帐汗国用了 15 年，征服基辅诸公国仅用了 5 年。

与擅长骑射的女真和顽强彪悍的西夏以及其他阿拉伯和东欧国家相比，南宋帝国抵抗蒙古军的时间是最长的。就连金哀宗完颜守绪也慨叹：江淮之人历来软弱，蒙古进攻蔓青洼时，他们虽然穷途末路却无一人投降，而我大金河朔州郡，一遇蒙古进攻皆迎风而降。

与生活在草原苦寒地带的蒙古相比，偏居江南的南宋无论农耕还是工商业，都已经达到高度发达的程度。

但在那个骑射打天下的冷兵器时代，宋人因为没有弓马之利，就显得极其文弱，根本无力正面对抗强悍勇猛的蒙古人，因此只能依靠高墙堡垒抵挡蒙古人的冲击。

一物降一物，有矛就有盾。面对坚城高墙，勇往直前的蒙古骑兵也一筹莫展。早在南北朝时期，北魏的李孝伯就对南朝人说："城守，君之所习；野战，我之所长。我之恃马，犹如君之恃城耳。"（《魏书·李孝伯传》）

宋军凭借南方江河湖泊不利于蒙古骑兵的地形特点，在两淮、荆湖和四川这三个战区大量营造城寨，对蒙古军展开顽强的阻击。特别是四川，无论从经济还是军事上来说，这里都是双方争夺的重要目标。

在窝阔台"归天"的淳祐元年（1241年），南宋的四川安抚制置使余玠以重庆为中心，在嘉陵江、渠江、涪江和长江两岸险要的山隘及交通要道，开始修筑一系列耕战结合的山城，形成了一个以堡寨控扼江河要隘的纵深防御体系。

位于合州的钓鱼城就是这20余座山城之一。"涪江在其南，嘉陵江迳其北，东、西、南三面皆据江，峭壁悬岩。山南有大石平如砥。山上有天池，周五百余步，大旱不涸。"（清·顾祖禹《读史方舆纪要》）

军事家孙膑将城池分为雄城和雌城：凡居于高处或背靠山岭，又有良好水源的城市为"雄城"，是难以攻克的；凡居于低处，或两山之间，或背临谷地，水草很差的为雌城，是易于攻克的。按照这种说法，钓鱼城无疑属于前者。

钓鱼城分内城和外城，外城筑在悬崖峭壁之上，城墙系条石垒成。城内有大片田地和四季不绝的丰富水源，周围山麓也有许多可耕田地。"春则出屯田野，以耕以耘；秋则收粮运薪，以战以守。"（明万历《合州志》上卷）这一切使钓鱼城依恃天险、易守难攻，从而具备了长期坚守的必要地理条件。

宝祐二年（1254年），钓鱼城守将王坚进一步添置了大量的火器以完善城筑。再加上四川很多边民为避兵乱逃到这里，钓鱼城兵精食足，堪称坚固堡垒。

1251年，成吉思汗幼子拖雷的长子、窝阔台的养子孛儿只斤·蒙哥，成为横跨亚欧大陆的蒙古帝国大汗。因其勇猛、残忍，被罗马教皇格列高利九世称为"上帝的罚罪之鞭"。

蒙哥时期，蒙古势力达到极盛的巅峰。当时，蒙古军在西亚的战事势如破竹，而征服宋朝的战争却不太顺利。

由于无法突破南宋的堡垒战略，蒙古军队无力从四川东下，进攻长江中下游地区，只好改道川西，进攻云南的大理国。到了1258年，蒙古人已经占领从甘肃、大理到交趾（今越南）的西部高原，完成了对南宋的战略包围。

为了加快占领南中国的速度，蒙哥大汗亲率大军进入四川。

短短10个月，蒙哥相继占领剑门苦竹隘、长宁山城、蓬州运山城、阆州大获城、广安大良城等，逐渐迫近合州钓鱼城。

蒙哥大汗先派遣南宋降臣晋国宝到钓鱼城招降，结果晋国宝被守城宋将王坚斩杀。蒙哥大怒，亲自督军围攻钓鱼城。

蒙军先猛攻镇西门，数日不克；再攻东新门、奇胜门及镇西门小堡，也均失利。一连数月，蒙军对"弹丸之地"的钓鱼城，发起一轮又一轮攻击，但损兵折将，毫无建树。

在宋军主将王坚及副将张珏的协力指挥下，钓鱼城守军击退蒙军一次又一次进攻。蒙哥大汗自率军入蜀以来，如摧枯拉朽，没想到遇上钓鱼城这样的硬骨头。

说起古代守城之法，中外大体相似，守城者居高临下，最适合自上往下泼洒煮沸的开水、焦油、沥青甚至熔铅之类。有时还泼沸粥，因其黏稠，不易拂去，烫伤效果更持久。为了不浪费珍贵的粮食，一般会改用煮沸的人粪尿，俗称"金汁"。

宋军守城就常用金汁对付敌人：靖康之变，金兵攻打东京时，守城宋军就曾"熔煎金汁"对敌；金兵攻楚州（今淮安），宋军守将赵立如法炮制，"城之内为镕炉，敌自月城中入，立命以金汁浇之，死者以百数"（《续资治通鉴》卷一百七）；叛军围攻淮宁（今淮阳），"鸣鼓进，云梯、天桥逼城下，守臣冯长宁命溶金汁灌之，焚其天桥"（同上书，卷一百三）。

此外，宋军还将人粪干、草乌、研砒霜、石灰之类做成开花弹，投向敌军，也有一定的杀伤力。

因为可以得到补给，钓鱼城被围攻达数月之久，依然物资充裕，守军斗志昂扬。明万历年间编撰的《合州志》记载：

> 北兵围逼其城，意城中无水，急攻之。一旦至西门外，筑台建桥楼，楼上接桅，欲观城内之水有无。城内知其计，置炮于其所。次日，宪宗（蒙哥）亲率其兵于下。珏命城中取鱼二尾，重三十斤者，蒸面饼百数，俟缘桅者至其竿末，方欲举首，发炮击之，果将上桅人远掷，身陨百步之外。即遣鲜活之鱼及饼以赠，谕以书曰："尔北兵可烹鲜食饼。再守十年，亦不可得也。"

上帝的鞭子

军事家孙子曾说，久攻不下的围城之战往往意味着灾难。对钓鱼城下的蒙古军来说，确实如此。十面围城，宋军士气依然高昂，城外的蒙古军却陷入深深的沮丧之中。

曾经在蒙古高原和欧亚草原上所向披靡的蒙古铁骑，在小小的钓鱼城下，正将他们的锐气和生命慢慢消耗殆尽。

这场旷日持久的攻城战，从冬天打到夏天，擅长野战的蒙古骑兵被困于城下，再加上酷暑难耐的火炉天气，生活在高寒地带的蒙古人本来畏暑恶湿，水土不服，加上士气低落，不久军中就疫病流行，情况不断恶化。

从蒙古军统帅汪德臣被宋军的火炮击杀开始，厄运终于第一次降临到蒙古人头上。

半年多以来，在损兵折将、屡攻不下的愤怒中，不可一世的蒙哥大汗已经被"钓"到钓鱼城下，他来到前线台楼，亲自擂鼓，指挥攻城。

钓鱼城守军见战况危急，立即点燃火炮的引信。随着火药爆炸的一声巨响，从炮中射出的弹丸如冰雹般扑向蒙古军。攻城的蒙古军猝不及防，一下子被火炮弹丸打得血肉横飞，擂鼓的蒙哥大汗也被弹丸击中。蒙古军赶紧回撤，抢救大汗。

蒙哥大汗被火炮重伤，不久即一命呜呼。[1]

《十三世纪全球视野下的中国钓鱼城》一书中叙述：

为了与宋军决战，蒙哥汗命令御营西军在马鞍山上修筑了一座瞭望台楼，台楼上竖着一个桅杆。七月九日那天，蒙哥来到台楼。钓鱼城守将王坚在此前已经知其计，并置炮于其所，密切注视着马鞍山上的敌情，"俟缘桅者至其竿末，方欲举首，发炮击之，果将上桅人远掷，身殒百步之外"（明万历《合州志》）。蒙哥汗猝不及防，当场也被飞丸击中。[2]

江晓原先生在《钓鱼城：战争史诗中的技术》一文中写道："钓鱼城中居高临下的火炮，又使得蒙古军队从东面的仰攻极为困难。蒙哥大汗就是为了更好地视察前线军情，在登上钓鱼城新东门外一座叫作'脑顶坪'的小山丘时，被城中火炮击中的。"[3]

清末史学家屠寄在《蒙兀儿史记》中评论说，蒙哥汗不懂

1- 明正德年间编撰的《四川志·钓鱼城记》中说，蒙哥是"中炮风"而死。所谓"炮风"，大约是受到炮击的震动，跌倒中风后死亡。《元史》和《多桑蒙古史》记载，蒙哥汗患病亡。《马可·波罗行纪》等书则称蒙哥汗是负伤而死。也有说是被投石机的石弹击中，投石机古称"石炮"。金庸在《神雕侠侣》中说，蒙哥是被杨过投掷石头打死的。

2- 郑敬东、池开智、位光辉、冯懿：《十三世纪全球视野下的中国钓鱼城》，高等教育出版社 2017 年版，第 231 页。

3- 江晓原：《中国古代技术文化》，中华书局 2017 年版，第 12—13 页。

兵法，弃野战之长，违北族之性，聚数十万众，冒盛暑而攻合州，顿兵坚城，累月不下，情见事绌，以身殉之，云云。

汪德臣和蒙哥都死于宋军火炮。此外，据《元史》本传及元人文集中的碑传记载，随蒙哥大汗出征的将领战死于钓鱼城者不可胜数，上万名凶悍的蒙古将士命丧钓鱼城，由此也可以想见钓鱼城之战打得有多么惨烈。

据说，蒙哥临死曾遗言："我之婴疾，为此城也，不违之后，若克此城，当赭城剖赤，而尽诛之。"（明万历《合州志》）

蒙哥一死，钓鱼城随即解围，战无不胜、攻无不克的蒙古军队，灰溜溜地拉着他们大汗的尸体撤回北方。

按照习俗，大汗的墓地所在要严格保密，不留任何标志，以防被人盗墓。为此，大汗遗体所经过的地方，一律要杀人灭口。据说为了护送蒙哥北还，一路之上，被杀者达2万人。

在13世纪蒙古征服过程中，钓鱼城之战创造了一个罕见的成功战例，不仅阻止了蒙古攻势，并深远地改写了蒙古帝国的扩张史。

小小的钓鱼城，竟然钓到了一条"大鱼"。

蒙哥大汗的死亡，成为一件影响巨大的世界历史事件。这个历史细节直接导致了一场灭宋战争的全面瓦解，使宋祚得以延续20年之久。

为了争夺大汗位，蒙古帝国陷入了残酷的内部争斗，从某种意义上来说开始解体。其中，总领漠南汉地事务的忽必烈在第一时间撤军北返，所取得的所有战果几乎都付之东流。

同样，正在西征的旭烈兀亦闻讯急忙东还，导致蒙古军在叙利亚首次大败于埃及马穆鲁克部队，蒙古人随之被赶出非洲。

在蒙古铁蹄蹂躏下正在呻吟的欧亚各族，闻之皆额手称庆，从此留下一句名言："上帝的鞭子折断了！"钓鱼城在世界历史上赫然树立了缓解欧亚战祸、阻止蒙古非洲扩张的丰碑，因此被欧洲人誉为"东方麦加城""上帝折鞭处"。

指挥钓鱼城之战的王坚无疑是一位堪比谢安、张巡和岳飞的英雄，然而关于他的传记与其他抵抗者一样，在《宋史》中一概阙如，这就是所谓的"正史"。只有合川民众修建的"忠烈祠"，永远供奉着他们的灵位。

明代诗人杨慎（升庵）以一首《钓鱼城王张二忠臣祠》记此事：

> 钓鱼城下江水清，荒烟古垒气犹生。
> 睢阳百战有健将，墨翟九守无降兵。
> 犀舟曾挥白羽扇，雄剑几断曼胡缨。
> 西湖日夜尚歌舞，只待崖山航海行。

当年由冉氏兄弟修筑的钓鱼城，后来成为冷兵器时代城寨防御的典型案例。1937 年，中华民国国民政府移驻重庆，当

独钓中原石坊

时有人考察钓鱼城，赞叹钓鱼城三面临江，一面制敌，下负重庆，互为依托，实为完美的军事要塞。"夫钓鱼山，西邻嘉定，可以召兵；北近阆、剑，可以乞援；南通滇、黔，可以取货财；东达荆、襄，可以运谷粟。有高山峻岭可以据要害，有广土众民可以屯重兵。"[1]

依靠得天独厚的地理优势和远远超越蒙古人的火器技术，钓鱼城也是当时少有的没有被蒙古攻克的城市，直到宋朝灭亡后还屹立不倒，婴城固守，百战弥励。

宋祥兴元年（元至元十五年，1278 年），钓鱼城已经成为一座大元帝国土地上的宋人孤岛。次年，大宋末代皇帝在崖山蹈海，钓鱼城最后一任守将王立以"不杀城内一人"为条件，打开了已坚守 36 年的钓鱼城城门，至此，结束了它"独钓中原"的光辉历程。

1- 胡昭曦、唐唯目：《宋末四川战争史料选编》，四川人民出版社 1984 年版，第 408 页。

蒙古世纪

斯塔夫里阿诺斯的《全球通史》和韦尔斯的《世界史纲》，都将 1258 年前后作为蒙古军事扩张的顶峰时期。这一时期之后，蒙古风暴就迅速走向衰落了。[1]而钓鱼城之战无疑成为这场世界历史转折的重要细节，即使很少有人提到这一细节。

可以说，火药在它诞生的第一时间，就改变了历史的路径。

虽然繁荣昌盛的宋朝灭亡了，但他们发明的火药战争却成就了一场人类历史的划时代变革。

火药一旦成为人类征服世界的利器，人类也将被火药征服。

火药炮还出现在更出名的元军屠城——1275年的常州之围中。这是宋元战争主要战役的最后一场。伯颜率军临城，昭告城内"如果你们……拒绝投

1-1260—1368 年，蒙古草原遭遇了一个漫长的低温期。大面积的长期低温几乎毁灭了所有的草场，大量马匹死亡。这场严重的气象灾害给蒙古军带来沉重打击，使席卷亚欧大陆的蒙古旋风不得不偃旗息鼓。

降……我们就掏空你们的尸体做枕头"。警告无人理睬。于是元军对这座小城狂轰滥炸，最终破城，开始屠杀。大约有 25 万人被屠杀。[1]

在成吉思汗黄金家族征服的地区中，宋帝国无疑是文明程度最高、最富庶的，遭到的屠杀和迫害也最为悲惨。据历史学家统计，当时有一半以上宋朝人遭到屠杀。[2]

蒙古人在征服世界的过程中杀人过亿，凡是抵抗的城市均被屠城，只有最后一个降元的钓鱼城得以全身而退。至此蒙古人完全征服了中原地区。

如果说夏商周直至唐宋，长安、洛阳和汴京始终代表着一种植根黄河流域的农耕文明的话，那么"汗八里"[3] 就是草原文化的象征。

1- ［美］欧阳泰：《从丹药到枪炮：世界史上的中国军事格局》，张孝铎译，中信出版集团 2019 年版，第 42 页。

2- 按照葛剑雄主编的《中国人口史》统计，13 世纪初，宋、金南北两朝的人口合计达到了 1.4 亿，到了蒙古先后攻灭金、宋之后的 1290 年时，元朝境内的人口只剩下 6000 余万，超过一半的人口被消灭了（《中国人口史》卷一第 204、205 页）。这是对一个文明接近毁灭性的破坏，"两河、山东数千里，人民杀戮几尽，……关中兵火之余，八州十二县，户不满万"（《建炎以来朝野杂记》）。

3- 元代大都在回鹘（古称）语中为 Khanbaliq，意为大汗之城，音译为汗八里或汗八里克。《马可·波罗行纪》等西方早期文献中多以此称大都。利玛窦在明代晚期来到中国后，才发现汗八里就是北京。

在费正清先生看来，这里远离中国人口和生产的中心地区，易受游牧民族的侵害，而且严重依赖长江下游地区的粮食产量，但它却成为中国好几个政权的首都。其实这不是巧合，原因之一就是，中国的首都必须同时也是亚洲腹地非汉族地区的首都；换言之，"蛮夷"们始终是中华帝国军事和政治的有机组成。[1]

蒙古人的征服与统治，虽然不到百年即土崩瓦解，但那个古典文明的中国已经变了样。

可以说，宋朝的蒙古化与欧洲的希腊化是人类历史中两个惊人相似的文化历程。只不过后者是文化的过程，而前者则是反文化的过程。

> 蒙古人的入侵形成了对于伟大的中华帝国的沉重打击，这个帝国在当时是全世界最富有和最先进的国家。在蒙古人入侵的前夜，中华文明在许多方面都处于它的辉煌顶峰，而由于此次入侵，它却在其历史中经受着彻底的毁坏。[2]

1- [美] 费正清：《中国：传统与变迁》，张沛等译，吉林出版集团 2008 年版，第 155 页。

2- [法] 谢和耐：《蒙元入侵前夜的中国日常生活》，刘东译，北京大学出版社 2008 年版，导言第 4 页。

蒙古征服是冷兵器时代最后一次大规模的军事战争，
其时，火器已经出现在战场上

　　在世界史上，发生在13世纪的蒙古征服无疑是一个大事件，13世纪也可以称为"蒙古世纪"。成吉思汗黄金家族及其蒙古武士，以区区20万之众，就横扫亚欧大陆，所向披靡，成为冷兵器时代不可思议的神话。

　　事实上，13世纪初的蒙古人几乎还在石器时代，箭镞都是用兽骨制成，直到后来被金国女真人征服，他们才被带入铁器时代，开始有了金属兵器。成吉思汗统一蒙古后，借用回鹘文创制了蒙古文字。虽然他们热爱并精通战争，但却不懂政治。"凡历朝享国稍久者，必有一朝之制度。制度渐坏，国祚渐衰。有经久难坏之制度，即有历久始衰之国祚。有周之制度，即有周之八百年；有汉之制度，即有汉之四百年；唐宋皆然。唯元无制度，其享国即在武力之上，其能钳制人民数十年而后动者，即其武力之横绝历代也。"[1]

蒙古帝国以其强大的军事力量为依仗，从马上得天下，后来也想在马上治天下，最终走向了失败。用许倬云先生的说法，"这种建立在暴力基础上的政权，并不依赖传统中国皇权的'合法性'，统治者并不在乎中国传统对于'天命'的解释。"[2]

历史总会有不同的解释，特别是关于成吉思汗和他所创建的蒙古帝国，历来争议颇多。

BBC 曾经拍摄了一部表现成吉思汗丰功伟绩的纪录片，其制片人艾德说："人们总是把成吉思汗和希特勒、匈奴王阿提拉等战争狂人相提并论，其实这其中有很大的误解，人们并不了解那段历史。他虽然称不上是个仁慈的征服者，但也没有人们想象的那么邪恶。关于他的历史许多都是被他征服的国家

1- 孟森：《明史讲义》，中华书局 2009 年版，第 19 页。

2- 许倬云：《说中国：一个不断变化的复杂共同体》，广西师范大学出版社 2015 年版，第 224 页。

所写的，难免有失偏颇。"[1]

一些西方学者认为，成吉思汗将中国的先进文化和先进生产力带给黑暗时代的中世纪欧洲，使欧洲找到了通向"现代"的发展方向，使人类第一次进入全球化时代。

夸张一点说，成吉思汗推动了欧洲后来的技术、贸易和思想革命。"从蒙古人的传播文化一点说，差不多和罗马人传播文化一样有益。对于世界的贡献，只有好望角的发现和美洲的发现，才能够在这一点与之比拟。"[2]

1- 丁力：《英国拍片为成吉思汗"平反"》，《环球时报》2005 年 4 月 20 日第六版。

2- ［法］雷纳·格鲁塞：《蒙古帝国史》，龚钺译，翁独健校，商务印书馆 1989 年版，第 278 页。

中国喷火龙

    人类历史之所以不断向前进步，是因为人类有学习的天性，所谓见贤思齐，景行行止。在这个意义上来说，蒙古人因为学习先进文化而崛起，因为拒绝高级文明而失败。

    作为后发民族，蒙古人对农耕民族的发达技术充满向往和敬畏，在征伐中，他们大量掳掠文明世界的器物和工匠。成吉思汗虽然杀人如麻，却很是厚待技术人才，凡屠城中唯工匠可以得免。

    南宋绍定五年（1232 年），宋朝与蒙古商议夹攻金朝，南宋书记官彭大雅得以访问蒙古，后来根据所闻所见写成《黑鞑事略》一书。这为今天人们了解蒙古崛起提供了珍贵资料。《黑鞑事略》中说："鞑人始初草林，百工之事无一而有，其国除孳畜外，更何所产？其人椎朴，安有所能？止用白木为鞍，桥鞍以羊皮，镫亦刓木为之，箭镞则以骨，无从得铁。后来灭回回（旧称），始有物产，始有工匠，始有器械。盖回回百工技艺极精，攻城之具尤精。后灭金虏，百工之事，于是大备。"

    在部落战争中，蒙古人学会了灵活的战术，并积累了丰富的作战经验；在对外征服战争中，他们学会了如何使用当时世界先进的进攻武器。正因为如此，蒙古人后来者居上，反倒成为当时战争技术的领跑者。正如当时英国科学家罗杰·培根（1214—1292）所说，"热衷于战争"的蒙古人所取得的成功，不仅仅源自其军事上的优越，更确切地讲，"他们通过科学手段取得了成功"。

蒙古武士依靠原始的骑射，在野战中所向无敌，但当他们走出草原以后发现，在中原地区高大坚固的城墙面前，他们再强大的骑兵也无能为力。

对城墙来说，骑兵的机动性和冲击力没有任何意义，蒙古人只得下马，成为攻城的步兵。不过，他们很快就从辽、金、西夏这些对手身上学会了步兵攻坚战术以及新发明的火药、火器和抛石机。

这些尖端武器本来是这些文明王朝用来抵御落后的蒙古人的，但结果被善学的蒙古人拿来对付"师傅"。

颇为讽刺的是，金人和宋人发明了火器，却无法阻止亡国，真正将世界带入火器时代的，竟是一个刚刚走出草原的部落。

金国末代皇帝完颜守绪颇为不屑地说："北兵所以常取胜金者，恃北方之马力，就中国之技巧耳。"（《宋史纪事本末》）

成吉思汗的成功就在于，将蒙古骑士所具有的凶猛与速度，和中国农耕文明的先进技术有机地融为一体，以快速勇猛的骑兵去消灭野战步兵，用火器机械摧毁堡垒要塞，这使蒙古人变得攻无不克，势不可挡。波斯史学家志费尼形容他们的进攻，就像炽热的火炉吸收了坚硬的木头，火势更盛，从炉腰将火花射向空中，将敌人淹没在毁灭的汪洋大海中。

火药和火器刚刚出现在中世纪的欧洲，很多守军就被这种可怕的"巫术"夺去了战斗意志，纷纷弃城逃亡。

在当时的冷兵器世界里，火药和火器的出现是革命性的，无论是其杀伤力还是心理震慑，都是无法估量的。

蒙古人去欧洲时，不仅骑着蒙古马，他们还带着中国火药和投石机。

在西亚和欧洲，简单易用的投石机配上中国火药，使千年以来固若金汤的石头城堡顿时危如累卵。在火药和无数投石机的轰击下，号称永不会陷落的阿拔斯王朝（黑衣大食）首都巴格达很快就陷落了。

蒙古人沿着当年匈奴人走过的路线一路向西，欧亚草原成为他们逐鹿的猎场，而无数城市和宫殿就是他们觊觎的猎物。

1221 年，拖雷率领的蒙古军为攻击尼沙布尔城，"设置发弩机三千，发石机三百，投射火油机七百，云梯四千，炮石二千五百担"[1]，连续轰击了 15 天，发射了大量火箭、毒火罐和

1- ［瑞典］多桑：《多桑蒙古史》（上），冯承钧译，中华书局 1962 年版，第 120 页。

蒙古帝国的三次西征，打败了包括花刺子模、钦察、罗斯等 40 多个国家，
几乎征服了整个亚欧大陆

火炮弹。

    第二次西征时，金国已经被灭，蒙古军从金军中招募了一批炮兵，并携带了大批刚从金军缴获的竹火枪、铁火炮以及火药箭等火器出征，几乎在每次作战中都使用了火器。1238 年，莫斯科、罗斯托夫、弗拉基米尔等城相继被攻陷。1240 年，拔都率领的蒙古军以铁火炮攻占基辅。

　　1241 年，蒙古大军在东欧华尔斯塔德大平原上击败波兰人和日耳曼人联军，3 万联军竟有 2.5 万人阵亡。波兰历史学家记载了蒙古人可怕的火器——他们从一种木筒中成束地发射火箭。因为在木筒上绘有龙头，因此被波兰人称作"中国喷火龙"。

　　1258 年，就在蒙哥命丧钓鱼城之时，蒙古军用金人的炸弹震天雷（宋人叫"铁火炮"）一举攻下古老的巴格达。阿拉伯人给这种威力惊人的炸弹又起了一个名字——"铁瓶"。

　　随着蒙古帝国的征服步伐，中国火药将人类战争从冷兵器时代带入了热兵器时代。

野蛮的终结

在东方，蒙古人征服的步伐并未停止。忽必烈两次东征日本，元军都以中国铁火炮作为进攻利器。

至元十一年（1274年），元朝第一次东征日本。在忽敦等率领下，元军在日本博多湾登陆，向日军发射的铁火炮有如雷霆般的剧烈爆炸声让日军极其恐惧，元军大胜。

至元十八年（1281年），范文虎率领的元军再次征讨日本。在进攻壹岐、濑浦时，以铁火炮击败日军，并杀死了日将少贰资能。

在抗击元军的日本人中，有一个画家竹崎季长根据自己的亲眼所见，绘制了一本画册，名为《蒙古来袭绘词》。其中就有一幅画，主题是元军发射铁火炮的情景。

现代的日本历史学者经过仔细研究，发现这些图画都非常写实，甚至图中的人物和兵器都严格地按照1:20的比例绘制。通过测算，图中元军所用铁火炮直径约为18～20厘米，炮管壁的厚度约为5毫米，一个铁火炮的重量约为4～10公斤。

在其中一张图上，画着一只铁火炮裂成两半，上半部分已经炸裂，掉在地上的部分还很完整，还有着烈焰。

这是一种形状像两只碗合扣在一起的开花炮弹。它出现在欧洲的时间是16—17世纪，要比中国晚了三四百年。

从亚历山大到成吉思汗，历史上的征服性战争往往一帆风顺，势如破竹，除非遇到自然环境的限制。一旦想超越这种限制，就难免遭遇极大的灾难。拿破仑远征折戟于俄罗斯寒冬，蒙古远征军葬身于日本海和东南亚的热带雨林，都是如此。

可能是因为意识到气候的适应关系，成吉思汗远征时，蒙古大军先是沿着同一纬度西进，席卷中亚和东欧的草原地带，然后才沿着经度南下进入温带和热带地区。

在751年的怛罗斯，阿拉伯帝国击败了唐朝名将高仙芝。风水流转，500年后，唐朝名将郭子仪的后裔郭宝玉率领着火器时代的蒙古大军，攻陷了阿拉伯帝国的都城巴格达。阿拉伯帝国变成了蒙古帝国下的伊尔汗国。

正如同当年的撒马尔罕成为中国纸的传播中心，巴格达也成为火药传播的重要枢纽。

自信而崇尚技术的蒙古统治者并不禁止火药的扩散和火器的出口，他们甚至大量地招募突厥人、阿拉伯人和欧洲人作为帝国军人。在一个由中原人、蒙古人、突厥人、阿拉伯人和欧洲人构成的火器军队主导下，整个世界迅速进入火器时代。

火药和火器制造技术从扩散到提高，成为未来几个世纪决定人类命运的关键细节。

在中国历史文献中，不仅有关于火药不同配方的各种记载，还有对火器（比如火枪）的各种发明和改进过程的记录。在中国以外，火药和火器出现得明显要晚，而且从一出现，就已经比较成熟或完全定型，这说明它们的实验过程基本都发生在中国，西方世界只是把它作为一种实用的技术进行了全盘引进。

此外，火药在中国不仅仅用作军事用途，还常常被民间用作节日喜庆的爆竹和烟花等。但火药传入欧洲后，几乎专用于战争，火药也就成了"枪药"（gunpowder）。

战争作为人类社会矛盾斗争表现的最高形式，在血与火中构成了最不幸的历史。

从文化意义上来说，火药是战争的产物，而非战争是火药的产物。火药巨大的能量使战争的破坏力被无限放大。人类肌肉的力量在火药面前不堪一击，暴力欲望成为战争的主要推动力。

火药时代的所有进步，实际都是暴力欲望的扩张，人类世界的暴力斗争最终演变为欲望的博弈。欲望与火药在硝烟和爆炸中一起化为灰烬，新的欲望和火药继续不断地产生，以此书写着人类争斗与暴力的历史。

成吉思汗将中国火药传播到全世界，并开创了人类历史上第一次大规模的世界性战争。

颇具讽刺意味的是，出身于草原的蒙古人带到西方的火药，最后彻底终结了盛极一时的草原时代，野蛮征服文明的历史被火药终止——

> 16 世纪以来，游牧民族怎么不再任意地支配定居民族了呢？理由是后者用大炮来对付他们。于是，一夜之间，他们突然获得了压倒游牧民的人为的优势。长期以来的位置颠倒过来了。伊凡雷帝用炮声驱散了金帐汗国的最后一批继承者；中国的康熙皇帝用炮声吓倒了卡尔梅克人。大炮的隆隆声标志着一个世界历史时期的结束。军事优势第一次、也将是永远地变换了阵地，文明变得比野蛮强大。几小时之内，游牧民的传统优势已成为似乎是不真实的过去。在 1807 年的战场上，浪漫的沙皇亚历山大召集来打拿破仑的卡尔梅克弓箭手们，就像是马格德林时代的猎人一样过时了。然而，这些弓箭手们不再是世界征服者以来，仅仅才过了 3 个世纪。[1]

1- [法] 勒内·格鲁塞：《草原帝国》，蓝琪译，商务印书馆 1998 年版，序言第 7—8 页。

第五章　最后的罗马

中国雪与希腊火

如果说古希腊文化的精髓是美学，那么蒙古文化的精髓就是暴力美学。

蒙古人的好战加上火药的暴力征服，改变了亚欧大陆原先的政治结构和民族版图。许多古老的文明遭到灭绝，许多国家从此一蹶不振，一些新的民族趁机崛起，形成新的国家。被击溃的国家产生了大量的难民，四处流散。这种大范围的种族交融，打破了传统的民族界限。

有人打了一个比方说，突厥人就像是一辆自东向西穿越亚洲的大巴士。起点是于都斤山，终点是伊斯坦布尔。从东到西的漫长旅行中，不断有人上上下下，但他们都自称是突厥人。

蒙古人对中亚的攻击，摧毁了一个古老的阿拉伯帝国，突厥人通过加入蒙古征服的队列而迅速崛起。

突厥人和蒙古人相互融合，形成新的军事贵族。从塞尔柱到帖木儿，再到奥斯曼，突厥人继承了蒙古人的军事遗产，以中亚内陆的新主人自居。

今天的阿拉伯地区以盛产石油而闻名世界。其实早在公元前 2000 年，美索不达米亚人就通过加热天然沥青提炼出大量的石油，石油和沥青、树脂、硫黄、生石灰的各种混合物，可以用来制作由弩炮发射的火攻武器，但这些"火器"与火药根本不可同日而语。

唐朝时期，中国的硝和炼丹术通过贸易传入阿拉伯世界。当时阿拉伯人把从中国传来的这种白色的药（硝）称为"中国雪"，波斯人称之为"中国盐"。古代阿拉伯对欧洲的战争中，曾使用过许多纵火剂，却没有火药或者硫黄。直到蒙古铁蹄摧毁了地中海沿岸的大马士革，阿拉伯人才第一次见识到可怕的火器和火药。

蒙古人到来后不久，阿拉伯人已经能制造和使用"中国火枪"和"中国火箭"，这与中国的"火箭"和"突火枪"类似，他们称其为"马达发"——即阿拉伯语中"火器"的意思。

在人类历史长河中，强大的蒙古帝国不过是昙花一现。当阿拉伯人掌握了火药和火器技术之后，他们就信心满满地从欧洲人手中争夺地中海霸权。从战争史来说，阿拉伯人几乎继承了蒙古人未竟的征服之路，用火药带给欧洲人一个漫长的噩梦。

欧洲木版画中的成
吉思汗完全是一副
突厥人的形象

　　文艺复兴时期的思想家们把火炮比作瘟疫，既邪恶致命，
又寻常可见，说它是"魔鬼的战争机器"，发明火药和火炮的
"不是人类，而是魔鬼的代理人"。

　　1325 年，阿拉伯军队进攻西班牙的巴沙城，他们用抛石
机发射"中国火球"，声如雷震，西班牙人遭遇到了一个世
纪前匈牙利人和波兰人的悲惨命运——城市被攻陷，居民被
屠杀。

这是一场轰轰烈烈、由东到西的火药革命。其中，最具有标志性的事件是君士坦丁堡的沦陷。

1453 年，奥斯曼帝国的穆罕默德二世用装满火药的大炮，对准 1000 多年前罗马皇帝君士坦丁修筑的城墙展开轰击，一举结束了千年的东罗马帝国（拜占庭），也结束了一个古老的欧洲中世纪神话。

东罗马帝国，就是中国古籍中的"大秦"或"海西国"，其首都为君士坦丁堡。该城位于马尔马拉海北岸，扼黑海出入门户，为亚欧交通要冲。

公元前 660 年，古希腊人在这里始建拜占庭城。4 世纪初，第一位信仰基督教的罗马帝国皇帝君士坦丁重修旧拜占庭城，将它建成为一座三面环海，只有一面靠陆地的坚固堡垒，并更名为"君士坦丁堡（Constantinople）"。以后，狄奥多西斯二世进一步加强了君士坦丁堡的城墙，使得这座城市成为"野蛮人攻不破的城市"。

圣索菲亚大教堂是君士坦丁堡最为著名的建筑。5 世纪中期，查士丁尼大帝开始修建，因工程过于浩大，这座气势恢宏的教堂在一个世纪后才完工，成为东正教的世界中心。[1]

由于君士坦丁堡横亘欧、亚交界处，既阻挡了阿拉伯帝国

1-2020 年 7 月，土耳其总统埃尔多安宣布，在 7 月 24 日将圣索菲亚大教堂改为清真寺。

征服叙利亚、埃及，进入西欧的道路，也阻挡了西欧十字军骑士进攻耶路撒冷和地中海中部沿岸地区，因此君士坦丁堡常常成为中世纪战争的风暴角。用中国古话说，就是所谓的四战之地，易攻难守。

在漫长的冷兵器时代，君士坦丁堡依靠高耸坚固的城墙，和一支西方世界强大的军队，虽然几经兴衰沉浮，但依然奇迹般地屹立千年不倒。无论是波斯人、哥特人、斯拉夫人还是阿拉伯人无数次攻城，最后都铩羽而归。吉本在《罗马帝国衰亡史》里说，要是没有拜占庭，匈奴人、阿拉伯人和蒙古人的铁蹄，真不知道要席卷欧陆多少次了。

东罗马帝国军队有一种极具特色的撒手锏，就是一种类似中国火药的"希腊火"。

根据传说，是一个叙利亚人从西里西亚逃亡到君士坦丁堡，提供了"希腊火"的配方及制作方法。"希腊火"的主要成分包括硫黄、沥青和松脂等易燃物，平时装在有喷嘴的容器内，作战时将水注入容器，容器内的易燃材料便燃烧起来，内部压力使火焰从喷嘴射出，可烧毁敌方舰船和士兵，同时还会产生大量烟雾和声响，极具震慑效果。

674年，拜占庭人首次使用"希腊火"，就成功地打败敌人；717年，庞大的阿拉伯舰队遭遇火攻，"希腊火"一举成名。

诡异的是，这种"秘密武器"最后竟然在东罗马帝国失传了。

奥斯曼崛起

奥斯曼的历史与蒙古征服有很大的渊源。

在蒙古征服的狂飙中，阿拉伯帝国走向崩溃，群龙无首，一时涌现出许多新兴的宗教国家。这些国家尽管民族各不相同，有突厥人、波斯人、阿拉伯人、非洲人，但其政治体制都是政教合一的军事封建制度。

进入 14 世纪以后，奥斯曼突厥人在与十字军骑士和东罗马帝国军队的长期战斗中逐渐发展壮大，成长为一支极具活力的军事势力。继阿拉伯帝国之后，奥斯曼帝国的崛起，标志着传统阿拉伯文明进入到一个新的繁盛时期。

仅仅一个世纪之前，奥斯曼土耳其还是亚洲一个不知名的半游牧部落。有历史学者认为，"突厥"一词也就是"土耳其"的汉语音译。[1]

《阿拉伯通史》中说："奥斯曼土耳其人发源于蒙古利亚，后来在中亚细亚与伊朗各部族相混合，然后向小亚细亚迁移，

1－［日］宫崎市定：《亚洲史概说》，谢辰译，民主与建设出版社 2017 年版，第 107 页。

在那里逐渐地取代和同化了与他们同血统的塞尔柱克人，在十四世纪初期建立了一个王国，终于取代了拜占庭帝国和阿拉伯哈里发帝国。奥斯曼（1299—1326年）是这个王朝的奠基人。"[1]

1299年，奥斯曼率领土耳其人摆脱塞尔柱克君主的统治，宣布成立以他的名字命名的奥斯曼帝国，并趁东罗马帝国内乱，逐步占据了小亚细亚地区，后又攻占了重要商业中心布鲁萨。

一个帝国的兴起，往往要经历几代人的苦心经营。奥斯曼死后，他的儿子成为苏丹，利用地理优势，致力于发展商业和军事，终于打造出一支纪律严明、英勇顽强的军队。

在接下来的一个多世纪中，虽然帖木儿的蒙古帝国一度打败了奥斯曼，但帖木儿一死，奥斯曼帝国东山再起，并继续向羸弱的东罗马帝国扩张。

阅读历史，常常会发现，任何帝国都逃不过盛极而衰的命运，东罗马帝国也不例外。

经过几个世纪的衰败，东罗马的疆域不断缩水，阿拉伯帝国从它手中夺去了叙利亚、巴勒斯坦和埃及等大片领土，连接中国的古老丝绸之路因此断绝。

对东罗马帝国来说，贸易就是血液。贸易一旦衰落，帝国

1-［美］菲利普·希提：《阿拉伯通史》，马坚译，新世界出版社2015年版，第642页。

经济便有失血之痛。到 11 世纪时，就连黑海沿岸最后的商业据点也被奥斯曼人夺去，这使东罗马帝国进一步走向衰败，再加上频繁的宫廷斗争，导致帝国从内部开始糜烂。

在东罗马的众多皇帝中，有 40 人属非正常死亡，其中被处决和暗杀的皇帝多达 34 个，有 51 人通过军事政变成为皇帝，有 42 个皇帝在斗争中失利，被流放、监禁或迫害。另外，黑死病也造成君士坦丁堡大量人口消失。

到了 14 世纪，新兴的奥斯曼帝国加紧了对拜占庭的蚕食和侵略。

安纳托利亚是极其重要的军马产地。此地失去后，东罗马帝国的重骑兵力量遭到致命打击，帝国军队彻底丧失了主动攻击的能力，只能以步兵进行被动的防守。

中世纪时代，国家与国家之间的法则是弱肉强食。在此消彼长的过程中，奥斯曼军队攻入保加利亚和阿尔巴尼亚，将君士坦丁堡以西的整个色雷斯地区据为己有。

1354 年，奥斯曼土耳其攻占了拜占庭帝国的加里波利；1396 年，奥斯曼轻骑兵在多瑙河畔的尼科堡大败欧洲十字军骑士团，完成了对于巴尔干半岛的征服。

至此，从亚得里亚海和匈牙利平原，直到幼发拉底河的广大地区，都成为奥斯曼帝国的版图。可怜的拜占庭帝国，只剩下一个君士坦丁堡，而这个首都也已经成为悬于奥斯曼帝国巨口边的一座孤城。

固若金汤的君士坦丁堡

拜占庭帝国的历史始于公元 330 年。

当时，君士坦丁大帝决定将罗马帝国首都迁到这里，这座希腊旧城经过重修，定名为君士坦丁堡。随着西罗马的没落，东罗马成为罗马精神的唯一继承者。在漫长的中世纪，这里也是整个欧洲最为先进和文明的地方。斯塔夫里阿诺斯说，没有一个西方国家的首都，在帝国统治的连续性和范围方面，能与拜占庭首都君主坦丁堡的辉煌历史相媲美。[1]

7 世纪时，东罗马的国力达到顶峰，与唐帝国、阿拉伯帝国并称为"世界三大帝国"。17 世纪以后，历史学家为了区分

1-［美］斯塔夫里阿诺斯：《全球通史》，北京大学出版社 2012 年版，第 239 页。

古代罗马帝国和中世纪神圣罗马帝国，引入了"拜占庭帝国"这一称呼。

夺取君士坦丁堡是历代阿拉伯统治者的夙愿。随着拜占庭帝国的衰落，这种愿望最终变成现实。

1421年，奥斯曼帝国的穆拉德二世向君士坦丁堡发起进攻，迫使拜占庭皇帝将君士坦丁堡城外除供水区外的所有土地都割让给对方，并以每年3万杜卡特作为岁贡。

1451年，19岁的穆罕默德杀掉其他兄弟，成为奥斯曼帝国的新苏丹——穆罕默德二世。[1]

当时，偌大的东罗马帝国的领土已经丧失殆尽，仅剩下一个山穷水尽、财源枯竭的首都君士坦丁堡及其附近若干城市，以及断了联系的伯罗奔尼撒地区。

面对虎视眈眈的奥斯曼土耳其人，拜占庭人唯一可以依仗的就是险要的地势和坚固的城墙，毕竟君士坦丁堡是最擅长军事和工程的罗马帝国的巅峰之作。在冷兵器时代，城堡成为无数强悍军队折戟沉沙之地。

1- 1451年，穆罕默德二世登基当天他就把弟弟溺死在浴缸里。他宣布皇位继承人有权杀死自己的兄弟，以避免王位争夺引发的内乱，维护国家的稳定。屠戮兄弟的行为从此成为奥斯曼帝国宫廷斗争的合法手段和传统。晚年的穆罕默德二世被其子巴耶济姆二世毒死。巴耶济德二世晚年又被其子塞利姆一世杀死。塞利姆一世即位后追剿残余的皇室男性成员，他的一位兄长考尔库德以及五个侄子均遭杀害。1595年，穆罕默德三世成为奥斯曼帝国新苏丹，他根据帝国的"弑兄法"，将他的19个弟弟全部杀死。

1453 年，穆罕默德二世亲率大军攻打君士坦丁堡。为了抵御敌人的进攻，君士坦丁堡进一步加高加固了城墙。热那亚名将吉斯提尼率领 700 名军人前来增援，同行的还有日耳曼炮兵专家兼军事工程师格兰特。

面对坚城，穆罕默德二世志在必得。为了确保征服君士坦丁堡，他在君士坦丁堡对岸修建了鲁美利希萨要塞，作为进攻君士坦丁堡的基地。这样一来，完全切断了君士坦丁堡的供给通道。

穆罕默德二世推崇传统的人海战术，以多取胜。尽管君士坦丁堡的守军不足 8000 人，穆罕默德二世的攻击部队却达到 15 万，几乎是对手的 20 倍。穆罕默德拥有的火炮数量更是惊人，有 400 多门大炮和 56 门小炮。

在当时，火器尤其是火炮，已经被人们视为攻城必不可少的利器。穆罕默德二世本人恰是一位狂热的火炮爱好者，他不仅精通火器技术，甚至还是一位真正的炮手。

当初，成吉思汗的炮兵基本都是中国人；如今，穆罕默德二世的炮兵几乎都是基督徒。这些人最擅长的是火炮技术，他们对火炮的准确性孜孜以求，但并不介意将炮口对准一座基督之城。

值得一提的是，土耳其工兵对进攻君士坦丁堡起到举足轻重的作用。他们在城墙下挖掘坑道，埋设火药地雷，对坚固的城墙进行定向爆破。这是世界军事史上，首次把火药用于坑道爆破的事例。

乌尔班巨炮

14 世纪末期，奥斯曼土耳其人和欧洲人开始走上一条和中国完全不同的火炮发展之路。

在中国，火炮主要是作为针对参战人员的杀伤性武器，因此并不主要用在攻击城墙和工事。但在西方，火炮变得越来越大，越来越多地用作轰击堡垒的首选武器。

按照中国习惯，一般将大型火器叫作"炮"，小型火器叫作"枪"或者"铳"。现代军事学以 20 毫米为界线，将发射管口内径小于 20 毫米的管形火器称为"枪"，大于 20 毫米的称为"炮"。

到 15 世纪时，经过一次次改进，欧洲的大型火炮已经具有相当可怕的毁城能力。但对君士坦丁堡那样超级坚厚的全石城墙来说，一般大炮仍然无能为力。

正因为这个原因，奥斯曼七代君主尽管纵横亚欧大陆，却始终下不了攻打君士坦丁堡的决心。

为了攻克君士坦丁堡的城墙，穆罕默德二世特意聘请匈牙利铸炮大师乌尔班，先后共铸造了 12 门超级巨炮。其中最大的乌尔班巨炮，青铜铸造，长达8.2米，发射的石弹直径1米，重达272公斤，射程超过1公里。第一次试射，炮弹飞出1.6公里，在土地上砸出了一个1.8米深的大坑。

为了移动这个"恐怖而非凡的怪兽"，共用了400个人和60头牛，30辆大车首尾相连，花了6个星期，才运到君士坦丁堡城下。

穆罕默德二世沿君士坦丁堡城墙的薄弱之处布置了14到15个炮兵阵地，至少有69门大炮。乌尔班巨炮就在苏丹帐篷前最显要的位置，在它的周围，环绕着许多小口径火炮作为辅助，奥斯曼人称为"巨熊周围的幼兽"。

这是有史以来首次采用大规模的炮群战术。

对一个武器专家来说，只有战争才可以让他有用武之地。

乌尔班（Urban）是当时全欧洲技艺最高超的铸炮大师。他本来受雇于拜占庭皇帝，但拜占庭根本无力制造巨型火炮，乌尔班悄然出走，投奔了财大气粗的奥斯曼帝国，对方许给他超过四倍的薪俸。

乌尔班对穆罕默德二世说："我已经仔细研究过，我有信心制造这样的重炮——它不仅能击碎君士坦丁堡的城墙，甚至传说中巴比伦的城墙也不是对手。"

虽然拜占庭人对"忘恩负义"的乌尔班免不了诅咒，但对穆罕默德二世来说，乌尔班的到来犹如雪中送炭。甚至可以说，正是乌尔班的投诚，才彻底坚定了穆罕默德二世攻取君士

在当时的技术条件下，制造这样的巨型大炮不是一件容易的事情

坦丁堡的决心。

　　1453 年 4 月 12 日，穆罕默德二世率领着浩浩荡荡的土耳其军队，通过仅有的陆路来到君士坦丁堡城下。在另外三面，数百艘土耳其军舰已经从海上展开炮击。

　　在穆罕默德的指挥下，土军的大炮被一起推到护城河边，开始了火器时代以来规模最大的一次炮击。此起彼伏的炮声惊天动地，震耳欲聋。城上的拜占庭人也毫不示弱，以弓箭和火炮还击。

　　可以想象，当时的君士坦丁堡战场，或许是中世纪战争史中火药威力最直观的展示场所。万炮齐射，地动山摇，这对冷兵器时代的人们将是怎样的震撼！

中国火药使罗马最坚固的城堡摇摇欲坠，历史也将从此改写。

拜占庭守军也曾试图用他们微不足道的小型火炮还击，但他们却没有多少火药。

事实上，城墙和塔楼并不适合架设大型火炮。火炮巨大的后坐力及震动，很快就会使城墙损毁，这与遭受敌军炮击毫无二致。迫不得已的情况下，他们只能将一些单兵操作的小型火炮当作"手炮"使用。

每当奥斯曼人蜂拥而上时，拜占庭守卫者就用手炮阻击。也不能小看这种手炮，一旦点火发射，火药推动铅弹也能产生可怕的杀伤力，甚至一颗铅弹可以击穿三名敌兵，即使甲胄在身也难以阻挡。

与拜占庭人的小火炮相比，乌尔班巨炮极大地鼓舞了土耳其人的士气，也使拜占庭人又恨又怕。巨炮射入城内的巨大石弹击毁了教堂和民房，很多人悲惨地死去。巨炮发射时震耳欲聋，以至一些孕妇因它的轰鸣声而流产。

好在这个巨炮操作极为烦琐，发射一次直到冷却，需要至少两个小时。即使这样，在反复热胀冷缩中，它还是出现了裂纹。一周过后，乌尔班巨炮还没把君士坦丁堡轰塌，就自己爆炸了。那位造炮的乌尔班，不幸也成为巨炮的陪葬品，也可谓死得其所。

土耳其人的炮击一天胜似一天，孤立无援的君士坦丁堡城内，伤亡与日俱增。

尤其是君士坦丁堡最薄弱的一段城墙，被持续轰击了 35 天。同时代的希腊人记载：

> 石弹带着巨大的力道和速度击中城墙，城墙立时剧烈震动、垮塌，石弹整个崩碎，碎片横飞，碰巧在一旁的人都不幸丢了性命。有时炮弹摧毁的是整段城墙，有时只是一半，有时是一部分塔楼、一部分炮台、一部分城垛。没有一处墙坚实、耐久、厚实到了可以抵挡的地步，完全不能抵挡这样的力量和这样的加农炮石弹的轰击。[1]

....

虽然保家卫国的拜占庭人骁勇善战，但随着战火的持续，穆罕默德的人海战术很快便将对手的兵力和弹药消耗殆尽。

到了 5 月 28 日，土耳其人的炮击已经持续了 47 天，总计已经消耗了 55000 磅火药，发射了大约 5000 发炮弹，城墙上已经出现了 9 个大缺口。

穆罕默德认为时机已经成熟，遂下令全面总攻。

次日凌晨 1 点 30 分，火炮齐鸣，10 多万土耳其军队在约

1-［美］欧阳泰:《从丹药到枪炮：世界史上的中国军事格局》，张孝铎译，中信出版集团 2019 年版，第 78 页。

4 英里宽的战线上发起冲击。当时战场的场面是如此令人震撼，一位拜占庭人这样记载："空气似乎也被撕裂了，君士坦丁堡的一切看起来就像是另一个世界。"

城内人心惶惶，人们纷纷涌向圣索菲亚大教堂，向上帝进行最后一次祈祷，因为可怕的末日即将来临。城内响成一片的教堂钟声，完全被城外几百门火炮响彻云霄的轰鸣声所淹没。

在一次又一次的炮击下，城墙的缺口被不断地撕大，1 万名手持火枪的土耳其新军蜂拥而上……

这些所谓的新军即"改宗兵"，他们都是在幼童时就开始长期封闭的严格训练，并被灌输以狂热的宗教思想，堪称苏丹最为得力的战争机器。在这台高效率的战争机器面前，拜占庭末代皇帝君士坦丁十一世和他的皇家卫队全部英勇战死。

面对火炮的轰鸣，君士坦丁堡最终陷落。

君士坦丁堡陷落之后

在东罗马帝国千年历史上，君士坦丁堡总共遭遇过多次围攻，除了 1204 年被十字军偷袭成功，从来没有一个敌人可以突破它伟岸的城墙。

但时过境迁，君士坦丁堡终于在火药时代被攻克了，罗马帝国的落日余晖彻底熄灭。

火炮改写了这一段欧洲历史。

君士坦丁堡的陷落，标志着欧洲传统的要塞防御已经不再有意义，人类军事史打开了新的一页。

茨威格说："历史如同一场诡异的数字游戏，在汪达尔人洗劫罗马一千年之后，又一场浩劫降临到拜占庭。"[1]与大多数战争一样，获胜的土耳其人在城内大肆烧杀抢掠。

穆罕默德苏丹在战前动员时，对士兵们宣扬："真主的士兵们，你们即将赢得最后的胜利！在你们的面前，是一座建筑宏伟、财宝无数的城市。破城之后，你们可以尽情地劫掠三

1-[奥]斯蒂芬·茨威格：《人类群星闪耀时》，彭浩容译，中国言实出版社 2004 年版，
　　第 29 页。

天，城中的一切财物、珠宝以及人口都属于你们。而我，只要得到征服这座城市的荣誉！"

在这次浩劫中，大批艺术家从东罗马逃往意大利。政教合一的中世纪结束了，古希腊文明的魅力席卷西欧，引发了一场文艺复兴运动。

穆罕默德二世在位 30 年，几乎都是在征战中度过，因此也被称为"征服者"。在征服君士坦丁堡之后，他理所当然地获得了命名权，便将它更名为伊斯坦布尔。[1]

一个世纪之后，奥斯曼帝国进入苏莱曼一世时代。

苏莱曼的名字翻译成英语就是所罗门。在奥斯曼帝国，他被称为"立法者苏莱曼"。苏莱曼大帝一生好战，一如他的祖父穆罕默德二世。他每一次出征，都要动员 10 多万兵力、出动几百门大炮，很难有一个国家能够与他相抗衡，只能采取据城坚守的战术。

1-"伊斯坦布尔"时常被认为来源于中古希腊语短语，意为"进城去"。这反映了该城为区域内主要城市。在被奥斯曼帝国征服之前，伊斯坦布尔之名至少存在了百余年，如 1403 年西班牙国王遣使觐见帖木儿大帝，使臣途经君士坦丁堡，在回忆录中提到，希腊人也称此地为"伊斯坦布尔"。君士坦丁堡陷落后，西方国家依然坚持称此地为"君士坦丁堡"。还有一种说法，认为该名称直接来源于"君士坦丁堡"，只将此名称的第一和第三个音节去除。在奥斯曼帝国时期，"科斯坦丁尼耶"和"伊斯坦布尔"通用。1923 年土耳其共和国初建时为首都（独立战争期间迁都安卡拉），伊斯坦布尔才成为国际上的正式名称。

苏莱曼一世时代，是奥斯曼帝国最为鼎盛的时期，帝国横跨亚、非、欧三大洲，从埃及到阿尔及利亚、摩洛哥，从叙利亚到也门、伊拉克，乃至格鲁吉亚、匈牙利、南斯拉夫和希腊，都属于帝国领土。

1529 年，土耳其军队围困维也纳，可惜君士坦丁堡的历史未能重演。1571 年，土耳其海军在勒班陀海战中失利，失去了对地中海的控制。此后，土耳其狂潮开始落幕。

君士坦丁堡陷落 20 年后，也就是 1473 年，拜占庭帝国的末代公主索菲亚嫁给了莫斯科大公伊万三世。1480 年，伊万三世停止了对金帐汗国的纳贡，从而结束了两个半世纪的金帐汗国统治，并在 1502 年吞并了金帐汗国。

伊万三世向西方世界宣告，这个曾经作为欧洲奴隶的斯拉夫民族是拜占庭帝国的继承者。拜占庭帝国的双头鹰标志从此也成为这个新生的俄罗斯的象征：一头向西，面向欧洲；一头向东，面向亚洲。

在古代史上，任何一个帝国能够崛起，都离不开前几代创业者的勇武与贪婪。伊万四世像成吉思汗当年一样，先后吞并了喀山汗国（1552 年）、阿斯特拉罕汗国（1556 年）和西伯利亚汗国（1579 年），还打败了克里木汗国（1572 年）。这些汗国都是成吉思汗西征留下的果实。

这位还被称为"恐怖的伊万"的莫斯科大公，在死于梅毒之前，还自封为沙皇（俄语恺撒），对东方则称札根汗（白色可汗），以显示其蒙古血统——伊凡四世的母亲叶莲娜是蒙古金帐汗国大汗的后裔。

1526 年，在遥远的东方，另一个也叫穆罕默德的突厥人，率领一支 1 万多人的火器军队，攻入富饶的恒河流域。在炮声和硝烟中，印度国王和他的 5 万多名冷兵器时代的步兵一起战死，陪葬的还有 1000 多头战象。

穆罕默德·巴布尔用火器和宗教，建立了一个从喀布尔到德里、时间长达三个多世纪的莫卧儿帝国。

所谓"莫卧儿（Mughal）"其实就是"蒙古（Mongol）"的波斯语变音。巴布尔作为帖木儿的第六代子孙，也是成吉思汗的后裔。

1517 年，奥斯曼土耳其从叙利亚向南攻入埃及，将地中海东南部的大片土地纳入帝国版图。君士坦丁堡的苏丹兼哈里发，成了伊斯兰教最强大的君主。他不仅是巴格达哈里发的继任者，而且还成了拜占庭皇帝的继任者。

奥斯曼征服者之所以能取得胜利，得益于其火器优势。"土耳其军队拥有比较优良的装备——大炮、滑膛枪和其他长距离武器，而看重骑兵的马穆鲁克军队，包括贝杜因人和叙利亚人组成的分遣队，却不肯使用那种新式武器。土耳其人早就使用火药，而叙利亚人和埃及人的军队还固守陈腐的理论，认为个人的勇气在战斗中是决定性的因素。"[1]

结果，战无不胜的马穆鲁克骑兵被火炮一举歼灭。统治埃及长达260多年的马穆鲁克王朝灭亡，埃及成为奥斯曼帝国的一部分。

....

1-［美］菲利普·希提：《阿拉伯通史》，马坚译，新世界出版社2015年版，第642页。

第六章　火药革命

西方的兴起

　　火药由蒙古人带到西方，蒙古化的突厥人最先掌握了这种先进技术，接下来，欧洲人成为更加狂热的火药爱好者。

　　直到 14 世纪上半叶，欧洲大部分地区还不知道火药和火器。阿拉伯人在塔里法战役中，对西班牙人首次使用了火药和火炮。进入 14 世纪后半叶之后，火药和火器已经在欧洲战场上崭露头角。

　　最早的火药配方是由执教于巴黎和牛津大学的科学家罗杰·培根于 1267 年记录下来的。据李约瑟考证，欧洲人将火炮作为武器使用的最早证据，是 1326 年左右两份关于火炮图画的手稿。1340 年，英格兰的两位伯爵把大炮引进英国，6 年后的克莱西战役中，英国人就开始用火炮攻击法国骑士了。1380 年，亚得里亚海上的两大强国威尼斯和热那亚，为争夺海上贸易垄断权发生战争，双方在这场战役中都使用了火器。这也是欧洲人进入火器战争的较早记录。欧洲第一场由火炮发挥关键作用的战争发生在 1382 年，手工业城市佛兰德尔用火炮反抗封建领主佛兰德尔伯爵。

　　文艺复兴时期的思想家彼特拉克在 1344 年这样描述火

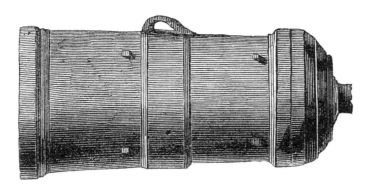

欧洲早期的炮多为臼炮

药枪：

  这些工具能发射金属弹丸，同时伴有巨大的噪
音与火光⋯⋯几年前还非常稀有，人们以稀奇羡慕
的眼光看待它，但现在它已经像其他武器一样稀松
平常了。[1]

  早期的火炮其实就是一种新式投石机，或者叫臼炮。外形
上像是侧放的花瓶，或者说瓮，大肚子，小颈口，可以发射火
箭、铅弹或石弹。这种火炮有效射程只有不到 50 米，每小时

1- 美国时代生活编辑部：《战争机器》（《人类文明史图鉴》卷 23），吉林人民出版社
  1999 年版，第 65 页。

只能发射 10 ~ 20 次，每次发射后，都要仔细清理炮膛，并需要经常冷却保养。

这种火炮会产生巨大的后坐力，因此需要将大炮安置在一个土垒上。

有趣的是，这种原始火炮后来常被人们用来制作爆米花，一直流传到现在，想必有些读者朋友一定对它震耳欲聋的巨响印象深刻。

一位法国编年史家记载，1382 年佛兰德尔叛乱者制造了一门硕大无朋的投石炮。这种投石炮可以发射巨大的石弹。开炮时巨大的声响，如同"地狱里所有的鬼都一起涌到了路上"。

据说，1338 年英法战争中就已经出现了中国的震天雷，他们叫它"铁罐子"。

从亚欧大陆的最东头传到最西头，震天雷走了差不多整整一个世纪。

在 1346 年的克雷西战役中，英王爱德华三世虽然只有三门火炮，却让法国骑士的战马惊慌失措。这些大炮作为武器可能并没有什么大用，但它们发出的声响和烟雾，一定让那些从没有见过大炮的人感到害怕。

爱德华三世打赢了这场西欧历史上著名的战役。在英国政府文书中，正式出现了枪（Gunnis）和炸弹（Bombarde）这两个词。

从战术和军事技术上来看，这场战役可以被视为一场欧洲的军事革命，虽然当时火药并没有起到决定性作用。不过，在第二年爱德华三世围困加来的战役中发挥的作用就大多了，直到 15 世纪的胡斯战争中，火药才真正发挥了主导性的作用。

在接下来的历史中，勃艮第王朝的开创者——勇敢者腓力组建了一支欧洲最强的炮兵部队。他雇用了一大批铸炮师，建了许多火炮制造厂，并大胆地铸造了一些重达近千公斤的巨炮，可以发射 100 到 200 公斤的炮弹。

1377 年，腓力帮助法军攻破了英国人据守的奥德雷克城堡，首次证明了巨炮在战争中的革命性意义。

1453 年，也就是在古老的拜占庭被奥斯曼土耳其的火炮攻陷一个多月后，法国人用火炮将骁勇的英国长弓手彻底赶出了欧洲大陆。持续了近 100 年的英法战争，随着火药的到来戛然而止。

在人们印象中，改变这场战争的圣女贞德总是手挥一把长剑。事实上，她是一名出色的炮手。

在文艺复兴时期的西方世界，火药以不可思议的速度迅速扩散，欧洲的枪炮制造者很快就超越了中国原创者，也远远领先于其他文明世界所取得的成就。

当然，这一切与文艺复兴带来的科技热潮密不可分。

火药刚传入欧洲时，价格十分昂贵，火炮一般也都很小，主要用来发射火箭。

直到 14 世纪中期，欧洲火炮还类似于中国火铳，重量多在 10 公斤到 50 公斤之间，大多都用于城堡要塞的防御作战。英国伦敦塔在 1380 年左右装设了 87 门火炮，其中绝大多数火炮的重量为 100 多公斤。

从 15 世纪开始，欧洲市场上的火药越来越充足，火药的价格开始下跌，火炮也随之造得越来越大。军事工程师的反复研究和实验，很快就提高了武器的威力和精准度。

火炮的一个重大变化，是从早期的花瓶形炮身改成了管状炮筒；与此同时，球形的炮弹（通常是石弹）也取代了箭状射弹。这样一来，爆炸时产生的膨胀气体就能使炮弹在通过炮筒时不断加速，从而使炮弹的出膛速度更快。

任何进步都是一个反复试错的过程，尤其是危险的武器研发，有时需要付出沉重的代价。

早期的火炮很不保险，它给炮手带来的危险或许比对敌军的更大，往往炮兵比敌人还害怕大炮。在 1411 年一份关于火炮技术的手稿上，特别警告火炮手，不要站在大炮旁边，而要站在离大炮 10 步或 20 步开外的远处。

在金属铸造技术发展滞后的背景下，很多人如同乌尔班一样，因为大炮炸膛而丧命。

炸膛事件是如此频繁，以至法军在围攻瑟堡时，因为只有 4 门火炮自爆，让他们激动得集体庆贺。

1460 年 8 月，苏格兰国王詹姆斯二世在围攻洛克斯堡时，大炮突然发生爆炸，他和许多随从当场丧命。

爱丁堡广场上的蒙斯梅格巨炮和它所用的石弹

　　詹姆斯二世最著名的大炮是"蒙斯梅格（Mons Meg）"，这是他当初收到的一份"最重"的结婚礼物。詹姆斯二世用它攻陷城堡无数，有时大炮还没有运到，城堡守军就闻风而降。

　　蒙斯梅格拥有可观的射程，能将重150公斤的石弹发射到3000多米远处，但是它重达6吨的重量，必须100多人同时用力才能抬得动。要移动它也是一件极其艰难的事情，每天移动不到5公里。

　　大概是年久老化，后来由于炮膛爆炸无法修复，蒙斯梅格才退出战场。如今，它保存在爱丁堡。

新时代的礼炮

历史是一只沙漏，总是周期性地翻转。

为了获得更大的杀伤力，火炮不断向大型化发展。

以攻陷拜占庭的乌尔班巨炮为代表，在一段时间里，大炮越造越大，发射一次需要填装的火药越多，不说有炸膛的危险，就是移动它，也成为一件极其艰难的事情。

据说 1453 年轰破君士坦丁堡城墙的大炮是就地铸造的，因为把原料运到战场，在城墙外建造炼铁炉和铸模，比运送铸成之后的大炮要容易得多。

聪明的法国人最终扭转了大炮的超重走势。

法国的铸炮工匠们发现，如果大炮炮管造得更坚固，能够用来发射密度更高的铁炮弹而不是石弹，那么，体积小得多的武器可以和体积大三倍的臼炮具有同等的杀伤力。

铁炮弹价格也比较便宜，而且可以重新使用；而巨型石弹撞击后即成碎片，并且用手工制成石弹，运往战地既困难又费钱。

这场火器技术革新直接改变了百年战争的结局。

在 15 世纪时，最先进的火炮基本都是由西欧人研制成功的，特别是勃艮第人和法兰西人。很多火炮大师都是签约的平民专家，并不是军人，但他们都擅长自制火炮。

这其中，最著名的当属让·比罗兄弟。

比罗出身寒微，年轻时曾想做一名律师，没想到后来和他弟弟一起成为火炮专家。当时火炮造价昂贵，封建制下的国家税收微薄，常常负担不起造炮的代价，铸炮师不得不游走各国，寻觅有钱的主顾。

跟乌尔班一样，比罗兄弟刚刚开始为英军服务，后来转投法兰西国王查理七世。对他们来说，制作和发射火炮，纯属一门用来谋生的生意。

在英法百年战争后期，比罗兄弟和他们的火炮发挥了决定性的作用。从某种程度上讲，是他们帮助法国人取得了一系列胜利。

制造火炮既费力又危险。但是在 15 世纪，比罗兄弟制造火炮的工具正在缓慢改良，其中最重要的革

新是 1429 年发明的火药研磨技术。在此之前，火药
须在战场上现混现用，但这种新式的"细粒状"火药
可以不再分成硫黄、硝石、木炭三个独立的部分。新
火药大大提高了火炮的发射速度。火炮铸造技术也有
进步，现在炮身的主要材料是青铜和黄铜，少数情况
下也用铁，虽然这种火炮仍很容易自爆。[1]

1066 年，法国诺曼底公爵威廉征服了英国，法国人成为
英国人的统治者。1415 年，英王亨利五世率兵在诺曼底登陆，
并占领巴黎，英国人又成为法国人的统治者。

为了反抗英国的入侵，在大商人雅克·科尔的资助下，法
国国王查理七世建立起了欧洲第一支直属王室的常备军。这支
9000 人的常备军装备了由比罗兄弟制造的最新式火炮，还包
括一支装备小型火器的快速机动部队。

依靠这支火器化的军队，查理七世在 1450 年夺回了诺曼
底。用恩格斯的话说："法国国王查理七世依靠这些炮队，在
一年内就把英国人以前夺去的全部要塞夺了回来。"

1452 年，在阿金库尔战役中扬名立万的约翰·塔尔博特
率领一支 3000 人的英军再次远征法国，查理七世被打了个措
手不及，直到第二年 7 月方才集结起他的常备军迎战。

1- ［英］德斯蒙德·苏厄德：《百年战争简史》，文俊译，四川人民出版社 2017 年版，
第 272 页。

火炮的出现，不是改变了百年战争，而是结束了它

      法国军队中没有能和塔尔博特齐名的伟大骑士，但有精通火炮的平民专家比罗。法国军队由比罗兄弟率领，配备了超过300门的加农炮和大量的手持长管炮，这些长管火炮被安置在土墙上。

      战斗打响了，英军非常勇敢。然而，他们发起的冲锋正好处在法军火炮的水平射程内。这些火炮呈纵向排列，一次发射就能杀死至少六名英军士兵。

      在战斗中，塔尔博特的坐骑被加农炮弹击中，他不幸被压在马下。法国弓箭手米歇尔·佩吕南冲上前去，用战斧轻松砍下了塔尔博特的脑袋。

这场战役体现了军事技术革新的作用，证明法国加农炮比英国长弓更有威力。与此相对应的，法军的指挥官是一名白手起家的工匠，而英军指挥官是一名大贵族、"勇敢的骑士"。

这场热兵器对冷兵器的战役，创造了100比4000的悬殊战果，成为欧洲战争史中火器决定一切的最早战例。

面对法国人的枪口和炮口，剩余的英军全部投降。至此，英格兰在法国的统治气数已尽，英国人被赶出了诺曼底和吉耶纳。

1453年，百年战争在法国人隆隆的炮声中结束。

在接下去的十年里，路易十一从封建贵族手中夺得了阿马尼亚克、勃艮第、普罗旺斯、安茹和布列塔尼，并将它们纳入王室领地。随着疆域扩大至接近现代法国，真正的"国家"概念逐渐形成。

虽然火药时代初期的枪炮更像是弓箭的延伸，但枪炮比长弓的有效射程更远，杀伤力更大。关键一点是，枪炮不需要非凡的膂力，任何人都可以利用火药的力量，而成为可以杀死敌人的战士。

与冷兵器战争相比，火药完全是一次性的，消耗极大，这种战争开销使火器和火炮成为国王军队的特权。或者说，火炮加强了国王的专制。

查理七世之子路易十一接手了这支西方世界最具战斗力的火器军队，然后以"朕即法兰西"的强力意志，扩大了法兰西版图。这个擅长阴谋胜过军事的独裁者，建立起了一个强有力的极权体制，被法国人称为"蜘蛛王"。

路易十一之后是查理八世。无论是对欧洲史，还是人类军事史来说，法国国王查理八世都是一个重要的人物。与其说他是一位国王，不如说他是一位将军，或者军事家。

查理八世对火炮进行了大刀阔斧的改造，统一口径的整体（铸造）火炮被安装在轮子上，一支四处征杀的炮兵军团就这样诞生了。

当哥伦布踏上新大陆的时候，法国的查理八世摘到了文艺复兴的一颗桃子。他用富足的国库，打造了一支欧洲最优秀的军队。在这支新军中，出现了一长列青铜铸造的大炮。

从很多方面来说，这支军队同 300 年后横扫欧洲的拿破仑军队并没有什么大的不同。

1493 年，查理八世与斐迪南二世达成巴塞罗那条约。

在火药的鼓舞下，崛起的法兰西和新生的西班牙展开了一场瓜分意大利的战争游戏。正如一句古老的欧洲名言："国王统治人民，利益统治国王。"

欧洲人一旦拥有了火药技术，便马上改变了欧洲战争的格局，加速了欧洲的近代化。

火药不仅颠覆了骑士文化下的欧洲军事，而且催生了社会变革和科学兴起。从这方面来说，火药推动了整个人类文明的进步和发展。同时，火药和火器也成为欧洲对外扩张的利器。

在一种开放竞争的启蒙运动和战争环境下，欧洲在火药和火器技术上的迅速领先，彻底解除了 2000 多年以来善于骑射的东方游牧民族对于欧洲的威胁。春去秋来，这些充分吸收东方文明并发展出现代文明的欧洲国家，转而又用火药和火器对东方世界展开征服。

火药成为一个新的人类时代的礼炮。

阿尔汗布拉宫的回忆

    在 8 世纪的世界史上，阿拉伯帝国无疑是一颗光芒四射的明星。在不长的时间内，它就从一个原始部落，扩张成为一个横跨欧、亚、非、三大洲的庞大帝国。

    在东方战场攻入中国西域的同时，狂热的阿拉伯战士从非洲越过直布罗陀海峡，一举征服了西哥特人统治的西班牙。

    随着十字军运动的兴起，伊比利亚半岛陷入一场持续几个世纪的西班牙再征服运动。1212 年成为这场宗教战争的转折点，由卡斯蒂利亚、法国、葡萄牙和阿拉贡等国基督教骑士组成的十字军，大破 60 万哈里发军队。从此以后，在伊比利亚半岛上，阿拉伯势力日趋式微。

    1479 年，卡斯蒂利亚女王伊莎贝尔与阿拉贡国王费尔南多结为秦晋之好，两国合并，成为统一的西班牙王国。

    与法国的路易十一相仿，伊莎贝尔和费尔南多依靠装备了火器的常备军，以及教会支持的宗教裁判所，建立起一种强大的君主专制体制。贵族的城堡和骑士被国王的火炮摧毁，他们的土地和财产被没收，任何反对者都被以"异端"的罪名活活烧死。

对新兴的西班牙帝国来说，异教徒的格拉纳达就成为眼中钉，肉中刺，必欲除之而后快。

由北非摩尔人建立的格拉纳达王国，一面临海，其他三面都已经被西班牙包围。拥有 25 万人口的首都格拉纳达依山傍海，与君士坦丁堡一样，也是一个著名的要塞。如果在冷兵器时代，格拉纳达绝对称得上是固若金汤，但不幸的是，火药时代来了。

毫无疑问，要攻取格拉纳达，只能依靠火药的力量。

伊莎贝尔以强大的炮兵代替了传统的重骑兵，并招募了大量的英国人、瑞士人和日耳曼人，组成精锐的步兵和工兵；同时还专门组织了补给部队，以保证火药和子弹的供应。美貌多才的伊莎贝尔甚至还创办了世界历史上首个野战医院。

为了攻取格拉纳达城，伊莎贝尔女王厉兵秣马，未雨绸缪，从欧洲大陆重金延请火药和火器专家，建立了欧洲最早的火器兵工厂。

有了大量火炮和弹药，刚刚诞生的西班牙就拥有了一支堪称欧洲最强大的炮兵队伍。

西班牙最大的攻城炮长达 3.66 米，口径为 35.56 厘米，炮身由铁棒锻造而成，然后用铁钉和螺钉校紧。这些火炮可以发射铁弹、石弹和火球，不过它们不能升降转动，炮身被固定在没有轮子的木质炮架上，需要几十头牛来进行牵引。为了让火炮能顺利到达地形复杂的格拉纳达，还有一支多达数千人的工程部队专门负责修建供火炮通行的道路。

从 1485 年开始，与格拉纳达王国的战争拉开了序幕。占据人力、财力和火力优势的西班牙稳操胜券，并不急于求成。被西班牙火炮团团围困的格拉纳达已经成为一座孤城，只能与直布罗陀海峡对面的非洲大陆泪眼相看。

历史刚刚进入 1492 年的第二天，格拉纳达末代苏丹阿卜杜拉就宣布向西班牙投降，长达 8 个世纪的战争终于宣告结束。伊莎贝尔女王亲吻了格拉纳达的土地，与她的丈夫费尔南多国王一起进入阿尔汗布拉宫。

三十年河东，三十年河西。在君士坦丁堡陷落 39 年之后，基督徒还以颜色，攻陷了格拉纳达。可以肯定地说，火药成为这场欧洲宗教战争最耀眼的主角。

火药结束了阿拉伯人对格拉纳达 781 年的统治，并将其赶出了西欧。当一切都定格为历史，只有那古老宁静的阿尔汗布拉宫，还能勾起后人关于一个阿拉伯帝国的回忆。

从西班牙诞生的那一天开始，火药就成为他们的立国之本。可以毫不夸张地说，是火药创造了一个席卷半个地球的西班牙帝国。

西班牙人开创性地将火绳枪与步兵阵列结合起来。这支强大的火枪步兵所建立的暴力优势，一直保持到后来的"三十年战争"（1618—1648 年）。在骄傲的 100 多年中，无论是陆地还是海上，火药时代的西班牙成为地球的新霸主。他们比蒙古人更凶恶、更狂妄，也更加不可战胜。

依靠火枪步兵，西班牙人几乎不费吹灰之力，就将法国人赶出了意大利。

在 1525 年的帕维亚战役中，法国国王弗朗索瓦一世也沦为西班牙的俘虏，法军统帅博德韦尼临死前说："5000 西班牙人看上去，似乎是 5000 重骑兵、5000 轻骑兵、5000 步兵、5000 工兵的混合体，另外还有 5000 魔鬼的支援。"

西班牙人将火炮装上舰船之后，打破了土耳其人不可战胜的神话，同时也揭开了海战史上一个新的时代——风帆与射击的时代。西班牙人利用自己海军的优势，成为"新航路"的开路先锋。

在一个突然到来的海洋时代，火药带给美洲新世界的是恐怖和末日，带给西班牙人的却是权力和财富。

随着资本主义的发展，新而精锐的火炮在欧洲的工厂中制造出来，装备着威力强大的火炮舰队扬帆出航，去征服新的殖民地。

格拉纳达的"光复"，成为十字军运动之后欧洲基督徒的一针强心剂。在火药和指南针的帮助下，这场宗教战争所培养出来的征服欲望和扩张激情，使西班牙率先发起了一个全球化时代的殖民运动。

吉本在《罗马帝国衰亡史》中提出一个问题，即西方文明会不会再经历一次类似的崩溃。随后，他抚古思今，提出这样一个观点：

> 随着火药的发明，一种发明使军事艺术发生了巨大变化，火药使人将两种威力最大的自然力——空气和火——结合起来。数学、化学、机械学、建筑学都被运用到战争方面；敌对双方通过苦心经营的进攻与防御策略进行对抗。……现在，大炮和炮台已成了对付鞑靼骑兵的最有效的武器；从此以后欧洲便不会再遭受野蛮民族的欺负了，因为在他们可以战胜其他人以前，他们自己首先必须脱离野蛮状态……[1]

1—[英]爱德华·吉本：《罗马帝国衰亡史》，转引自[英]韦尔斯：《世界史纲》，曼叶平、李敏译，北京燕山出版社 2004 年版，第 634 页。

中世纪的终结

格拉纳达的硝烟刚刚散尽，有着雄心壮志的伊莎贝尔女王给遥远的中国的皇帝写了一封信，尽管她并不知道当时的中国皇帝或者可汗是谁。

哥伦布带着女王的信和马可·波罗的中国游记，还有 80 门火炮，从西班牙的巴罗斯港出发。"臣决心抵达大陆，抵达金萨伊城[1]，把陛下的信函面呈大可汗，再将大可汗的复札带回来"[2]。他要去东方，但向西方驶去，因为他坚信地球是圆的。

这一天是 1492 年 8 月 3 日，值明朝孝宗弘治五年。

1492 年总是被无数历史学者视为古代和近代的分界线，也有人将这一年看作中世纪的终结。虽然对当时的欧洲人来说，他们还不知道自己即将迎来新的时代。

对欧洲人来说，这块亚欧大陆的天涯海角，既没有世界上

1－《马可·波罗行纪》中的金萨伊城，指的是京师，也就是杭州。

2－［意］克里斯托瓦尔·哥伦布：《航海日记》，孙家堃译，译林出版社 2011 年版，第47 页。

最肥沃的土地，也没有世界上最稠密的人口。与伟大的中国文明相比，欧洲在经济、文化、技术、制造和航海等方面都毫无优势可言。

人类文明得以进步的最大原因，在于见贤思齐，景行行止，欧洲人向阿拉伯人"学习"，如同阿拉伯人向中国人"学习"。当中国的历史已经走过 3000 多年时，后罗马时代的欧洲只留下一些小王国和公国，还有许多偏僻的骑士小庄园和部落城邦，这与中国春秋时期颇有几分相似。

小国多外患，大国多内忧。亚洲的哈里发帝国和中国儒教浸润的帝国，随着疆域的扩大而日趋僵化，无不以全力维持对内的统治；相反，竞争性的欧洲诸国则是外向的，因此更加富于积极进取精神，而这种精神恰恰是西方崛起的关键。

从文艺复兴、宗教改革、科学革命、启蒙运动到工业革命，"欧洲奇迹"的根源在于，自由经济和竞争政治下的军事多元化和思想自由，这些东西在当时的亚洲几乎是不存在的。

自人类文明发端以来，从印欧人、日耳曼人、匈奴人、马扎尔人、阿拉伯人到蒙古人，一直是东方世界入侵西方。

在马可·波罗回到欧洲两个世纪之后，西方世界开始向东方进军的征程，最终是欧洲人发现"世界"，而不是更古老的中国。

归根到底，是火药改变了历史的路径。

在欧洲历史上，中世纪晚期到近代早期的几个世纪，是战争最为频繁的时期。

据统计，从 1500 年到 1700 年的这段时期当中，平均每 3 年就有一场战争爆发。这两个世纪几乎始终都处于战争中，可以说，这是西方世界的"战国时代"。由于存在一系列的相互竞争的政治实体，其中多数拥有足够的军事实力以维护自己的政治独立，因此没有任何一个国家能够打破这种均势，强大到在整个欧洲占据绝对优势。

对群雄争霸的欧洲来说，中国火药的到来可谓是恰逢其时。

（火药）使整个作战方法发生了变革……火药和火器的采用决不是一种暴力行为，而是一种工业的，也就是经济的进步。……火器的采用不仅对作战方法本身，而且对统治和奴役的政治关系起了变革的作用。要获得火药和火器，就要有工业和金钱，而这两者都为市民所占有。因此，火器一开始就是城市和以城市为依靠的新兴君主政体反对封建贵族的武器，以前一直攻不破的贵族城堡的石墙抵不住市民的大炮；市民的枪弹射穿了骑士的盔甲。贵族的统治跟身披铠甲的贵族骑兵队同归于尽了。[1]

中世纪欧洲普遍实行封建（采邑）制度，拥有土地的贵族骑士为了保护自己的庄园和财产不受侵犯，深沟高垒，广修城堡，成为欧洲社会最中坚的领主阶级。这些古老的社会精英也成为后来西方国家中产阶级的原型。

对封建贵族来说，城堡是财富和权利的延伸，也是对暴力和权力的反动。如同盾之于矛，甲之于剑，城堡是为了抵挡骑兵的快速突袭。在给养供应艰难的时代，坚壁高墙之下的消耗战足以使攻守双方都经受着残酷的考验。

对攻城者来说，虽然有投石机、云梯、攻城槌等武器，但最好的武器仍是饥饿，然而这往往需要很长的时间。对战争来说，时间往往意味着巨大的成本。

英国国王亨利五世围攻法国里昂时，防卫者把老弱者赶出里昂以节省存粮。英国人将这些老弱妇孺围困在里昂城下作垂死挣扎，直到守军投降。在百年战争时，英军将法国的加来城围困了长达一年，直到最后连城里最有权势的人也快饿死时，

1- ［德］恩格斯：《反杜林论》，载《马克思恩格斯全集》第 20 卷，人民出版社 1973 年版，第 182 页。

冷兵器时代，欧洲的城
堡是贵族领主用以对抗
国王的主要依仗

法军才不得不投降。

在很多时候，城堡一旦被攻陷，就意味着一场不可避免的屠杀和洗劫。对围攻者而言，一旦选择攻城，如果不体面地半途而废，也会成为一种耻辱。

攻打城堡最简单有效的办法就是封锁，有时围城达数年，直到城堡内粮尽投降。因此，城堡的攻守往往从军事问题变成经济问题，就看谁能坚持到最后。一场攻城战争一旦开始，围城者就在城外筑房搭屋，甚至开设酒馆，家属、孩子、牧师、商人和妓女纷至沓来……

在整个中世纪，攻城战其实就是围城战，这是当时欧洲战争的主要特征。

城堡的坍塌

中世纪是一个封建时代，也是一个城堡时代。城堡是封建的物化和象征，也代表着贵族对国王权力的提防。

在中世纪的历史上，国王与贵族的政治斗争常常体现为城堡攻防战。这种较量一直持续到火药时代的来临。

中国俗语说，魔高一尺，道高一丈。在中世纪，攻城技术与城堡防御技术相辅相成，水涨船高，直到最后某一方黔驴技穷为止。但在大多时候，都是攻城技术落后于城堡防御技术。

英国国王"长腿爱德华"为征服威尔士，采用壁垒战术，即在交通要道和战略重地修建了号称"石环"的城堡群，并稳步向威尔士腹地挺进。卡那封城堡是其中一座，在 1304 年的一次围攻中，28 名城堡守兵击败了 300 多名袭击者。

著名的库西城堡非常坚固，城堡主人依靠它与国王军足足对抗了两个世纪。

尽管中世纪的战争大多是城堡攻守战，但一般情况下，很少有君主敢于冒着破产的危险，轻率地去和城堡领主打一场旷日持久的消耗战。

在封建制度下，国王的士兵一年里只有几个星期应召作战的义务，而雇佣军的费用又极其高昂。进行长期的被动围城通常是没有意义的，因为守卫这些城堡只需要少量人马，只要有充裕的储存，就可以保证很长时间也不会消耗完。

> 攻占城堡和防守城堡所消耗的资源不成比例，一座城堡一旦建成，它随即成为贵族不断叛乱的一个重要因素，这可以被视为中世纪政治的一个特征。至少在短期内，贵族们经常可以不受惩罚地躲在城堡的城墙后，公然反抗他们的君主。[1]

随着中国火药的到来，这种微妙的僵局立刻被打破了。新型火炮使城堡攻守技术的天平终于倒向进攻者。

火药改变了战争模式，也让传统城堡成为一种过时的摆设。正如恩格斯所说，自从火药与火器在 14 世纪传到了欧洲，这种纯粹的技术进步彻底颠覆了传统的作战方法。

与守卫者相比，城堡的高墙和塔楼是炮手们更容易瞄准的目标。以火炮的威力和精准度，可以将高大的中世纪城堡瞬间摧毁。相比之下，挖地道爆破也更易成功。在很长一段时间里，攻城最好的方法就是在城墙下安放火药。

1-［美］于尔根·布劳尔、休帕特·万·蒂尔：《城堡、战争与炸弹：军事史的经济学解读》，陈波泽，经济科学出版社 2016 年版，第 65 页。

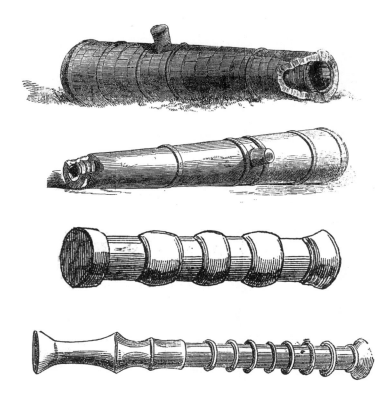

早期的火药燃烧不均匀，为了防止炮管炸裂，炮管外面加上了一圈一圈的箍，如同竹节一般

　　大炮甫一登场，欧洲无处不在的封建城堡就成了废墟。马基雅维利宣称，城墙将不复存在。因为，不论城墙修得有多厚，炮兵在几天内就足以将其摧毁。

　　1450 年，法国查理七世用臼炮和石弹一口气攻陷了 60

座城堡。

早期的所有炮弹都不能爆炸，而是靠冲击力来破坏或摧毁单个目标。能爆炸的炮弹大约 14 世纪末才出现，而且性能极差。在 1421 年克科嘉的圣博尼法斯战斗中，开始使用有导火索的炮弹。也有说法认为，早在 1376 年威尼斯人在德拉也使用过这种炮弹。

对炮手来说，使用这种带导火索的炮弹是极其冒险的：首先，要在铜或铁制的炮弹内装上火药，再安上引线，将其点燃，然后再小心翼翼地放进炮膛内。如果来不及发射，就会炮毁人亡。

但这种冒险仍然是值得的。火药爆炸的力量使炮弹四分五裂，加大了杀伤范围和威力，能给予敌人更大的伤害。

即使 15 世纪初原始的射石炮，也要比火药时代之前的投石机威力强大得多。面对发射石弹的加农炮，最坚固的中世纪砖石建筑也会土崩瓦解。特别是铸铁炮弹出现以后，城墙工事更加不堪一击。[1]

1- 不过，直到 20 世纪，战争中防御工事的作用其实并没有消失，近至 20 世纪 30 年代，城堡仍然在建造，所以枪并不能完全解释城堡作用的日渐消退。与此相反，"战争年代"防御工事科学的兴盛，部分来自对枪支的威胁回应。抹杀城堡军事作用的是金钱，由于成本过高，战争不再能由私人个体进行，只有广阔领土的统治者才能负担起战斗。科学革命在两方面影响着战争，在金钱和科学的共同作用下，战争从以城堡为基础变为以军队为基础。火药武器确实让传统的垂直壁城堡过时，除非是现代结构的大型要塞，否则就无法抵御炮火的攻击。（《城堡、战争与炸弹》，第 130 页。）

对城墙守御者来说，由于火炮的后坐力和弹道的限制，反倒不能充分地利用火炮来对进攻者进行反击。可以说，进入火药时代以后，就不再存在独立于世的封建领主。

"随着火炮的诞生而来的军事技术革命——封建领主再也不能躲在城堡后面抵抗皇室的权威了——只有民族君主掌握着购买枪支、火药、子弹和供应后勤所必需的财政资源和行政机构。"[1]到15世纪时，城堡作为权力和身份的象征作用已经远超其军事作用。

随着中央集权越来越明显，城堡成为国王和少数大贵族彰显其地位的宫殿。对统治者而言，权力的展示与权力本身同样重要。

从历史意义来说，火药时代敲响了骑士制度和骑士精神的丧钟。

如果说匈奴人给欧洲带来的马镫导致了骑士制度的诞生，那么蒙古人给欧洲带来的火药却使骑士制度走向消亡。就连托克维尔也不得不承认，枪炮的发明，使平民和贵族在战场上处于平等的地位。

封建骑士虽然穿着精致闪亮的盔甲，却无法抵挡平民一颗滑膛枪的铅弹。

1-［美］斯塔夫里阿诺斯：《全球通史》，董书慧等译，北京大学出版社 2015 年版，第 394 页。

火器出现后的一段时间里，老式城堡显得风雨飘摇，但后来，针对火器设计的新式城堡应运而生。这样的攻守平衡不断被打破，每一次都在相当程度上重新改写了历史。

中世纪那种高耸入云的尖塔城堡已经过时了。为了抵御火炮的攻击，城堡设计师们建立了新的棱堡防御体系。

这种五边形的城墙变得又低又宽，这样既能抵御敌军的炮火攻击，同时又能并排安置自己的火炮。这种土制城墙配合石壁，取代了原先厚重的石砌城墙。因为火炮是水平发射，城墙周围的土地被清理干净，形成一块称为"斜堤"的区域。原先的塔楼也被削减至城墙的高度，变成火炮的发射平台。

即使在火药时代，战争的一些规律依然存在。在战争中，防守总是比进攻更容易。火药和火炮的出现，只是在短时期内改变了攻守平衡，优势暂时转到进攻者这边而已。

到了中世纪后期，欧洲各国大都采用了更有利的棱堡。即使有了新式火器，要进攻一个严阵以待的棱堡，人数上也至少需要七倍以上的压倒性优势才行，这同时意味着需要大量的后勤物资供应。

从这个意义上来说，我们也就能理解在火炮盛行的 19 世纪，拿破仑仍然热衷于野战和运动战的原因了。如果说野战是吃肉，那么攻城战就是啃骨头。

…………

军事革命

在大炮摧毁城堡的同时，火枪也击碎了骑士的板甲。

早在 15 世纪中期，火绳枪就已经出现在欧洲。在 1503 年塞利诺拉冲突中，西班牙步兵火枪手轻而易举地消灭了法国骑士。

1505 年，西班牙的贡萨罗·德·科尔多瓦创制了由火绳枪和长矛组成的西班牙方阵。从此以后，这种军事体制纵横世界一个多世纪。

在 20 年后的帕维亚战役中，法国国王法兰西斯一世重蹈覆辙，8000 名骑士悉数命丧于西班牙步兵的火枪之下，连国王自己也受伤被俘。

当时的记载说，这种大型火绳枪常常是一开枪，就能打死好几个人或好几匹马。

一发具有一定重量的子弹以接近音速的速度击中人体，不仅能穿透任何甲胄，还能将甲胄打碎，导致严重外伤，并造成一大处参差不齐的伤口。它不像弓箭，除非射得凑巧，否则总需要一些时间才会引发令

人衰竭的内出血。而子弹能立刻打倒士兵，让他无法
动弹。[1]

16 世纪中期，滑膛枪已经非常普遍，古老的骑士制度遂
彻底瓦解。

滑膛枪发射的 57 克重的铅弹，足以击穿 80 米外骑士最
好的钢片甲胄。从此以后，火药正式成为战场上无可争议、所
向披靡的主宰者。

············

对如日中天的奥斯曼帝国来说，如果火炮让它得到了君士
坦丁堡的话，那么火枪却让它失去了维也纳。

1529 年秋，刚刚征服匈牙利的苏莱曼一世，以 10 万大军
围攻神圣罗马帝国首都维也纳。当时维也纳守军仅有 17000
人，但他们有 72 支火绳枪。对土耳其人来说，坚城之下，刀
剑派不上用场，弓箭的射程又不及火枪，而守军则居高临下，
因此每一次攻城都会付出很大代价。

后来，土耳其人用地雷将城墙炸开了三个洞口，没想到这
些洞口很快就布满火枪。密集的子弹和恐怖的枪声，挫败了土
耳其人的一次次冲锋。

1- [美] 罗伯特·奥康尼尔：《世界的奇迹》，转引自 [美] 马克斯·布特《战争改变历
　史：1500 年以来的军事技术、战争及历史进程》，石祥译，上海科学技术文献出版社
　2011 年版，第 54 页。

雄心勃勃的苏莱曼一世第一次尝到了失败的滋味，铩羽而归。

就这样，火枪刚刚出世，就让奥斯曼帝国从巅峰跌落，令人不可思议地拯救了欧洲。

16 世纪末，借助文艺复兴的浪潮，西欧对军事训练和操练开始了一场向古典模式的回归。准确地说，让手持火枪的步兵恢复"罗马模式"，以训练来解决当时火枪射击过程缓慢的致命弱点。

训练的首要任务，就是对火绳枪的装弹和射击进行动作分解。42 个单一的连续动作必须一气呵成，每个动作都有固定的名称和口令。由于士兵们动作一致，齐射就变得非常容易，可以对敌人造成极大的冲击力。更重要的是，因为减少了失误，士兵们装填和发射的速度更快。结果，火枪的效率比以往任何时候都要高。

按照这种军事操练术，士兵被

西班牙的火绳枪战士

分为好几排，第一排士兵负责射击，后面的几排士兵负责为火枪填药上膛，各有分工。这种训练与其说是培养作战技能，不如说是塑造纪律。

纪律可以制造集体认同，纪律也是军队有别于乌合之众的关键。对一群毫无组织的乌合之众来说，如果有 10% 的人在战斗中被杀，他们就会分崩离析，作鸟兽散；而一个训练有素的团队即使战死到最后只剩下 10% 的人，他们仍然会团结起来继续作战。因此，对军队来说，有没有严格的纪律，往往决定了战斗的胜败。

与此同时，火枪和子弹都实现了标准化，统一口径的枪支和弹丸大大降低了制造和使用成本。标准军装的出现，进一步强化了士兵的身份，让他们和手中的武器一样，成为巨大的战争机器中可以随时补充替换的零件。有组织的暴力行动变得比以前更易实施，也更加可控。

这一系列从组织到技术的军事变革，使火枪步兵在实战中显示出可怕的杀伤力，有历史学家称之为"军事革命"[1]——用火枪进行轮射的军事操练术，给战场战术和军事组织带来了革命性的改变，也为欧洲的崛起奠定了基础，成为西欧在以后三个世纪进行全球扩张的关键所在。

伴随着火药、火器的出现，欧洲的政治格局迅速发生了天

1- 可参阅：［美］欧阳泰：《从丹药到枪炮：世界史上的中国军事格局》，中信出版集团2019年版，第十一章，演习、操练和西方的崛起。

翻地覆的改变。炮兵装备所需要的资金和技术要求庞大的组织能力和社会资源，国王和君主们依靠越来越集中的税收权力崛起了。

在新式火炮面前，步兵或许可以逃离和躲避，但那些贵族城堡就难以瓦全。为了对抗火炮的攻击，城堡的规模越来越大，结构越来越复杂，一般贵族领主根本无力承担，这必须借助于国家的力量。如此一来，城堡也就成了国王的专利。

当火器装备的国王军所向披靡时，娇贵的骑士们纷纷脱掉盔甲，成为新贵时代的绅士。失去城堡保护的封建领主投靠权力，成为帝国的官僚。庄园经济和农奴制伴随着城堡一起瓦解，神圣的教会和傲慢的骑士最终被世俗的权力征服。

枪炮工业刺激了手工业，城市兴起，进入城市的贵族和农民成为新一代市民。尽管他们的力量微不足道，但新兴的城市经济已经没有了古老的田园牧歌，重商主义与殖民主义将欧洲带入了一个全球时代。

帝国主义的武器

火药革命产生的无情现实，拒绝任何道德的制约，从而使政治从宗教和哲学中单独分离出来。

火药时代，马基雅维利《君主论》的出现绝不是一种巧合，而是一个标志——在西方世界，政治不再是什么神圣的东西，它就是暴力和权力的斗争，目的可以证明手段的正确。

火器成为西欧国王进行恐怖专制统治的得力工具。无论商人还是贵族，无不争相邀宠于国王的权力，以分一杯羹。火器时代的骑士仍然是一个荣耀的称号，但不知不觉中，已经从上帝的战士沦为国王的炮灰和鹰犬。

火药导演了骑兵的衰落和步兵的兴起，一个新兴的军人群体引领了战争的方向，他们就是炮兵。日益重要的炮兵打破了传统的等级身份限制，只要你接受过良好的科学教育。

骑士时代的战争结束了，新的战争从有限战争开始走向无限战争。

在火药战争中，战术和技术成为决定性因素，频繁的培训、操练、演习和日益复杂的火器，使战争趋向复杂化和专业化。战争的形态被完全改变了，重甲骑兵和城堡逐渐被炮兵和火炮取代，战争的主角从骑士变成了士兵。

　　欧洲中世纪的战争向来都由出身高贵的骑士主宰。虽然同为军人，但骑士不同于士兵。在以前的战争中，骑士也会作为大军的一分子参加战斗，但他们本质上仍是一对一地进行单打独斗。

　　骑士精神的核心是勇敢，一个合格的骑士不仅蔑视死亡，而且反对通过不光彩的武器或阴谋获胜。相比之下，现代士兵则以服从命令为天职，他既不需要展示个人之勇敢，也不在乎任务多么不体面。他本质上只是杀人机器的一个齿轮，或者说，他更接近于武器而不是持有武器的人。

　　在法国，王室从封建贵族手中夺得了大片领地。勃艮第家族的垮台表明，再也没有任何贵族骑士有能力挑战国王。

　　随着疆域逐渐扩大至接近现代法国，真正的"国家"概念也就形成了，查理八世成为这个欧洲最强大的国家的主宰者。

　　在封建领主的城堡被火药荡平的同时，火炮支持的国王权力膨胀起来。财大气粗的商人集团与国王结为利益同盟，金钱

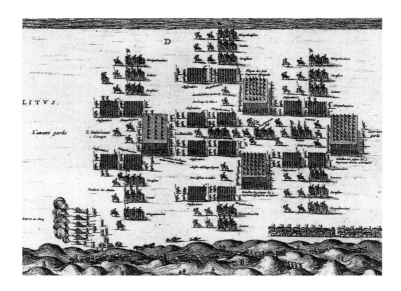

随着火枪兵走向专业化，需要严格的训练，因此国王必须为军队和战争筹措大量经费

与权力沆瀣一气，使国王可以招募廉价的农民，建立了庞大的常备军，并用昂贵的枪炮把他们武装起来。

　　对一个君主来说，他有没有杰出的能力并不重要，关键是他必须有钱。16 世纪初，威尼斯雇佣军对教皇说道："发动战争需要三样东西：钱！钱！第三还是钱！"三十年战争中的著名统帅华伦斯坦有句名言："没有钱就没有火药，没有火药自然就没有战争。"

　　通过与富有的中产阶级结盟，王室巩固了自己的地位。路易十一世和爱德华四世等国王们，将商业阶级置于自己的保护之下，后者则以金钱回报，支撑国王们的政府和战争。国王的权力与"常备军"一起急剧扩张，封建的崩溃产生了一个统一的中央集权帝国。不受制约的权力使税收大增，军队和暴力成为国王最热衷的投资。

16世纪晚期，火炮的威力摧毁了传统城堡，但更坚固的棱堡出现之后，火炮的作用大打折扣。这种矛与盾的技术竞赛逐步升级，导致战争成本直线上升。

在火药战争中，不仅需要更多的军队，还需要更多的枪炮和弹药。15世纪40年代，法国的大炮只需要20吨火药和40名合格的炮手，但到了1500年，这个数字增加到100吨火药和600名炮手；1540年时，又变成500吨火药以及275名炮手。

15到16世纪的火炮已经成为战略性武器，不管是制造、运输，甚至是开炮，都靡费巨大。比较大的巨炮每开一炮，就要用掉50多公斤火药。略小一些的攻城炮所需火药虽然较少，但开销仍然惊人。有人估计，16世纪的加农炮每射一发石弹或铁弹，就相当于消耗掉了一个步兵一个月的军饷。

大炮的花销还要包括运输费用。1472年，米兰公爵以拥有18尊大炮为荣，但仅仅拉动这些大炮，就需要动用1044头牛和227辆马车。到16世纪末，通常情况下，一门大炮需要二三十匹马来拉动，另外还需要40匹马来运送弹药。可以想象，要在欧洲当时极其糟糕的道路上运送笨重的大炮，是非常不容易的，尤其是冬季，因此只能在冬季休战。

各国君主之所以愿意在火炮上花这么大代价，当然是收获更大。

从 16 世纪开始，西班牙的军费开支翻了 5 倍，其他欧洲小国亦是如此。

虽然这种扩张与美洲白银引发的"价格革命"有关，但军国主义热潮对其产生了巨大影响是毫无疑问的。正如恩格斯所说："军队变成了国家的主要目的，变成了目的本身；人民之所以存在，只是为了当兵和养兵。"[1]

火药的出现，使帝国的规模效益消解了残余的封建经济，从而引发了近代民族国家的兴起。区域性的庄园经济被全球性的贸易扩张替代。国家资助的暴力机器成为重商主义的拓路者，哥伦布、麦哲伦、达·迦马带着火炮出发了。

> 麦哲伦舰队最强大的武器是三门"伦巴达"大炮。这种大炮以锻铁铸成，专门安装于船只上。炮身上配备铁环，让水手将大炮吊上和吊下船只。船只的甲板上有一个木制托架，大炮就被捆绑在托架上。"伦巴达"大炮几乎可以发射任何类型的炮弹，包括石弹、

1- [德] 恩格斯：《反杜林论》，载《马克思恩格斯全集》第 20 卷，人民出版社 1973 年
　　版，第 185 页。

铁弹和铅弹，但是破坏性最大的炮弹莫过于一种裹着铅皮的铁弹。炮手用"伦巴达"大炮发射炮弹之前，他们会拿着一根燃烧着的细蜡烛靠近点火孔，点燃起爆火药；起爆火药进而引燃主火药，在火药的爆炸推力下，炮弹呼啸而出，炮声震耳欲聋，就连支撑在巨大炮架上的炮身也在剧烈抖动。

"伦巴达"大炮的精准度不高，但其重型炮弹能够对敌方船身造成相当大的损坏。舰队还携带了七门后膛装弹的"法尔科内"大炮。这种炮比"伦巴达"大炮小一些，而且很轻便，船员可以把它们搬到大划艇上使用。

此外，舰队还装备有三门"帕萨穆罗"炮和将近60支"韦尔索"火枪，前者是另一种类型的火炮，而后者是一种可以用石子做子弹的粗制来福枪。最后，舰队还携带了50支霰弹枪、3吨火药，以及至少3吨炮弹。[1]

1- [美]劳伦斯·贝尔格林：《黄金、香料与殖民地：转动人类历史的麦哲伦航海史》，李文远译，新世界出版社2019年版，第232页。

炮兵的胜利

从军事史来说，大航海以来的殖民运动与现代火器技术的发展是相辅相成的。

在早期的海外探险过程中，枪炮赋予这些西方冒险家以傲视一切原始原住岛民的力量。虽然麦哲伦死于原住民的竹箭之下，但事实上，枪炮所体现出来的暴力在大多时候确实非常有效。

1510 年，葡萄牙占领了印度西海岸的果阿，次年占领马六甲；1571 年，西班牙占领了菲律宾。紧接着，荷兰和英国也以东印度公司的名义来到东南亚，试图分一杯羹。一时之间，来自西欧的白人主宰了偌大的印度洋。

在世界史上，17 世纪是荷兰世纪。荷兰人几乎垄断了海上贸易。然而，在整个东南亚，荷兰的驻守兵力总共还不到2000 人。同一时期，生活在澳门的葡萄牙人也只有几百人，而马尼拉的西班牙人总共才 2800 人。

如此之少的欧洲人，之所以能够征服和统治辽阔的东南亚，一个重要的原因是，他们拥有先进的火器以及军事组织。

从经济学角度来说，在冷兵器时代，军队是人力密集型的，人数决定战斗力。但在火器时代，军队逐渐转向技本密集型和资本密集型。也就是说，人数不多的军队，依靠先进的火器和良好的组织，完全可以打败停留在冷兵器时代的部落国家。

…………

如果说欧洲在火药技术上对亚洲而言只是相对优势，那么对美洲来说就是绝对优势。

火药时代初期，西方和亚洲的火器技术只在伯仲之间，但军事竞争的压力使欧洲很快就超越了亚洲"老师"。比如在火药颗粒技术、炮车铸造技术和机动性方面，欧洲很快就走到了世界前列。

欧洲的列国政治格局，决定了一个竞争性的市场和持续不断的军事对抗，谁都不愿在军备竞赛和军事创新中落败。即使暂时失败了，也会马上向胜利者学习，迎头赶上。[1]

当法军 1494 年入侵意大利时，意大利城邦惊恐地领教了新技术的威力，这已经与穆罕默德二世进攻君士坦丁堡的火炮不可同日而语。

国王与领主的战争结束后，国王与国王之间战争就开始了。恩格斯说："军国主义统治着并且吞噬着欧洲。"[2] 野心勃勃的国王们逞火器之利，争相加强自己的权力，扩张自己的领土。

在西班牙人和葡萄牙人征服海洋的时候，查理八世的法国炮兵扑向意大利半岛，宣布自己为那不勒斯的宗主。他的这支18000 人的队伍，在 40 门大炮的武装下横扫对手，一个又一个要塞和堡垒在法国的火炮下灰飞烟灭。

正在写作《战争艺术》的马基雅维利惊叹道，法军的进攻简直像用粉笔在地图上画线一般轻而易举。

1495 年 2 月 4 日，他们就已经到达了距离那不勒斯城仅仅几公里的圣乔瓦尼山要塞。7 年来，这个要塞抵挡住了无数次围攻，但查理的大炮只用了 4 个小时就攻破了城墙。

1- 欧洲尤其是西欧总体面积并不大，西欧主要强国之间都很近，其国家规模也是相当的。像荷兰和英国这样小的国家，它们的领土面积弱势被其经济实力和强大的代议制所抵消，这些实力大大增加了这两个国家的人均税收水平。大部分西欧强国可以轻松获得借款以资助战争，代议制使那些更小的国家以更低的成本获得借款。

2- ［德］恩格斯：《反杜林论》，载《马克思恩格斯全集》第 20 卷，人民出版社 1973 年版，第 186 页。

4 个月后，查理的大炮在福尔诺沃再一次成为意大利人的噩梦，意大利死亡 3350 名军人，法军则只付出了 200 人的极小代价。

在很大程度上，法国军队的胜利实际是炮兵的成功。

法国的青铜大炮装在灵活的双轮战车上，由马拉着前进。这种炮不仅可以承受炮膛巨大的火药爆炸力，而且还具有相当不错的射击精准度。

查理八世将炮兵推向了鼎盛和辉煌，使更多人认识了炮兵的威力。

在著名的福尔诺沃会战中，法军火炮一小时发射的炮弹比意大利军队一天发射的炮弹还要多。恩格斯在评价这次战役时说，法军的野战炮兵"震动了整个意大利，于是这一新兵种便被认为是无敌的"。

> 战争变得突然而迅猛，征服和夺取一个国家比之前占领一个村庄还要迅速。占领城市花费的时间正在急剧缩短，大约只需几天几小时，而不是几个月。战斗变得极端凶残和血腥。事实上，现在国家获救抑或被毁、失利抑或被攻占，不再像之前那样取决于预定计划，而是取决于战场上武器的威力。[1]

1- [美] 马克斯·布特：《战争改变历史：1500 年以来的军事技术、战争及历史进程》，石祥译，上海科学技术文献出版社 2011 年版，序言第 6 页。

火炮的发展很快就走向复杂化和专业化，科学和技术人员的介入，
使现代军事技术发生了一场革命

　　欧洲各国之间互相敌视与争斗，火药为这种竞争火上浇
油。虽然有很多出口禁令，但根本阻止不了新武器和新技术的
创新与传播。

　　在 16 世纪，神圣罗马帝国皇帝查理五世发现，纽伦堡的
枪炮制造匠正在向他的敌人法国兜售枪械，这说明他所颁布的

禁止买卖枪械的命令是无效的。

　　在科学革命和工业革命的时代背景下，欧洲的精英都在绞尽脑汁地去创造最犀利的杀人武器。天才的达·芬奇甚至构想出了机枪、坦克和飞机。这种持续不断的军事至上和螺旋式上升的武器竞赛，不仅使欧洲保持了暴力均势下的政治多元化，也使欧洲从整体上获得了凌驾于亚洲文化的世界霸权。

　　火药革命或许没有使一个欧洲强国获得相对于另外一个欧洲国家的明显优势——至少没有造成长久的优势，但它毫无疑问地加大了西方与其他地区之间的差距，使得少量欧洲人就可以相当轻松地征服人数众多的亚洲和非洲，更不用说美洲。

　　回想过去，迟至 15 世纪，世界上最强大的军队还是擅长骑射的蒙古和土耳其的骑兵。在刚刚进入黑火药时代的 1450 年左右，欧洲人只控制着 15% 的地球土地。但在接下来的岁月中，欧洲人带着他们的火器上山下海，所向披靡。到 1800 年，欧洲控制了全部陆地面积的 35%，而到 1914 年，这一数字变为了不可思议的 84%。

火炮与火枪

15 世纪后半期，东方的中国正进入一段岁月静好的和平时期，而在列国争霸的欧洲，却因为火药和火器的到来而打得不亦乐乎。

历史学家统计，从 1480 年到 1700 年，英格兰参加了 29 场战争、法国 34 场、西班牙 36 场、神圣罗马帝国 25 场。1610 年后的一个世纪，瑞典和奥地利哈布斯堡王朝分别每两年就有一场仗，西班牙每四年有三场。

对处于现代黎明时分的欧洲人来说，战争不仅是经常性的，还是长期的和激烈的。稍微夸张一点，可以说这场火药战争一直持续到了第二次世界大战结束。无论是封建体系的瓦解、君主集权的崛起，还是海外扩张与殖民运动，都离不开战争这种大规模的暴力手段。

当火药成为杀人的主要力量时，人的作用就从肌肉向技能转变。火药使战争从一桩力气活儿变成一件技术活儿。

作为一名退役军人，英国罗杰·威廉斯爵士在 1590 年写道："我们必须承认亚历山大、恺撒、西庇阿和汉尼拔，他们都曾是最杰出、最著名的勇士，但可以肯定的是……如果他们碰上的是像现在法国、德国和低地国家一样装备起来的对手，他们绝不会如此轻易地征服对方。"[1]

随着战争的技术性越来越强，决定战争胜负的就不再是胳膊，而是头脑，即知识和技能。因此，学习、研究和训练就越来越重要。

1617 年，拿骚的约翰创办了世界第一所军事学院。在炮火纷飞的背景下，数学家尼科洛·塔尔塔利亚于 16 世纪创立了弹道学。

伟大的物理学家伽利略同样痴迷于神奇的弹道学理论，并从中发现了抛物线原理。伽利略去世以后，他获得了人们对他像对上帝一般的崇敬，而他的弹道理论则被视为真理。

在 1480 年前后，欧洲加农炮基本定型，在此后的三个多

1-［美］杰弗里·帕克：《剑桥插图战争史》，傅景川等译，山东画报出版社 2004 年版，第 100 页。

世纪中，几乎没有多大变化。[1]

这种加农炮炮管更长、更轻、更高效，炮长与炮口直径之比从早期的 8∶1 增加到 40∶1。更长的炮身有利于火药有更长时间和距离去助推炮弹，并使炮弹拥有更加稳定的弹道，这样一来，炮弹不仅射得更远，也更加准确。再加上铁弹的使用，使炮弹与炮管更加贴合，火炮的威力也更大。

火炮具有更大的效能，这体现在多个方面。比如在平坦地形上，一颗球形炮弹着地后，会产生滚动和弹跳，这就像用石子打水漂一样。这种弹跳和滚动无疑增强了炮弹对行进中的人员和马匹的威胁，即使炮弹逐渐降低了速度，但危险并没有降低。

早期战争非常注重进攻队形，而一打一条线的跳弹，简直是一场毁灭性的灾难。在 1512—1513 年的战争记录里，就有"用一颗炮弹击倒 33 名武装的战士"和"13 分钟杀死 700 人"的记载。

在西方世界，从 13 世纪发现火药开始，仅仅 200 年之后，青铜炮和石头炮弹就被铁炮和铁弹所替代。

铁的密度比石头大得多。以石弹常用的大理石来说，它的密度为 2.7 克 / 立方厘米，而铁的密度是 7.9 克 / 立方厘米。一颗直径 10 厘米的大理石炮弹重 1.4 公斤，而同样尺寸的铁

1- 加农炮的名称来自拉丁文 Canna，意思为"管子"。加农炮指炮管较长，发射仰角较小，弹道低平，可直瞄射击，炮弹膛口速度高的火炮。

弹重 4.1 公斤，约为石弹的 3 倍。按照物理上的动能定理，即 $E_K = \frac{1}{2}mv^2$（m 为物体质量，v 为速度），铁弹无疑拥有更大的动能，相应也具有更大的破坏力。对那些坚固的要塞城堡来说，铁弹比石弹更具有毁灭性。

随着炮管壁变得更薄，火炮的重量减少，机动性得到了提高。此外，薄一点的炮管散热容易，冷却的时间少了，这样在短时间内就可以多发射好几次。这在战争中尤为重要。

在火炮成为主流的同时，滑膛枪也已经出现在无比热闹的战争中。

从经济角度来说，虽然早期的火枪杀伤力尚不及弓弩，但火枪手的门槛要低得多，训练也更快捷，而且制造火枪和弹丸，要比制造弓弩和箭镞方便得多。做一把长弓要几个月，做一把弩要一周，而做一把火枪只需要一天；做一根弩箭要半个小时，弹丸却可以大批量地铸造。

在《悲惨世界》中，冉阿让将他的银烛台熔化掉，转眼就制作了一堆火枪的弹丸，这与制作箭镞相比简直不可同日而语。

同时，装备一名重装骑士的费用，可以装备四名火枪兵。

最早的火枪是火门枪，其原理与火炮相同，或者说是一种小型火炮。发射时，一人负责瞄准，一人负责点火。为了点火，必须预备火盆和木条之类引火物。后来便有人用点燃的绳

最早的火枪需要人用手去点火

子来代替，这就是火绳枪。火绳枪的好处是一个人就可以持枪发射，省了很多事。

早期的火枪都是火绳枪，子弹又大又重，有效射程在 90 米左右，一些大型火绳枪能在 180 米外射穿铠甲。

这一时期的火枪最大的缺点是发射速度太慢，即使有了"纸壳弹"后，发射速度也不过从 16 世纪 70 年代的三分钟两发子弹，提高到每分钟一发以上。

17 世纪时，出现了燧发枪，使用燧石打火来引燃火药，这比火绳点火要可靠得多。火绳容易灭，夜晚也会暴露目标。因为每个士兵身上都带着火药桶，火绳的火星崩飞也可能引发灾难，所以手持火绳枪的士兵作战时必须保持较大的间距。燧发枪避免了这种危险，士兵间可以站得更近，大大加强了火力密度。也因此就出现了著名的"线性战术"，尤其是 18 世纪的欧洲，所有军队都装备了燧发枪，都采用横队排枪齐射战术，跟互相枪毙一样。

燧发枪的主要变化是口径减小，子弹也小了一半，初速达到 300 米 / 秒，已经接近音速。射程和发射速度也有所提高，每分钟能发射两至三发子弹。

虽然单支火枪的杀伤力有限，但当许多火枪兵排成密集的步兵方阵并轮流射击时，其杀伤力就相当骇人了。尤其是燧发枪的装弹程序更加简单，这样士兵可以站得更加密集，只要枪口所向，瞬间便能制造出枪林弹雨，几乎无人能敌。

燧发枪的出现，让骑兵也可以在马上使用火枪。

一种枪管较短的手枪取代了骑士的长矛，手枪骑兵成为火器时代既有机动性又有冲击能力的新型武装。换句话说，兼具重骑兵与轻骑兵的双重优势，大大增强了对步兵的攻击能力。手枪配合马刀，在一段时间里成为广阔战场上的决定性力量。

有矛就有盾。面对手枪骑兵的冲击，步兵为自己手中的燧发枪装上了刺刀，使火枪兼具弓箭和长矛的威力。这样一来，手枪骑兵又遇到了克星。

欧洲暴力的民主

虽然战争总会结束，但实际上，暴力法则始终构成了一个社会运行的基础。

军事的专业化和技术化也逐步推动了社会的自由化和民主化，传统的贵族与平民之间不可逾越的鸿沟被火药填平了。

托马斯·杰斐逊在给约翰·亚当斯的信中感叹说：以前，人的体力和技能决定过贵族的地位，但自从发明了火药，弱者与强者一样都有了杀人的火器，体力和技能也就如同美貌、和善、文雅和其他才艺一样，成为决定显贵的次要条件。

火器的出现消灭了传统贵族，火器的应用也使得战争趋向"民主化"——即使一个人没有任何武艺，他也可以用火器把满身功夫的骑士打下马来。正像军事史家富勒说的：火药的使用使所有的人变得一样高，战争平等化了。

进入火器时代后，步兵不再遭人轻视，战争逐渐使火器装备的步兵成为主角。随着兵器制式化，正规的职业军人成为社会的新兴力量，他们逐渐替代雇佣兵成为国家的常备军。

恩格斯由此看到了革命的可能——

各国之间的相互竞争，使它们一方面不得不每年在陆军、海军、火炮等方面花费更多的金钱，从而愈来愈加速财政的崩溃；另一方面不得不愈来愈严格地采用普遍义务兵役制，结果使全体人民学会使用武器：这就使人民有可能在一定时机反对军事长官而实现自己的意志。[1]

　　在欧洲历史上，瑞士雇佣兵赫赫有名，他们最擅长的是长枪方阵。在相当长一段时期里，瑞士长枪方阵打遍天下无敌手，不管步兵还是骑兵。直到遇到火绳枪，密集的铅弹成为方阵的克星。

　　不过很快，瑞士雇佣兵也配备了火枪和大炮。对他们来说，战争是一门养家糊口、发财致富的生意，打仗是一门高度专业化的技术。

1-［德］恩格斯：《反杜林论》，载《马克思恩格斯全集》第20卷，人民出版社1973年版，第186页。

雇佣军拥有行业公会常见的那种吵吵闹闹的民主，但签订契约的权力掌握在拥有大炮的人手里，他们也有权挑选那些有火绳枪和手枪的雇佣兵。

对欧洲来说，这场军事变革恰好发生在大一统的基督教世界土崩瓦解之时，旷日持久的三十年战争成为职业军人的竞技场，这是欧洲自蛮族入侵以来所遭受的最具破坏性的战争。

当时，军事战术已经非常复杂，受过严格训练的职业步兵独步天下，他们手持滑膛枪，在统一指挥下一起开火，任何顶盔掼甲的骑士都难越雷池一步，更不用说那些临时招募、未经训练的乌合之众。

虽然这种原始火枪无法形成连续的火力，铁制火炮的威力也不够大，但依靠严明的纪律和丰富的经验，这种新式军队足以击败一切传统武装。因此，战争的主动权便顺理成章地落到这些职业军人手中。

战争日复一日，年复一年，军人成为欧洲那个时代最主流的职业。没有人生产，军饷和粮食就成了问题。军人开始明火执仗地抢劫，变成割据一方的劫匪。三十年战争形成了这样一个传统：抢劫是战争时期的合法行为，暴行是士兵的特权。

　　土地被糟蹋得无法继续耕种，所收获的不多的粮食都被藏了起来，一群群饥饿的妇女和儿童成为军队营地的后继者，疯狂的劫掠带上了一条盗窃者的尾巴。到这场战争结束的时候，德意志已成了一片荒凉

对西欧历史来说，三十年战争是最早的世界大战

的废墟。有长达一百多年的时间，中欧一直没有从这
场灾难所造成的破坏中恢复过来。[1]

从中世纪后期开始，随着生产效率的提高，欧洲很多商
品价格都在下降，而武器价格的下降速度明显要快于其他工业

1-[英]韦尔斯：《世界史纲》，曼叶平、李敏译，北京燕山出版社 2004 年版，第 608 页。

产品。

从 16 世纪中叶到 18 世纪初，英格兰手枪的相对价格下降至原来的 1/6，大炮、滑膛枪等其他武器与生产要素成本的相对价格也在大幅下降。

这就像是我们现在所用的手机一样，价格剧烈下跌的同时，性能却在不断提高。

当枪支越来越廉价时，它就有可能成为一件日用品。在 17 世纪早期的巴黎或伦敦，即便是一位贫穷的、无技能的临时工，以他两三周的收入，也可以买得起一把火绳枪。

实际上，不仅是战争压力，民间需求也在推动火药和火枪的普及。虽然有相关的枪械管制法律，但始终杜绝不了私人持有武器。

16 世纪时，纽伦堡附近的人们普遍都有枪。到了 17 世纪，法国农民常常在节庆时拿着滑膛枪射击取乐。英国也是如此，在不少地方的传统中，一个男人应该用枪来维护地方安宁。英格兰曾一度试图取消持枪权，但在遭到强烈抗议后，持有武器的权利被写入 1689 年的权利法案。

这是当时中国清朝和幕府时期的日本所不能想象的。

枪支的普及带来全民皆兵的风气，无论对国家还是对个人，发展军事或者去当兵，都是一个不错的选择。尤其自从哥伦布以来，一些探险家和私人武装在海外一夜暴富的故事，最能蛊惑人心。

虽然购买火枪火炮需要一定的资本，但战争的风险和回报也可能会让一个善于打仗的穷人，因为"意外之财"而迅速发迹，甚至成为皮萨罗或德雷克那样的"民族英雄"。

如此一来，军队也越来越平民化。

既然有人替自己去卖命，贵族骑士便成为雇佣军最大的雇主。骑士传统根深蒂固的法国和英国尤其如此。在相当长一个时期里，武装私掠船是比贸易商船更为主流的发展模式。

在其他国家的国王将自己包裹在锦缎和花边中的时候，普鲁士的腓特烈·威廉一世与他的军官穿着相同的制服，甚至军队中军阶最低的军官都能声称自己穿着"国王的外套"。

威廉的继承人腓特烈大帝在1768年写道：在以前的年代，让军队熟练运用冷兵器是很重要的，但现在火炮就是一切，士兵不能用刺刀取得胜利，火力的优越性才是获胜的关键。

如果简单地归纳，可以这样说：火药导致了战争，战争导致了集权，集权导致了帝国，帝国导致了帝国主义。17世纪欧洲普遍的看法是，战争"使君王们得到更多荣誉，使人民得到更多愉快的职业"，而贸易不过是战争的另一种形式。

战争制造者

马克思在《资本论》中说："在真正的历史上，征服、奴役、劫掠、杀戮，总之，暴力起着重大的作用。"[1] 在重商主义旗帜下，军队和战争成为近代专制王权扩张逐利的重要工具和手段。

在帝国扩张时期，军队与国家之间的关系颇为暧昧，从效忠于国王到效忠于国家，这中间有一个漫长的转变过程。军队国家化也是帝国结束的重要标志。从这种意义上来说，效忠于国王而非国家的军队是帝国主义滥觞的根源所在。

在新教地区，由传统贵族构成英国国会和法国三级会议，对国王的专制权力保持了一定程度的制约。

国王权力与公民（贵族）权利的对抗，最终导致了共和革命，英国国王查理一世和法国国王路易十六，先后被火器武装起来的公民军队送上了断头台。

对于路易十六的被杀，炮兵学院毕业的拿破仑毫不同情，

1-［德］马克思：《资本论》第 1 卷，人民出版社 2004 年版，第 782 页。

奥斯曼帝国在攻陷君士坦丁堡后持续扩张，最终成为一个地跨亚、非、欧三洲的大帝国

君士坦丁堡的陷落

收复格拉纳达

伊莎贝尔女王将写给中国皇帝的信交给哥伦布

约克敦战役是美国独立战争中的决定性战役，它标志着美国独立战争的胜利

随着印第安原住民获得火枪，美国殖民军队在一些战役中开始遭遇失败

中国古代的攻城机械

《蒙古来袭绘词》中，表现了铁火炮爆炸的情景

钓鱼城之护国门

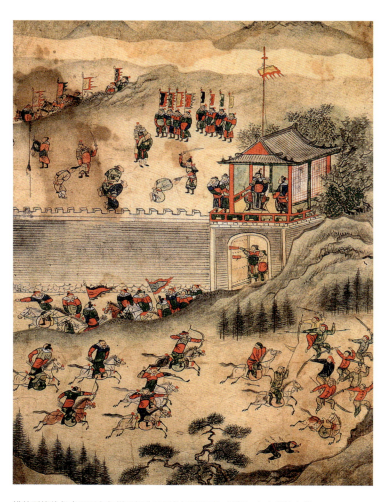

描绘平壤战役中明军和朝鲜军打败日军的场景绘画，城门口有士兵持火箭

图中主要描绘了郑成功收复台湾时的军事动态和海战情景

乾隆自诩其十次平定边疆叛乱为"十全武功"，并命宫廷画师郎世宁将其绘制成画，这是其中之和落霍澌之捷

和落霍澌之捷

今歲我師勦逆賊
首我賓和落霍澌
斬將搴旗早捷捷
酬勞領賚已有羌
而今生解停回玉
回源赫將宰桑伊
散秩大臣啟授職
乃散偽亂爲路鵰
西尙波而殺敗做
咋守摧徽天專其
魄泉猶有子餘騎
覘知我衆設計奇
輻重連行誘我逐
居乏伏賊擁陰戰官
軍四百始歌我少
騎末翦山之陰我
進渡乃濱浦集銃
破必兩循施我
軍誓兵一傷老百
靈攞漢信有之街
鈴突人矢森費賊
乃喪偹餘雜披鹿
壞蚖穉友迺令大
孫大臚張軍威職
波展佳近四百負
傷逼去殺冬譽
是誠

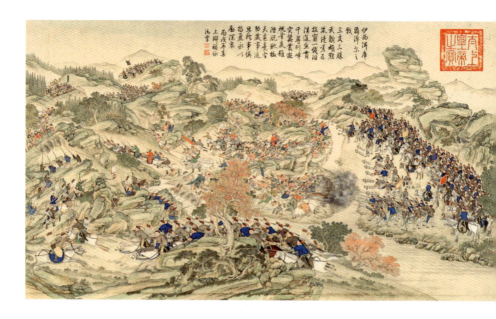

在清军与噶尔丹的战争中，火炮发挥了巨大的作用

湘军在与太平军的战争中占据火力优势

1883 年 5 月，刘永福率黑旗军与法军激战于河内以西纸桥，法军大败。

反而充满蔑视。在他看来，国王不应该向人民屈服，而应该用大炮轰击民众。

事实上，在法国大革命时期，大炮并未能阻止民众攻陷巴士底狱。但拿破仑指挥他的炮兵屠杀了大量的巴黎人民。在拿破仑时代，法国人口增长急剧下降，这也从反面体现了火炮的杀人效率。

在一个功利主义者看来，没有什么武器会比火药和火炮更有效、更廉价——

> 我们有了一种比弓箭、标枪、战斧和长矛更简便和快速、更节省和经济的方法来杀死我们的敌人。现代的火炮将比罗马的攻城槌更快地结束争斗。……那么看一看，在这个世界将有更好的战争的时刻，争论只能用血来解决，现在有一种方法，用这种方法可以比以往较少耗费时间和流血而取得胜利：这是发明火

药及运载和发射火药的器械的成果。[1]

1644 年，英国率先爆发国王权力与议会权力之间的内战。

当时，英国议会授权克伦威尔组建了一支属于国家的新型军队。新军于次年建成，22000 名志愿兵，分成 12 个步兵团、11 个骑兵团和 1 个龙骑兵团。步兵中，火器（火绳枪）的配备高达 75%，而 1571 年西班牙驻尼德兰军团中，火枪手只有不到 30%。

到三十年战争之后，刺刀淘汰了长矛兵，欧洲步兵全部进入火器时代。

从 13 世纪欧洲人知道火药，到 16 世纪各种重炮和火枪的使用，仅仅 300 多年，频繁的战争实践和文艺复兴解放的科学思想，便使欧洲人取得了相对于世界其他地区的军事技术优势。

火药这把万能钥匙，打开了一个前所未有的武器库。

当火炮被安装到远洋帆船上时，战舰就成为一个威力无比的浮动堡垒。

正如火炮摧毁了贵族的城堡，火炮也一举改写了海洋世界的霸权。在火炮出现之前，从来没有一种武器危险到如此

1-［美］R.K.默顿：《十七世纪英国的科学、技术与社会》，范岱年等译，四川人民出版社 1986 年版，第 353 页。

火炮将舰船变成一座威力巨大的移动炮台，增强了殖民帝国的海上力量

地步，可以在很远的距离外和很短的时间内让一艘巨舰沉入海底。

冷兵器时代的海战完全类似陆战，双方战船必须靠近才能进行战斗，先是互相撞击，然后跳上敌船，进行肉搏，最后一方获胜。

进入火器时代，真正的海战开始了，火炮成为获胜的关键。

1588 年，西班牙的"无敌舰队"在英吉利海峡折戟沉沙。虽然他们的船更高更大——西班牙一半战船的排水量超过 500

吨，而英船排水量都低于 500 吨，人员也更多，是英军的四倍，但火炮数量却只有英军的一半。

战争开始后，西班牙很快就打完炮弹，只能被英船追着打，因为后者能就近补充弹药。

重型炮在这次海战中的运用是英国海军获胜的关键，它也为日后的不列颠开辟了霸权之路。火炮武装的英格兰战舰只有在水雷、鱼雷、潜水艇和飞机的威胁诞生后，才开始显现颓势，而这已是三个世纪以后的事了。

这场世纪大战不仅标志着始于哥伦布的西班牙时代即将结束，也标志着一个英国人主导的船坚炮利时代的即将来临。

1800 年时，英国只统治着地球表面不足 400 万平方公里的土地和 2000 万海外人口。经过一个维多利亚时代后，这个日不落帝国的版图扩大了 7 倍，人口增加了 20 倍。

英国人的枪炮声响彻了整个地球。英国皇家学会创始人弗兰西斯·培根（1561—1626）赞叹道：印刷术、火药和指南针"这三种东西已改变了世界的面貌。……这种变化如此之大，以至没有一个帝国、没有一个宗教教派、没有一个赫赫有名的人物，能比这种发明在人类的事业中产生更大的力量和影响"。

火器的征服

与"战国时代"的欧洲不同，同一时期世界上其他主要文明地区几乎都处于和平稳定时期，如奥斯曼帝国、莫卧儿帝国、清王朝以及幕府日本等。

在很长一段时期里，这些古老的大帝国基本都没有太大的外部威胁，他们无一例外地实行暴力垄断，以此来对内部叛乱进行镇压。对统治者来说，根本不需要去发展先进的军事技术。

内因加上外因，火器技术在战火纷飞的欧洲得到比其他地区更迅速的发展，这使得欧洲火器技术后来居上，领先于其他地区。

不久，当西洋火器重新传入中国时，徐光启马上就意识到了这个问题：

> 可以克敌制胜者，独有神威大炮一器而已。一见于宁远之歼夷，再见于京都之固守，三见于涿州之阻截，所以然者，为其及远命中也。所以及远命中者，为其物料真、制作巧、药性猛、法度精也。至彼国之

人所以能然者，为在海内外所当敌人如红毛夷之类，技术相等，彼此求胜，故渐进工也。(《西洋神器既见其益宜尽其用疏》)

火药的出现，极大地促进了欧洲政治的多元化。与政治的多元化相伴随的，是各国之间你死我活的武器竞赛。

在中世纪，西欧虽然统一在一个宗教之下，但政治上却存在着无数个骑士城堡和自由城市。进入火药时代之后，无限战争导致的暴力杀戮，促进了民族仇恨的成长。法国人恨英国人，英国人恨西班牙人，瑞典人恨丹麦人，荷兰反叛者恨他们的主子哈布斯堡家族。宗教改革中诞生的新教与传统天主教之间也是如此，前者被后者视为反叛者和异教徒。

仇恨是战争的根源，战争也是仇恨的根源，而火药不仅制造了战争，也制造了仇恨。

1618—1648 年的三十年战争，成为火药来到欧洲后的第一场大灾难。这在某种程度上，也是 1914—1944 年新三十年战争的预演。

16—18 世纪这 200 年，火器技术最大限度地提高了拥有较高文明社会的军事水平，古老而松散的游牧部落在新式火器面前变得不堪一击。因为火器的出现，人类社会的弱肉强食法则体现得淋漓尽致，由此引发了一场席卷全球的政治文明巨变。

在西班牙和葡萄牙的殖民者开拓中南美洲时，为数不多的英国人在北美开始耕种繁衍，最后硬是在印第安人的土地上创造出了一个美国。稍晚一些时候，库克船长来到偏居南半球一隅的澳洲，将这里变成了大英帝国最远的流放地，这就是后来的澳大利亚与新西兰。

在欧洲，俄罗斯地处偏远，只是一个不入流的小国家，但离开欧洲，他们马上变得战无不胜。有火器傍身，这些貌似毛皮猎人的冒险家便大壮行色。他们越过乌拉尔山，在月球一般辽阔的西伯利亚森林烧杀劫掠，勒索绑架，如虎入羊群，无恶不作。

依靠步步为营的枪炮要塞，俄国的疆土从欧洲一路扩张到亚洲。这支人数不多的哥萨克人，向南攻入中亚草原，数年内连灭希瓦汗国、布哈拉汗国和浩罕汗国，将三大汗国变成"俄属土耳其斯坦"。他们还向东推进，最后越过白令海峡，将美洲的阿拉斯加收入囊中。

当他们沿着黑龙江南下时，第一次遇到了强敌。他们是刚刚入主中原的女真人，拥有丝毫不逊色于俄国人的火器，尤其是大型火炮。其中相当一部分是由服务于清廷的比利时人南怀仁所制。

女真人自古热爱弓箭，但他们只用了一代人的时间，就学会了各种火器，并用它击败了起初更擅长火器的明朝。

在此后的一个世纪中，满八旗的火器兵团南征北战，从雄踞北方的蒙古各部到西部边陲的廓尔喀，乃至南亚的安南和缅

清军与噶尔丹的战争中，火炮发挥了巨大的作用

甸，无不在帝国的枪炮面前望风披靡。

随着西南"改土归流"的强力推进，大清不仅将帝国版图扩张到广阔的程度，也将帝国权力推进到严密苛刻的地步。

火器技术并没有终结战争，但它终结了自古以来原始游牧民族的侵略战争，并转而将他们变成现代战争的受害者。

古老的长城在火器时代并没有过时，掌握了火器技术的满族人将蒙古族人彻底阻挡在长城之外。蒙古族人到内地，只能从山海关、喜峰口、古北口、独石口、张家口、杀虎口等六处入关。入关时登记人数，出关时仍照原数放出。

准噶尔作为最后一个草原帝国在火炮声中灭亡了。

格鲁塞在《草原帝国》一书的最后写道:

清朝对伊犁河流域和喀什噶尔的吞并,意味着
在定居民族先进武器的攻击下,草原游牧的民族已经
丧失了弓强马壮的优势,也标志着定居民族对游牧民
族、农耕地带对草原的胜利。[1]

1-[法]勒内·格鲁塞:《草原帝国》,李德谋译,江苏人民出版社 2011 年版,第 329 页。

第七章　火器帝国

扬州炮祸

在古代很长时间里，中国在经济文化方面一直发展很快，在两宋时期达到一个高潮。相比之下，随着罗马帝国的衰落，欧洲陷入一个四分五裂的长期停滞期。从 13 世纪起，欧洲终于走出中世纪前半期的停顿状态，开始向前缓慢移动。而中国，也恰恰是在这时停止了发展。

13 世纪的中国，正值历史上的宋元之变。

在中国传统特色的皇权体制下，作为世界第一个火器帝国，南宋最后还是没能避免覆灭的厄运，从此中国落入蒙古人的统治。大汗孛儿只斤·忽必烈将蒙古帝国首都从哈拉和林迁往大都。

随着蒙古人首次入主中原的，还有两位来自欧洲的威尼斯商人：尼科拉·波罗和马费奥·波罗兄弟。

很多年以后，尼科拉·波罗的儿子马可·波罗写出了一本风靡欧洲的《马可·波罗游记》，书中写道：忽必烈大汗是"从我们的祖先亚当到现在，人世间前所未有的最强大的统治者，他拥有的臣民最多，土地最广阔，财富最充裕"，但是，"所有中国人都憎恨大汗的统治，因为……他将所有权力交给鞑鞑人、萨拉森人或基督徒。这些人依附于他的王室，为他服务，是中国的外国人"。[1]

在征服宋朝之后，蒙古人又发起对日本、越南、缅甸和印尼的征服战争，火药和火炮都被作为尖端武器大量使用。这在很大程度上得益于重视技术的蒙古帝国对宋金时代兵器制造系统的全盘继承。

但是，蒙古征服在南宋灭亡之后很快就走了下坡路，海外战争一败涂地，"元朝自平南宋之后，太平日久，民不知兵，将家之子，累世承袭，骄奢淫逸，自奉而已。至于武事，略不之讲，但以飞觞为飞炮，酒令为军令，肉阵为军阵，讴歌为凯歌。兵政于是不修也久矣"（明·叶子奇《草木子》卷三）。

比起打仗来，蒙古人在吏治方面明显缺乏经验。元朝初建，毫无欣欣向荣的气象，反倒处处透着末世丧气。时人评说，"官吏奸贪，盗贼窃发，士鲜知耻，民不聊生，号令朝出而夕更，

1－［美］斯塔夫里阿诺斯：《全球通史：1500 年以前的世界》，吴象婴、梁赤民译，上海社会科学院出版社 1999 年版，第 385、344 页。

元代铜手铳（陕西历史博物馆收藏）

簿书斗量而车载。庠序不立，人才无自出之由；律令不修，官
府无常守之法。舍真儒、用苛吏，弃大本而求小功，空中国事
外夷，取虚名而获实祸"（元·刘埙《隐居通议》卷三十一）。

至元十七年（1280 年），扬州的官办兵工厂发生大爆炸，
史称"扬州炮祸"。

南宋遗民周密在《癸辛杂识》中，记载了当时火药爆炸的
骇人场面："火枪奋起，迅如惊蛇……诸炮并发，大声如山崩
海啸……远至百里外，屋瓦皆震……事定按视，则守兵百人皆
糜碎无余，楹栋悉寸裂，或为炮风扇至十余里外。平地皆成坑
谷，至深丈余。四比居民二百余家，悉罹奇祸。"

这固然是一场不幸的人祸，但从另一方面来说，扬州炮祸
极其惨重的破坏，也反映了当时火药性能和制造规模已经达到
相当高的水平。

值得一提的是，保留至今的元至顺三年（1332 年）制造
的一支铜火铳，是已发现的世界最古老的火炮，这是中国古代
军火技术巅峰时代的伟大见证。

"自古帝王临御天下，皆中国居内以制夷狄，夷狄居外以奉中国，未闻以夷狄居中国而制天下也。"朱元璋统一中国南方后，于元至正二十七年（1367年）发起北伐时发布的《谕中原檄》中写道。

《尚书》说："恃德者昌，恃力者亡。"元至正二十八年，也是明洪武元年，即1368年，元朝末代皇帝孛儿只斤·妥欢贴睦尔在深夜出健德门，逃离大都，回到100年前成吉思汗出发的草原深处。因他"顺应天意"，故被称为"元顺帝"。

如果说100年前蒙古人用骑射征服了火器时代的宋朝，那么100年后，明朝最终又用火器将他们赶出了权力的中心。这与其说是骑射的失败，不如说是火器的胜利。

元末之际，无论是元朝政府军，还是反政府的农民义军，双方均已装备了大量火器。当时每场战争都是炮火连天，枪声隆隆，昼夜不绝，乃至每支军队几乎都配备有专习火器的特种部队。

在鄱阳湖之战中，朱元璋依靠火药击败陈友谅，赢得了决定性的胜利。《明实录》记载，朱元璋命令"分舟师为十一队，火器弓弩以次而列，戒诸将近寇舟先发火器"，更有水军俞通海所部"乘风发火炮，焚寇舟二十余艘"，最后朱元璋"命以七舟载荻苇，置火药其中，束草为人，饰以甲胄"，乘风纵火，敌军水寨和舟数百艘悉被焚毁，最终取得了胜利。进入火药时代，火烧鄱阳湖远比火烧赤壁来得惨烈。

在接下来的苏州围攻战中，朱元璋的军队用火铳击毙了张

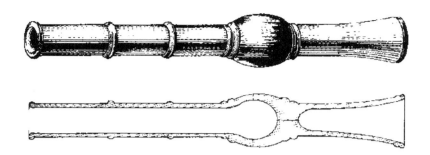

火铳的外观与剖面图

士诚的兄弟张士信。

　　元至正十五年（1355 年），朱元璋驻军和州（今安徽和县）期间，民间火器专家焦玉献给朱元璋几十支火龙枪，大将军徐达试放火龙枪，"势若飞龙，洞透层革"。朱重八惊叹道："此枪取天下如反掌，功成当封大将军。"此后，焦玉就被留在朱明军中，负责监造火器。明朝初期政府军的各种制式火器，也均为焦玉所创制。

　　"中国也许还是最早发明真正黑色火药的国家，14 世纪后期，明朝曾用大炮推翻蒙古的统治。"[1]有明一代，火器的使用已经极其普遍。

1-[美]保罗·肯尼迪：《大国的兴衰》，蒋葆英等译，中国经济出版社1989年版，第7页。

卷四　火药、枪炮与革命

《大明会典》记载：洪武二十六年（1393 年），官府规定，每一百户，铳手 10 名，刀牌手 20 名，弓箭手 30 名，枪手 40 名。可见当时火铳兵已经占到步兵兵种的 1/10，而整个大明军队装备的火铳，最高可能达到 18 万支 [1]。

如此规模的火器部队，在当时的世界上是绝无仅有的。

据《大明会典》所载，在弘治元年（1488 年）以前，军器局和兵杖局要按照规定数额制造火器。军器局建置于洪武十三年（1380 年），每三年要造碗口铜铳 3000 门、手把铜铳 3000 支、铳箭头 9 万个、信炮 3000 个，以及附件若干；兵仗局建置于洪武二十八年（1395 年），每三年要造大将军、二将军、三将军、夺门将军、神铳、斩马铳、手把铜铳、手把铁铳、碗口铳、盏口炮等火器若干。[2]

1- 按《明史·兵志》的统计，洪武二十六年全国有"都司十有七、留守司一、内外卫三百二十九、守御千户所六十五"。如果按照每一个卫编制 5600 名士兵计算，则当时明军的编制总数约为 180 万，应装备火铳 18 万支以上。若再加上少量库存备用火铳，总数可能还要多一些。

2- "土木堡之变"后，为加强北京城防，于谦奏请"领大将军炮十六个，并量领火炮、飞枪、手把铳以备冲敌之用"，并说"大将军炮十六个，斤重数多，人力不能背负，合用驰载车辆，亦乞行移工部成造"。这种大型火炮制造数量较大，仅成化三年（1467 年）一年便制造各样大将军炮三百门。弘治以前，制造的火炮有十余种，其中"无敌大将军"炮，重千斤装铁子五百个，是一种大威力的远程火炮。正德、嘉靖之际，杨一清在陕西边镇看到"大将军、二将军、三将军诸铳力大而猛，然边城久不用"，于是"在定边营教场取而试之。……先取二将军试之，乃自装药举火，却立十余步以俟，声如迅雷，远及三百步。营中皆震慑"。

洪武时期的造铳能力和技术设备、水平等方面，在当时的世界都是首屈一指的。

明永乐时期又创建了"神机营"。"成祖文皇帝，三犁虏廷，廷置神机诸营，专习枪炮"（明·赵士桢《恭进神器疏》）。神机营下分为神枪、快枪、单眼铳、手把铳、盏口炮、碗口炮、将军炮、单飞神火炮、神机箭等。

值得一提的是，明军的神机营比 16 世纪初西班牙创建火枪兵要早一个世纪左右。

根据史载，永乐七年（1409 年）九月的单月火铳生产量就达到 8387 支，年产量达到上万支，这绝不是一个小数字。成化（1465—1487 年）时期，明军的火器兵种已经达到步兵总编制的三分之一强。

在明代中后期，京军火器装备水平继续提高，以至有"京军十万，火器手居其六"之说。边军也大量装备了火器。"大率军以十人为率，八人习火器，二人习弓矢"。甚至在一些地方的民兵装备中，火器也成了重要武器。

天启大爆炸

　　明朝时期，因为农耕的溢出效应[1]，中国在科技方面取得了长足发展，"直到公元1450年左右，中国在技术上比欧洲更富于革新精神，也先进得多，甚至也大大超过了中世纪的伊斯兰世界"[2]。

　　明朝关闭官铁冶，开放民营，永乐年间的铁产量高达9700吨。不过，明朝时期的中国与400年前的宋朝比起来，其活力和进取精神还是要逊色很多。

　　这在一定程度上与帝国的政治环境有关。

　　宋朝始终面临着北方民族的军事威胁，因此不得不发展军事工业。明朝永乐之后承平日久，帝国暂时消除了外患；对内而言，帝国政府垄断了所有的火器和暴力，因此它唯一要做的只是继续加强这种垄断。

1- 所谓溢出效应，是指在进行某项活动时，除了活动本身所预期的效果，还会对组织之外的人或社会产生影响。

2-［美］贾雷德·戴蒙德：《枪炮、病菌与钢铁》，谢延光译，上海译文出版社2006年版，第260页。

从洪武年间开始，火器被当作"神物"，火器研制一直由朝廷统一严密控制，地方和个人禁止涉足。从火药配方到火铳的制造技术和工艺流程，一概深藏于宫廷密室，这导致中国的火器技术在一二百年中毫无进取。

在明朝前期，中国火炮与同一时期的欧洲火炮在长径比上差不多都是 17∶1，在设计上也与西方类似，比如炮管越来越长。当 16 世纪葡萄牙人带着他们的火炮来到中国时，中国人对这种又长又薄的炮管也很是赞赏。

就军事史而言，当时世界出现了两个军事变革中心：一个是以中国明朝为中心的东方军事变革中心；另一个是以欧洲为中

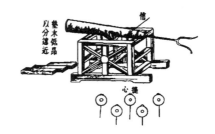

明朝的火器

心的西方军事变革中心。与同一时期欧洲诸国不惜倾家荡产的火器竞赛相比，明帝国的火器技术基本处于停滞状态，火器技术人才也严重断档。尽管火药武器装备在 16 世纪末已得到应用，但明朝仍固守闭关锁国之旧，对技术的进步丝毫不以为意。

直到明朝中后期，对外战争日渐频繁，帝国才不得不重启火器战备。因为技术和人才的断档，还发生了许多可怕的"炮祸"，其中尤以"天启大爆炸"最为骇人。

天启六年（1626 年），位于北京西南的工部王恭厂的火药库不幸发生大爆炸。

当时的人描述说，"东自阜成门，北至刑部街，亘四里，阔十三里，宇坍地塌，木石人禽，自天雨而下。屋以千数，人以百数，燔臭灰眯"（《帝京景物略·火神庙》），也有说伤亡上万的。爆炸现场留下两个大坑，"约长三十步，阔五十余步，深二丈许"（《京师坊巷志稿》）。

明朝北京的一份民间报纸《天变邸抄》集中报道了这起爆炸事件："……天崩地塌，昏黑如夜，万室平沉。东自顺城门大街（今宣武门内大街），北至刑部街（今西长安街），西及平则门（今阜成门）南，长三四里，周围二十三里，尽为齑粉，屋以数万计，人以万计。……两万多居民非死即伤，断臂者、折足者、破头者无数，尸骸遍地，秽气熏天，一片狼籍，惨不忍睹。"

爆炸力之大，"大木远落密云"，石驸马大街一只 5000 斤重的大石狮竟飞出顺成门（今宣武门）外。

根据描述，其可怕程度远非元朝时期的扬州炮祸可比。如今还有人说得更神奇，说是外星人袭击了大明首都。

在中国传统政治语境下，这场灾难被认为是上天对皇帝的惩戒，明熹宗朱由校不得不下"罪己诏"，"痛加省修"，拨国库黄金一万两赈济灾民。

明朝对火药控制很严，火药作坊都集中在京师。平时，这些火药厂局所贮存的火药都保存在地窖中，"地深三十尺，实火药于中，上盖石板，再加横木，复覆以土，以备不虞"（《广阳杂记》）。地窖潮湿，火药本身又容易吸潮，时间一长，火药就会板结，硬如石块。

正常的火药必须是粉末状，而且越细越均匀越好，这样火药才能在最短的时间内被引燃。火药要经过反复碾压、研磨，这些操作稍有不当，就可能引起火药燃烧爆炸。戚继光专门记录了当时碾磨火药的秘法："先将硝、黄、炭各研为末，照数兑合一处，用水二碗，下在木柏，木杵捣之。不用石捣者，恐有火也。"（《纪效新书·火药制》）

明朝晚期，官场日益腐败，对火药的管理出现了很多漏洞，火药引发的事故层出不穷。如果发生在火药厂或火药仓库的话，更会引起连锁反应，后果不亚于一场灾难。

万历三十三年（1605 年），京师城东南盔甲厂发生大爆炸。爆炸原因是火药年久受潮，有人想用斧子将其劈开，结果产生火星引发火药爆炸。事后统计，这场灾难共造成京营火药把总等军官 9 人和兵士 63 人死亡，另有重伤者 21 人，损毁房屋更没法数。

实际上，晚明时期，北京火药库发生爆炸的事件屡见不鲜，小事故更不用说。万历二十一年（1593 年）、三十三年（1605 年），天启六年（1626 年），崇祯二年（1629 年）、三年（1630 年）、七年（1634 年）、十一年（1638 年），京师的几处火药厂都发生过大爆炸。王恭厂爆炸后搬至西直门，改名安民厂，崇祯十一年又是接连发生三次大爆炸，每一次爆炸都惊天动地，震动京师。

古代照明一般都采用明火，再加上火药生产和管理比较原始，类似的事故和灾难比较普遍。不仅中国有，西方也有。

1654 年，荷兰代尔夫特发生爆炸，储存在地下仓库的 4 万多公斤火药化为乌有，造成至少 500 人死亡，200 多间房屋被夷为平地。直至现代，代尔夫特人仍时而提起当年的"晴天霹雳"。

明朝中后期时，火药已经彻底全球化。火药的力量必须通过火器来体现，然而在火药普及之后，火器技术在中西方的发展却越来越不均衡。

作为一种武器，如果没有战争，火器从技术上就得不到提高的可能。同时，新式火器也难以传播，从而形成一种技术封闭的局面。

1654 年荷兰代尔夫特的火药库爆炸后的场景

这一时期，中国火器已经开始落后于自己的"学生"欧洲了。随着达·伽马打通印度洋航线，西洋舰炮和传教士纷至沓来，当时的一些明朝官员就已注意到这一点。

成化以后，中国社会逐渐重现了宋时的"宽容"精神，火器和战车技术开始兴盛，并推动了军事领域的变革。嘉靖年间，佛郎机和火绳枪从欧洲传到中国，中国人发现这种舶来品的性能和威力都要优于中国火器，深以为奇，开始通过大量仿制来追赶这种技术差距。

单就东方世界而言，作为火药原创地的中国，明朝时期的火器水平对周边民族一直保持着无人挑战的技术优势。

正统十四年（1449 年），明英宗御驾亲征，结果在土木堡遭到蒙古瓦剌部围歼，不仅全军覆没，连皇帝朱祁镇也被生擒，史称"土木之变"。之后，瓦剌统帅也先挟持明皇朱祁镇，以 12 万蒙古军围攻北京，意图一举恢复故元大都。

危急关头，于谦被临时任命为兵部尚书。他安排在北京城的九门及要地架设火铳，并做好备战部署。也先攻西直门，受创后又攻德胜门。于谦指挥神机营设伏于德胜门外，以小股精骑诱敌至设伏区。神机营突起猛射，敌死伤万余人，其余溃散，也先的弟弟孛罗及平章卯那孩俱被枪炮打死。

　　同时，明军在西直门、彰仪门及城外西南街巷，也都以神机枪炮而取得大胜。也先只好引残兵败将退至塞外。

　　于谦指挥的这场北京保卫战，是明前期大规模使用神机枪炮守城的著名战例。其所用火铳数量之多，是明代此前许多战争所无法比拟的。这是火器技术对传统骑射的一次胜利，大明帝国因此而转危为安。

　　这场差点亡国的战争也成为明朝进行军事革命难得的契机。随后，明朝开始大力发展火器技术。到了明朝晚期，已基本完成了冷兵器向准热兵器的转型，火枪火炮成为明军的主要武器。

佛郎机

　　历史的发展往往出人意料，哥伦布虽然带着中国指南针，但却未能到达中国，他至死都认为他脚下的新大陆就是日本和印度。

　　哥伦布没有找到中国，中国皇帝也没有收到伊莎贝尔女王的信，但仅仅半年之后（1493年），葡萄牙人就从地球的另一个方向来到了中国。中国人将这群完全不同于日本倭寇的欧洲白人斥为"番夷"。东莞守御千所的千户袁光在对战中不幸被"番夷"火器击中身亡。

　　这是有史以来中国第一次与欧洲的战争，也是第一汤火器对抗。

　　葡萄牙发现通往东方的新航路之后，印度洋就失去了持续千年的和平。达·伽马的战舰火力十分强大，"每艘快帆船带着三十个武装人员，下面有四门火炮，上面是六门中型炮，十门旋转炮安置在后甲板和船首，其中两门中型炮是向后射击；每艘舰的甲板上有六门炮，舰尾是两门小一些的炮，八门中型炮在上，若干旋转炮，桅杆之前两门小一些的炮向前发射；货船装备的火炮远远超出以上所有。"[1]

1511 年，商人兼海盗的葡萄牙人用火炮征服了明帝国的藩属满剌加（今马来西亚马六甲），建立了远东第一个商业据点。从此以后，葡萄牙人与中国互不友好的接触越来越频繁。

正德年间，葡萄牙派人假冒满剌加使臣前往北京。明帝国因此以为佛郎机为"海南番国"，并不知道它来自遥远的欧洲。

> （佛郎机）向不通贡……明正德十二年，佛郎机大舶突入广州澳口，铳声如雷，以进贡请封为名。（《广州通志·外番志》）

> 佛郎机，近满剌加。正德中，据满剌加地，逐其王。十三年遣使臣加必丹末等贡方物，请封，始知其名。诏给方物之直，遣还。其人久留不去，剽劫行旅，至掠小儿为食。（《明史·佛郎机传》）

远在罗马帝国的恺撒时代，日耳曼族的法兰克（Frank）部落就称雄于欧洲大陆，直到后来建立了打败阿拉伯人入侵的查理曼帝国，阿拉伯人将法兰西（法兰克）称为"Firangi"，

1-［美］欧阳泰：《从丹药到枪炮：世界史上的中国军事格局》，张孝铎译，中信出版集团 2019 年版，第 101 页。

后来也用来统称欧洲白人和基督徒。经阿拉伯商人之口，中国人也将罕见的欧洲白人叫作"佛郎机人"。佛郎机人不仅包括最早到来的葡萄牙人和西班牙人，还包括整个欧洲的基督徒，甚至连欧洲大炮也叫"佛郎机"。[1]18世纪法国崛起，中国仍然将法国人叫作"佛郎机"人。

在明清时期，中国并不像欧洲了解中国那样了解欧洲，人们坚信爪哇附近有个佛郎机国，这里有很多野蛮的佛郎机人，带着威力巨大的佛郎机，经常袭扰南海。在清朝《皇清职贡图》中，很多欧洲国家都成了东南亚国家，如"荷兰地近佛郎机"。

从1517年（明正德十二年）开始，葡萄牙人为了与明帝国建立商贸关系，开始了一场历时数年、极其艰辛的外交和军事接触，最后以彻底失败而告终。[2]

1- 明末耶稣会士艾儒略的《职方外纪》中说："回回（旧称）遂概称西土人为'佛郎机'，而铳亦沿袭此名。"因为佛郎机声名不佳，明末利玛窦来到中国，就自称"大西洋人"，以示与野蛮的"佛郎机人"不同。

2- 1517年，葡萄牙船队的若热·德·阿尔布克尔克装扮成向中国进贡的阿拉伯人，从满剌加溯珠江抵达广州。根据《明武宗实录》记载，葡萄牙舰队开进珠江口，沿途"铳炮之声，震动城廓"。这些葡萄牙人通过贿赂帝国官吏，终于获得了"进京证"。1520年，佩雷斯跋山涉水4个月，从广州赶到南京，然而正德皇帝却已经返回北京。佩雷斯第二年到达北京，用大量的金钱打通了从太监到皇帝的门庭，甚至他带来的翻译火者亚三成为帝国皇帝的葡萄牙语老师。正当一切进展得很顺利时，正德却驾崩了，新皇帝嘉靖带给葡萄牙人的是一纸毫不留情的逐客令。

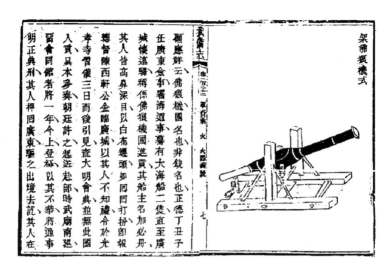

《武备志》中的佛郎机

　　就这样，一场贸易谈判演变成屯门海战。

　　正德十六年（1521 年），广东海道副使汪铉奉命驱逐滞留在屯门和葵涌（今香港葵涌一带）的葡萄牙船队。葡萄牙人对这份义正词严的皇帝诏书不以为然，并且武力抵抗，明军随即猛攻葡人船队，但在"佛郎机人"的"佛郎机炮"的攻击下，明军并不占上风。最后，老到的汪铉以火烧赤壁的传统战法，最终反败为胜。

　　在中国人将葡萄牙人赶出屯门的这一年，南面不远的吕宋岛上，一群原住民也赶走了一群葡萄牙人，而且还杀死了他们的船长，这个船长叫"费尔南多·麦哲伦"。

与屯门的胜利相比，汪铉两年后在新会西草湾的胜利更具历史意义。此战中，他从葡萄牙舰队缴获了传说中的"佛郎机"火炮。

> 佛郎机番船用挟板，长十丈，阔三尺，两旁架橹四十余枝，周围置铳三十四个，船底尖，两面平，不畏风浪。人立之处用板捍蔽，不畏矢石。每船二百人撑驾，橹多人众，虽无风可以疾走。各铳举发，弹落如雨，所向无敌，号蜈蚣船。其铳管用铜铸造，大者一千余斤，中者五百余斤，小者一百五十斤。每铳一管，用提铳四把，大小量铳管，以铁为之。铳弹内用铁，外用铅，大者八斤。其火药制法与中国异。其铳一举放远，可去百余丈，木石犯之皆碎。(《殊域周咨录》)

葡萄牙人如同一位暴力时代的圣诞老人，如果说日本人从葡萄牙人手中得到的礼物是火绳枪，那么中国人得到的礼物就是佛郎机炮。[1]

汪铉将这份厚礼进献北京后，帝国上下如获至宝。汪铉同

1- 根据明朝时期在华传教士熊三拔的《泰西水法》中，郑以伟所作的序记载，佛郎机也系自日本传入："永乐时神机火枪法得之交南，嘉靖时刀法、佛狼机（佛郎机）、鸟嘴炮法得之日本。"

时上书说："佛郎机凶狠无状，唯恃此铳与此船耳。铳之猛烈，自古兵器未有出其右者，用之御虏守城，最为便利。请颁其式于各边，制造御虏。"(《殊域周咨录》)

　　佛郎机这种铁制火炮采用后膛装弹和更长的炮管，并安装了准星、照门和炮耳，增加了火炮的威力和精度。可以分离的子铳相当于盛有弹丸和火药的匣子，可以轮番装换。由于减少了现场装填弹药的时间，装放速度很快，因而提高了单位时间内的发射次数，堪称当时世界上最先进的武器之一，也在一定程度上优越于明朝的火炮水平。

澳门铸炮

对一个国家来说，在军事技术上从来都是见贤思齐的。

得到佛郎机后，中国想要仿制这种西方火炮并不难。在铸铜技术上，明朝与欧洲相比毫不逊色，在铁器铸造方面则更胜一筹。双方的火药配方也比较接近。

嘉靖三年（1524年），明朝已经成功仿制了32门佛郎机，每门重约300斤，母铳长2.85尺，配有4个子铳。这还只是带有试验的意味。接下来，兵仗局就投产了数千支各种形制和大小的佛郎机，然后运往全国，特别是边关重镇。

在很短的时间内，明朝就已经完成了佛郎机的系列化和规模化生产。

嘉靖九年（1530年），汪铉上书建议沿长城布设佛郎机铳：

> 今塞上墩台城堡未尝不设，乃寇来辄遭蹂躏者，盖墩台止瞭望，城堡又无制远之具，故往往受困。当用臣所进佛郎机。其小止二十斤以下，远可六百步者，则用之墩台。每墩用其一，以三人守之。其大至

青铜铸造的佛郎机炮实物图

七十斤以上,远可五六里者,则用之城堡。每堡用其
三,以十人守之。五里一墩,十里一堡,大小相依,
远近相应,寇将无所容足,可坐收不战之功。(《明
史·佛郎机传》)

明廷采纳了这个建议。《明史》中说:"火炮之有佛郎机自
此始。"

有汪鋐、王阳明、顾应祥等名臣的极力推荐,再加上皇帝
和许多文官武将的支持,这种葡萄牙火炮终于成为大明国防的
制式武器,尤其是在长城沿线,大大增强了步兵的作战能力。
同时,还有不少架设于战车和舰船之上。

佛郎机的本土化,不仅使中国的火器技术重新赶上了世界
水平,也多少改变了明军的作战模式。

军事家戚继光称佛郎机为"精器",并根据长度、弹丸重
量和火药重量,将佛郎机分为不同种类。经过对佛郎机的进一

步改进，每种佛郎机都有不同的用途，有的适合城防，有的用于攻击敌舰。戚继光的车营有炮车 128 辆、佛郎机 256 门，平均 12 人一门佛郎机，火力堪称当时之最。

直到天启年间红夷大炮传入之前，佛郎机一直是明军的主力火器。佛郎机射程比帝国原来的火铳更远，威力更大。最重要的，佛郎机使原先的冷兵器作战时代彻底向热兵器时代转变。

葡萄牙人虽有佛郎机，但毕竟人单势孤，在对明朝的争端中始终处于下风。[1] 嘉靖三十二年（1553 年），葡萄牙人通过重金贿赂广东海道副使汪柏，终于获得了枪炮无法得到的澳门半岛的贸易许可，"踞香山澳壕镜为市"（《明史·佛郎机传》）。直到 446 年后，这个已经彻底没落的昔日世界霸主才归还了澳门的主权。

明朝之所以容忍"澳门"，有一点原因是因为佛郎机炮——葡萄牙人在澳门设立了铸炮厂。

天启二年（1622 年），北京派遣耶稣会士罗如望、阳玛诺、龙华氏等赴澳门学习铸炮，次年又召艾儒略、毕方济等教士和

1- 嘉靖二十一年（1542 年），葡萄牙商人不顾明帝国的海禁政策，在宁波进行走私贸易，终于招致明军的严厉打击。西方史料说，中国军队击杀外国商人和教徒达 12000 人，其中葡萄牙人 800 名。7 年后，通过贿赂地方官员，获得在泉州贸易的葡萄牙商人再次遭到打击，500 名葡萄牙商人中仅有 30 人逃脱。

澳门的葡萄牙技师北上赴京，担任明朝的军事顾问。

此前，曾是最重要的军马产地的河套地区失陷以后，明朝在对蒙古战争中基本丧失了主动性，这成为帝国永远的痛。嘉靖二十五年（1546 年），曾铣由山东调任三边总督，为收复河套地区摩拳擦掌，并亲自主持火器研制，当时人称"其所制火车地炮等攻具数万，皆可用"。

曾铣还是地雷的发明者。据《兵略纂闻》记载："曾铣在边……又制地雷。穴地丈许，柜药于中。以石满覆，更覆以沙，令于地平，伏火于下，可以经月。系其发机于地面，过者蹴机，则火坠药发，石飞坠杀人，敌惊以为神。"

可惜曾铣这样大智大勇之人，竟屈死于嘉靖和严嵩之手。史书上记载，曾铣一生清廉，到他去世时家无余资，人们都为他感到难过。

被清廷列为禁书的《皇明经世文编》中，收录了两份曾铣写给嘉靖皇帝的奏章，其对明军火器的分析几乎达到了火器专家的专业程度，令人简直不能想象，这只是写给皇帝的一份报告。[1]

1- 原文节录如下：中国长技，火器为最。造之不尽其法，教之不尽其妙。火药铅子，储之不豫，与无火器等耳。访得往昔陕西边镇各营止有佛郎机等器，每营不上四五十件，……其会打放者百无一二。……中国虽有长技而用之不善，真可惜也。……欲为复套之举，大约用人马十万，该二十营，……其每一营共用霹雳炮三千六百杆，合用药九千斤；重八钱铅子九十万个，共重四万五千斤。……

在《万历十五年》中，黄仁宇认为，明朝衰落的转折点为万历十五年（1587 年），其实明帝国从嘉靖时代就已经开始糜烂不堪，而嘉靖皇帝朱厚熜本身就是溃烂的主要根源。

黄仁宇进一步指出，明帝国衰落的原因是不懂"数目字管理"，或许是他没有见到曾铣这两份火器"数目字管理"报告，又或者是他没有看到曾铣的"数目字管理"得到实施。事实上，军事家戚继光就是一个精于算计的"数目字管理"大师，因此创造了战无不胜的戚家军神话。"当时虽然还没有钟表，但他用一串 740 个珠子的捻珠作为代用品，按标准步伐的时间一步移动一珠，作为计算时间的根据"。[1]

1－［美］黄仁宇：《万历十五年》，中华书局 1982 年版，第 187 页。

铁炮与鸟铳

虽然日本与中国一衣带水，并且忽必烈的蒙古军曾经携带火器，渡海征战日本，但火器在日本一直遭到武士阶层的严厉抵制。这与欧洲骑士对十字弓的仇视有点类似：一旦拥有火器，一个普通的农民也可以轻易地干掉一个毕生苦修、刀法纯熟的武士。

直到1544年，一艘葡萄牙商船遭遇台风，漂流到日本种子岛。当时，日本人惊讶地看着那些长着红胡子蓝眼睛的怪人，但随后便被他们的洋枪和火药的魔力惊呆了。

日本人用2000两黄金的天价，从这些葡萄牙人手里买了两支火绳枪。这两支火绳枪就这样成为东方火绳枪的"种子"，日本人把它叫作"铁炮"。

据日本文献《铁炮记》记载，居间促成交易的是"大明儒生五峰"，也就是著名海盗汪直。

在群雄争霸的战国时代，日本人通过仿制和改进，实现了火绳枪的批量生产，很快就制造了几十万支铁炮。到1580年前后，日本军队中的火枪手已经占到三分之一，并逐渐超过了长矛兵和弓箭手。日本因此迅速从冷兵器一跃成为当时一流的火器帝国。不过，或许是因为铁矿资源的限制，日本并未能发展出体积更大、更具杀伤力的火炮。

再经过一段时期，明朝军队又从侵略中国的倭寇手中得到了火绳枪。一对比，这种外来火枪相比中国传统火铳来说，装填更方便、射速更快、命中精度更高、威力更大。

这种武器对军力疲惫的明朝来说，简直是如获至宝——"比西蕃尤为精绝"。经过 10 年的研究改进后，在嘉靖三十七年（1558 年），明朝军器局和兵仗局制成第一批 1 万支火绳枪，取名"鸟嘴铳"，随即装备抗倭明军，用来对付日本武士。

因其不俗的命中率，这些火绳枪常被叫为"鸟铳"，"十发有八九中，即飞鸟之在林，皆可射落。因是得名"（《纪效新书》）。

火药发明 400 年后，所谓的火器主要是指枪炮，或者说，枪和炮成为两个基本的应用方向。清《皇朝文献通考·卷一百九十四·兵考十六·火器》中说，"大者曰炮"，"小者曰鸟枪"，"曰铳"。通常在军事上，习惯于将发射管口内径小于 20 毫米的管形火器称为"枪"，大于 20 毫米的称为"炮"。

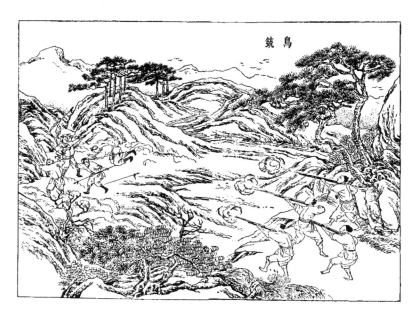

《天工开物》中所载之鸟铳

　　鸟铳的制式化装备是一项革命性的军力提升。火绳枪时代的明军又一次在兵器技术上超越了东方的其他势力。

　　有人根据历史记载进行过统计，明代中后期，军队的步兵营编制中，火绳枪手占作战人员的 50%，占全营编制的 40%，如果加上火箭，火器的使用比例超过 50%。车营的火器手占全营编制的 41%；辎重营的火器手占全营编制的 58%。这个比例几乎超过了同时期的西方军队。

在晚明时期，戚继光是一位颇有现代色彩的军事家。戚家军成为抗倭的主力后，他们很快将鸟铳纳入对付日本武士的"鸳鸯阵"中。

在《练兵实纪》和《纪效新书》等兵书中，戚继光认为，"诸器之中，鸟铳第一，火箭次之。南方则大炮、火箭、鸟铳，皆为利器"。他还对鸟铳的使用、战术以及鸟铳手的训练等都做了严格要求——

凡鸟铳，遇贼不许早放，不许一遍尽放。每至贼近，铳装不及，往往误了众人性命。今后遇贼，至一百步之内，听吹竹筒响，在兵前摆开。每一哨前摆一队，听本管放铳一个，才许放铳，每吹喇叭一声，放一遍。摆阵照操法。若喇叭连吹不止，各铳一齐尽放，不必分层。（《纪效新书·操令篇》）

戚继光对鸟铳的装填、射击也有严格细致的步骤要求，并专门编成歌，让鸟铳手一边训练一边唱：

一洗铳，二下药，三送药实，四下铅子，五送铅子，六下纸，七送纸，八开火门，九下线药，十仍闭火门，安火绳，十一听令开火门，照准贼人举发。（《纪效新书·手足篇》）

在世界军事史上，只有两大文明发明了步兵操练：中国和欧洲，而且都进行了两次。第一次是公元前5世纪，中国有孙子，希腊有亚历山大；第二次是在16世纪末。在后一个时期，中国的代表人物就是戚继光。

对佛郎机、虎蹲炮、鸟铳、快枪、火箭等这些新式火器，戚继光还规定了严格的保险系数，即有多少不能着火，又有多少虽能着火，却不能击伤敌人。因为各地生产水平参差不齐，致使火炮口径与铅弹尺寸严重不统一，更存在大量无法点火，甚至炸膛的不合格品。这使得戚继光对火器的使用略显保守，"火器为接敌之前用，不能倚为主要战具"（《练兵实纪》卷一）。

"一年三百六十日，多是横刀马上行。"戚继光的这一诗句，基本概括了他的戎马一生。倭寇战争结束后，戚继光被调到北方主持对蒙古防务，继续创造着戚家军战无不胜的神话。这中间，火器依然扮演了重要的角色。

隆庆二年（1568年），戚家军以火器车阵大破蒙古兀良哈朵颜部。蒙古骑兵不同于刀法精湛的日本武士，戚继光因此加大了对火器的使用，"鸟铳之技乃战虏长器"，并与俞大猷一起改进了传统战车阵法。

西晋文人张载说："有事之世易为功，无为之时难为名。"戚家军到北方后，这里竟长达10多年再不见烽烟。

"口鸡三号，将星殒矣"，万历十六年（1588年），被罢官的戚继光在贫病交迫中死去。

四年之后，万历朝鲜战争爆发。

万历朝鲜战争

随着火药时代的来临，15世纪的日本也像欧洲一样，进入战乱频仍、生灵涂炭的战国时代。

战争对社会来说，是一次重新洗牌。

经过这场战乱，传统的贵族政治走向土崩瓦解，手握火枪的农民和土豪"以下克上"，成为炙手可热的"大名"。

到了战国后期，火绳枪的"种子"已经在日本开花结果。当时被公认的天才军事家武田信玄，据说就是遭到火枪的远距离狙击而丧生的。

仅仅短短一代人的时间，火枪便左右了日本的政治与社会。以织田信长为首的各国大名雇佣浪人为职业军人，建立起专制集权的军国政体。在互相征伐的权力争斗中，旧贵族迅速没落，新兴武士军人开始崛起。

当时全日本共有66国大名，尾张国大名织田信长效仿周文王从岐山起兵伐商事，建造"岐阜城"，就此开始了统一日本的征战。

因为织田信长的军队率先装备了火绳枪，这使他在冷兵器时代的日本所向披靡。织田信长还创造性地将火枪手分成三排：第一排瞄准射击，第二排待命准备，第三排装填弹药，谓之"三段击"。

这与秦国弩兵的轮流射击战术（"更迭射击法"）一脉相承，且比欧洲的轮射战法要早 20 年。一些历史学家因此认为欧洲的轮射是从日本传过去的。

射击的连贯性，使射击间隔缩短，杀伤力大增。

在著名的长篠之战（1575 年）中，织田军的 3000 名火绳枪手以"三段击"战术，让武田骑兵溃不成军，武田胜赖手下许多有名的战将也都死于铁炮之下。当武田胜赖最后逃回他的领地甲斐时，其 15000 兵只剩下了 3000。[1]

长篠之战是日本历史上火枪第一次在一场战役中起决定性的作用，同时也是世界历史上第一次大规模使用枪支。

因火器之利，织田信长得以占领京都，使室町幕府灭亡，从此挟天皇而令诸侯。在织田信长的火枪之下，以骑兵纵横日本的武田家族日渐式微。

织田信长死后，深受他信任的部将丰臣秀吉于 1587 年完成了他未竟的事业，日本从此结束了长期封建割据的战国时代，重归到一个统一的日本。天皇任命丰臣秀吉为日本"关白"（摄政）。

1- 黑泽明导演的《影子武士》和汤姆·克鲁斯主演的《最后的武士》，都是叙述日本火器革命的经典电影，前者就重现了长篠之战。

一代枭雄丰臣秀吉并没有就此止步，他正为一份更宏伟的征服计划而厉兵秣马，这个计划就是跨越日本海，征服西方的朝鲜半岛，进而涉足日本人仰慕了一千多年的"大唐"——从鉴真时代开始，日本就将中国称为"大唐"。

800 多年前，天智天皇时代的日本曾以救援百济为名，派兵进入朝鲜半岛，当时的新罗向唐朝求援。唐高宗龙朔三年（663 年），1 万唐军在朝鲜白江歼灭近 4 万日军和百济联军，这也是日本历史上第一次与中国军队交战。

如今历史再次惊人地重现。

在战争前一年，日本特使宗义智就向朝鲜国王李昖提出假道伐虢："有意在明年春天假贵国道路进攻明国，届时还请多多包涵与协助。"[1]

万历二十年（1592 年），即农历壬辰年，朝鲜战争爆发，史称"万历朝鲜战争"或"朝鲜之役"。

四月二十日，丰臣秀吉倾日本举国之军，渡过对马海峡，登陆朝鲜，以迅雷不及掩耳之势，连下釜山、东莱、梁山等无数城市。"人不知兵二百余年"的朝鲜军队望风而逃。

1- 在战争之前，日本表示想以朝鲜为跳板吞并明国。朝鲜给日本的建议是，如果要攻打明国，可以直闯明国沿海省份，特别是浙江和福建，这里也是之前倭寇多次入侵的地方。朝鲜保证，如果日本人从南方进犯明国，朝鲜将保持中立。实际上，日本假道伐虢只是借口罢了。

面对冷兵器时代的朝鲜军，日本人的火绳枪创造了恐怖的战绩。朝鲜宰相柳成龙悲叹："我们的士兵与他们列阵对垒，我们的弓箭不达敌阵，敌方弹却雨落如注。"

仅仅两个月时间，朝鲜便"三都失守，八方瓦解"，三都（汉城、开城、平壤）十八道全部陷落。不得已，逃到义州边境的朝鲜国王李昖向明朝求救。

面对如此战果，丰臣秀吉在给养子丰臣秀次的信中，慷慨许以大唐（中国）关白，并准备将天皇的国都迁往大明帝国的北京。[1]

"如处女之大明国，可知山之压卵者也，况如天竺、南蛮乎？"丰臣秀吉把明帝国貌视为丰美柔弱的处女，只等着他来征服。"何知今岁棹沧海，高丽大明属掌中。"

面对朝鲜战争的失控，明朝感受到唇亡齿寒的危险。兵部侍郎宋应昌给万历皇帝上疏称："关白之图朝鲜，意实在中国。我救朝鲜，非止为属国也。朝鲜固，则东保蓟、辽，京师巩于泰山矣。"（《明史纪事本末》卷六十二）

这种"救朝鲜实所以保中国"的观点迅速成为主流。

在"迎敌于外，毋使入境"的战略共识下，一支5000人

1- "高丽都城已于（五月）二日攻克，所以近期内需迅速渡海……此次如能席卷大明，当以大唐关白之职授汝（丰臣秀次）。宜准备奉圣驾于大唐之京城，可于后年行幸，届时将以京城附近十国，作为圣上之领地。诸公卿之俸禄亦将增加，其中下位者将增加十倍，上位者将视其人物地位而增。……任汝为大唐关白，以京城百国之地封汝。"

描绘日军在釜山登
陆情形的朝鲜画卷

　　的明朝军队试探性地跨越鸭绿江，进入朝鲜。结果这支装备了
火器的骑兵，在日本人犀利的火绳枪攻击下，很快就全军覆没。

　　虽然初战失利，但一支4万人的东征军很快再次完成集
结，在宋应昌和李如松的率领下开赴朝鲜。

　　万历二十一年（1593年）年初，明朝军队开始围攻平壤，
这里有15000名日军守卫。双方都装备了大量火器，战斗"响
如万雷，山岳震摇"。这是中日两国军队的一次大规模对决。

关白之梦

长达七年的抗日援朝战争，中、朝、日三国用于战场的总兵力约 90 万人；三国直接用于作战的总兵力共 63 万人。在这场战争中，明朝倾注了大量的人力、财力和物力。

············

在东方世界，万历朝鲜战争差不多是有史以来第一场热兵器战争。

虽然相比武士浪人组成的倭寇，手持火绳枪的日本军队更有战斗力，但他们在火器配备上仍存在严重缺陷。日军只有火绳枪，而明军神机营配备了大量的佛郎机、大将军炮和虎蹲炮，仅威力巨大的大将军炮就超过了 100 门，所以，日军在与中国军队对抗时常常落在下风。

与中国相比，日本缺少铁矿。对惜铁如金的日本来说，制造动辄数百斤的铁炮显得过于奢侈。即使火绳枪，也是以黄金计价。

当时，丰臣秀吉虽然完成了日本的统一，但各大封建主的势力依然存在，所以不可能像明王朝那样，可以调动一切资源。无论是武田家、织田家还是德川家，在极其有限的资源条件下，

卷四 火药、枪炮与革命

其火器装备也远远不及中国。当初为了发动战争进行举国动员时，种子岛领主倾尽全力，也只向秀吉献上了200把火绳枪。

虽然日本人的火绳枪优于中国鸟铳，但火绳枪的射程只有佛郎机的十分之一，杀伤力更不能与佛郎机同日而语。

在热兵器早期，因为受射程和射击精度限制，单兵射击的火枪对大型战争所起的作用远不及威猛的火炮。

毫无疑问，中国军队拥有当时世界最先进、最强大的火力，这使仅装备火绳枪的日军根本难以匹敌。

平壤被围后，一支前来增援的日军面对明军惊天动地的炮火，竟然吓得不战而退。虽然这是一场攻坚战，但在强大的佛郎机面前，日军几乎没有多少可以抗争的空间。在扔下1万多具尸体后，残余日军撤出平壤，逃往首府汉城（今首尔）。

此战，中国军队只牺牲了不足800人。仅仅一天，平壤就被中国的火炮光复了。

据《日本战史》记载，平壤之役使据守平壤的小西行长部减员11300余名，仅剩下6600人，损失了约63%的兵力。

这场大规模的攻城战役中，双方都使用了当时世界最先进的火器，而明军的大炮则完全压倒了日军的火绳枪。平壤会战前，明军统帅李如松向朝鲜统帅柳成龙夸口说："倭但恃鸟铳耳！我用大炮，皆可过五六里。贼何能当耶！"[1]

当时日军所用大铁炮，其射程仅为 100 至 200 米。野战用时，须在 50 米左右发射，方可有效。至于明军所用火器，则种类甚多，有"大将军佛郎机、霹雳、虎蹲，子母等炮、火箭千百筒"，仅蔚山会战，明与朝鲜联军就有铳炮 1240 座，火药 69000 斤，凡铅 179600 斤，火箭 118000 支。

朝鲜《宣祖实录》中有一段朝鲜国王李昖与大臣李德馨的对话。李昖问："铳筒（日本火绳枪）之声，不与天兵（明军）之火炮同耶？"李德馨答："倭铳之声，虽四面俱发，而声声各闻。天兵之炮，如天崩地裂，山原震荡，不可状言……"李昖赞叹道："军势如此，则可不战而胜矣！"

平壤战役之后，日军主帅小早川隆景率军 2 万，将明军查大受部的 3000 骑兵围困在碧蹄馆。

因为佛郎机火炮使明军具备远远超出对手的火力优势，再加上战车构成的防守工事，日军始终被压制在明军火炮射程之外，无法靠近。经过一天一夜的碧蹄馆之战，虽然明军损失

1- 柳成龙：《惩毖录》，转引自《中国历代战争史》(14)，台湾三军大学著，中信出版社 2013 年版，第 392 页。

1000 多精骑，但日军的伤亡代价更大。

这是日本人第一次遭遇中国战车。与火器相配合，古老的战车显示出坚不可摧的战术价值。

此时，日军数量从初入朝鲜的近 10 万人，减至困守汉城的 5 万余人，损失近半。明军因为兵力上的劣势，一时无法对汉城展开进攻，但李如松派出一支敢死队，成功突袭了日军的龙山粮仓，中国火箭将日军的数十万石粮食化为灰烬。

日军远离日本本土，粮草断绝，顿时陷入前所未有的困境。

接下来，战争进入僵持阶段。经过两年多的休整、议和、册封等闹剧后，中日双方重新开战，14 万日军对 7 万明军。明朝运来许多千斤重的大型火炮，并将其装在战车上，最大可发射七斤重的铅弹。这些大将军炮的到来，严重动摇了日军的信心。[1]

如果说陆地尚有一拼的话，日军在一系列海战中则接连失利。在失去制海权之后，日本人最终陷入困兽犹斗的尴尬处境。

"随露珠凋零，随露珠消逝，此即吾身；大阪的往事，宛如梦中之梦。"丰臣秀吉临死留下这首俳句。

1- 日本现存有万历二十年（1592 年）制造的三门大将军炮。其中一门炮口内径 113 毫米，口外径 201 毫米，全长 1430 毫米，膛长 1220 毫米，壁厚 44 毫米；自炮口至炮尾共有九道箍。炮身刻有六处铭文。在"皇图巩固"下面是"天字壹佰叁拾伍号大将军"，炮身还有监造官的姓名，"万历壬辰孟冬吉日兵部委官千总杭州陈云鸿造"。

丰臣秀吉之死与日本之败，究竟是前者决定了后者，抑或是后者决定了前者？

历史往往有不同的解释。

《明史·日本传》中写道："秀吉死，诸倭扬帆尽归，朝鲜患亦平。然自关白侵东国，前后七载，丧师数十万，糜饷数百万，中朝与朝鲜迄无胜算。至关白死，兵祸始休，诸倭亦皆退守岛巢，东南稍有安枕之日矣。"

16 世纪以来，日本的几次入侵，无论成败，都或多或少对中国社会造成了影响，甚至直接导致中国政局的变迁。万历朝鲜战争之后 46 年，明朝覆灭；甲午战争后 17 年，清朝灭亡；九一八事变后 18 年，中华民国政府也日落西山。

万历朝鲜战争没有爆发之前，谁也不会想到，在战争之后，一切又恢复到战前状态，战争似乎从未发生过。

这场发生在同一个汉文化圈的战争，让中、日、朝均伤亡惨重。另外，此战中明朝耗损的粮饷数额更是巨大，光饷银一项就近千万两。据《两朝平攘录》记载，仅第二次战争中，"大司农计度支，自（万历）二十五年邢经略出关，至二十八年归，凡用饷银八百万两。火药、器械、马匹不与焉"。

这场持续七年的抗日战争中，明帝国"几举海内之全力"，前后用兵十数万，费银近千万两，最终导致财政空虚，一时无力进剿女真叛乱，女真部落因此坐大。

丰臣秀吉临死还担心，"吾与明构兵，祸结弗解，吾深悔之。彼闻吾死，或大举来报，国朝自古未曾受外国侵辱，及吾时受焉，我深耻之！"[1]然而明朝后来不仅没有报复日本，反而很快就灭亡了。而对朝鲜来说，躲过了初一躲不了十五。劫后余生的朝鲜国力衰败，30 年后被女真轻易征服。

战争失利对战争的始作俑者丰臣家族来说，是一场巨大的灾难，丰臣家族的失势象征着战国时代走向终结[2]，一个承平近300 年的德川幕府时代即将开始。

1- [日] 赖山阳：《日本外史》，转引自台湾三军大学编《中国历代战争史》(14)，中信出版社 2013 年版，第 447 页。

2- 战争之后，丰臣家族迅速衰落，曾经梦想成为"大唐关白"的丰臣秀次剖腹自杀。突然出现的权力真空，使织田信长的部将德川家康趁机坐大。在"决定最终结果"的关原合战中，德川家康击败丰臣秀赖的家臣石田三成，数年后征伐大阪，杀死丰臣全家。丰臣秀赖之死标志着日本战国时代的终结。

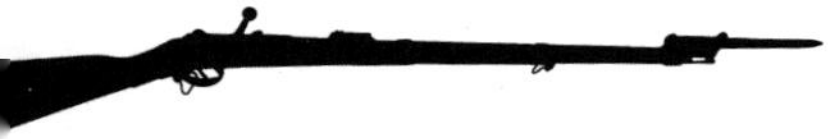

第八章　明清革命

女真的崛起

远在匈奴时代，中国北方就有一个叫肃慎的游牧部落。隋唐以后，契丹崛起，这个古老的部落被契丹人征服，称"女真"。随后女真崛起，灭掉契丹人的辽国，建立了金国；之后再成功扩张，又灭掉北宋，将宋帝国最有艺术天赋的皇帝宋徽宗和他的龙子龙孙掳到五国城（今黑龙江依兰）。在统治了北中国百年后，金国又被蒙古人所灭。

在朱元璋结束了蒙古人的百年统治之后，这些松辽平原的后金遗民部落（建州女真、海西女真、野人女真）之间还在激烈地争斗。

在中亚，帖木儿创建了一个从帕米尔高原横跨小亚细亚、阿拉伯半岛的帖木儿帝国。当时，建州女真的酋长猛哥·帖木儿，仍不过屈居于大明帝国的建州卫左都督之职。万历十一年（1583年），女真帖木儿的后代爱新觉罗·努尔哈赤世袭了建州女真的酋长，也世袭了明帝国的建州左卫指挥使。

据清代历史学家赵翼考证，爱新觉罗姓的满人都是宋徽宗赵佶的后裔。如果真是这样，历史就显得太有戏剧性了。[1]

在统一女真部族的战争中，努尔哈赤率领建州女真获得了最后胜利，一个女真人的"铁木真"就这样诞生了。

当年，金太祖完颜阿骨打靠猛安谋克制起家，以三百户为一谋克，十谋克为一猛安。努尔哈赤创建的八旗制度与之类似，完全打乱了原本女真各部之间依靠联姻、血缘、语言习俗形成的部落，将原本一盘散沙的女真各部族重组、统一成一个严密的军事组织，并受制于努尔哈赤。

万历四十四年（1616年），被帝国一直鄙视为"虏酋"的努尔哈赤，将自己的身份从建州女真酋长升格为女真可汗，并

1- 清考据学家赵翼《廿二史札记》认为，爱新觉罗为赵宋后裔。已故满族清史专家金启孮先生也持同一观点。他从满语读音分析：满洲人初读汉字，常不能正确发音，如将"道"读成"多罗"（切音），"桃"读成"托罗"。以此规律推之，则"赵"发音为"觉罗"。"觉罗"是满人读"赵"之讹音。另据《皇朝通志》载，女真后裔之"伊尔根觉罗"姓，其汉姓为"赵"。《黑龙江志稿·氏族》也称："觉罗者，传为徽、钦之后。"这些都佐证了赵翼关于"爱新觉罗氏是宋徽宗后裔"的说法。

在赫图阿拉[1]重新立起那个四百年前完颜氏用过的"金国"大旗。这个"大金汗国"的年号叫作"天命"。

女真民族属于森林民族，他们以射猎和农耕为生，与匈奴、突厥和蒙古等草原游牧民族还不太一样。相同的一点就是地广人稀、精于骑射，但森林民族比游牧民族更精明，也更加了解农耕文化的弱点。在筹划了两年之后，努尔哈赤以"七大恨"为由，向大明王朝公开宣战。

回首万历时代的大明帝国，如果要为"戚继光"找一个反义词的话，那就是李成梁。戚继光将敌人杀光了，最后却被罢官解职；李成梁则总是善于不断地制造新的敌人，这样他就能一直升官发财。

公允地说，辽东总兵李成梁前半生战功累累，后半生则坐享其成。某种程度上来说，是李成梁养虎为患，容忍努尔哈赤的势力不断坐大，最后被其反戈一击。

万历朝鲜战争期间，朝鲜国王曾经问李成梁之子、辽东副总兵李如梅，女真兵与日本兵的战斗力相比如何，李如梅与蒙古、女真、日本都交过手，他说：日本兵个子矮小，身体灵活，擅长使用鸟铳，但是一个女真兵可以打三十个日本兵（"倭子三十，不能当鞑子一人"）。又说努尔哈赤有兵七千，带甲者三千，"足当倭奴十万"。当时距离努尔哈赤起兵还有20

1- 赫图阿拉史称"兴京"，位于今天辽宁省新宾满族自治县永陵镇。"赫图阿拉"为满语，汉意为横岗，即建在平顶山岗上的城。

年，谁也没有注意到女真对大明的隐患。

努尔哈赤反明时，驻守辽东的明朝军队已经腐朽不堪。仅仅数月之间，女真骑兵就势如破竹，夺去了辽东大片土地。熊廷弼从辽东报告："坚甲利刃，长枪火器，丧失俱尽。"一时之间举朝震骇。

万历四十七年（1619 年），明朝调集全国（包括朝鲜和女真叶赫部）十万余兵马（号称"四十七万"），由熟谙辽事的兵部右侍郎杨镐为辽东经略，兵分四路，直取金国祖地赫图阿拉。

人们原以为"数路齐捣，旬日毕事耳"，结果却"覆军杀将，千古无此败衄"。

战后反省，朝廷上下大多认为，这场悲剧的根源是明主力军杜松部的萨尔浒之败，而失利的原因是在浑河抛弃火器，"车兵入水，空手犹难，车辆火药，尽不能渡"。

事实上，在冷兵器层面，明军根本不敌精于骑射的女真八旗，更何况兵力完全处于劣势，且不熟悉环境。明军兵力分散后，被马上的八旗兵各个击破。

明朝军队唯一的优势在于火器，但因为指挥失当，火器未能充分发挥作用，从而导致一败涂地。黄仁宇评价说——

> 明末 1619 年的辽东战役，内中有一个明军指挥
> 官放弃火器，而以步兵仓促应敌。明军分四路，在一

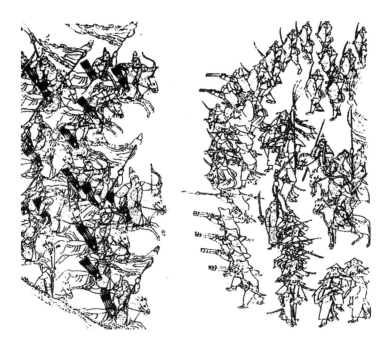

萨尔浒之战中，明军的火器败于八旗弓箭

个弧形上展开逾一百五十英里，给努尔哈赤以各个击破的机会。明军用火器时，其效率之低，使满军胆敢以骑兵密集队形冲入阵地，终致明军全军覆没。[1]

1-［美］黄仁宇：《放宽历史的视界》，生活·读书·新知三联书店2007年版，第205页。

这让人想起《剑桥插图战争史》中的一段话：

> 单单"技术优势"本身很少能确保作战的胜利。正如瑞士军事作家安托万·亨利·约米尼在 19 世纪早期所说的那样："武器装备的先进可能增加作战获胜的机会，但赢得战争的却并非武器本身。"甚至直到 20 世纪，战争的结局也较少决定于技术而更多地由其他因素来决定：周密的作战计划，成功的奇兵突袭，雄厚的经济基础，最重要的是严格的军事纪律。[1]

黄仁宇先生认为，此次辽东战役是明代生死存亡的一个重要的转折点。

几度损兵折将之后，明帝国在东北地区的藩篱尽失，自此再也无法获取主动，以后即使增兵增饷、计亩加派，也再无法遏止颓势。外部是大兵压境，内部则农民暴动，朝中也是党争愈烈。整个国家的局势每况愈下，直至朝代覆亡为止，更无复兴的趋向。

萨尔浒之战改变了帝国周边的政治生态，明朝不仅未能消除威胁，反而抱薪救火，使女真势力因此骤然坐大，并且对明朝建立了强大的心理优势。

1- [美] 杰弗里·帕克：《剑桥插图战争史》，傅景川译，山东画报出版社 2004 年版，第 2 页。

明代著名的三眼铳

精于骑射的女真骑兵，在野战中几乎少有败绩。明军方面则在戚继光之后大多数明军都疏于训练。虽然有火器优势，但已经今非昔比，根本不能充分发挥其应有的作用。

戚继光十分明白火器临敌时的弊端——

　　唯有火器，是我所长，但火器又有病痛。且如三千军一营，便一营都是火器，不过三千杆，临时必下四面营，每面只得六百杆，况一营决无此多，又不敢以六百杆一齐放尽，思以何为继？只得分为五班，每班不足百杆。临阵之际，死生只在眼前，人人面黄口干，心慌手颤，或将铅子先入，或忘记下铅子。铳口原是歪斜，大小不一。铅子原不合口，亦尖斜大小不一。临时有装不入口者，有只在口上者，有口大子小临放时流出者，有将药线撚不得入，用指引唾而撚者，有将火线灭了者。此类皆放不出，已有二十杆矢。放出高下不准，润湿不燃者，又有四十余杆。中贼者不过二十杆。内有中贼腿及马腿非致命所在，又不能打贼死。其中贼致命处而死者，不过十数人。夫以贼数千人冲来，岂打死十余人可使之走乎？是如今我与诸君还未出门，还未杀贼，先已算输了。(《练兵实纪·登坛口授》)

戚继光在《练兵实纪》中还警告说："火器不精，不如无，今知以火器当虏而不知精，亦无埒也。……鸟铳固优于矢，但铳精则胜于用矢，铳具不如式，习之不精，反不如矢，而让敌以长技矣。"

不幸的是，威名远扬的戚家军在辽东战役中弹尽粮绝，全军覆没。

明朝这个火器帝国面对女真骑射的无能颓势，直到袁崇焕的出现才得以终止。

红夷大炮

天启六年（1626 年），已经占领辽河流域的女真进入辽西。

"恐金症"使几乎所有明军都退入山海关一线，只有宁远（今辽宁兴城市）守将袁崇焕坚守孤城。在 13 万女真八旗的围攻之下，文官出身的袁崇焕与刚刚出世的"红夷大炮"一举成名，并回赠给女真人一个噩梦。

所谓"红夷"，指荷兰人。《明史》记载："和兰，又名红毛番……其人深目长鼻，发眉须皆赤，足长尺二寸，顾伟倍常。"当时的荷兰极其富足，人们普遍营养好，脚大个子高。尼德兰的军工业非常强大，尤其是他们制造的加农炮、迫击炮和滑膛枪等最为精良。

称荷兰人为"红夷"，实际与佛郎机一样，都是中国对当时欧洲日耳曼人一种想当然的鄙称。

在火枪引发军事革命的同时，16 世纪末 17 世纪初的欧洲还伴随着发生了一次海战革命，使欧洲人获得了世界海上霸权。革命的主角是一种炮身伸出炮门的侧舷重炮。

在 16 世纪早期，葡萄牙帆船只能在甲板下安装四到六门重炮，而 17 世纪的荷兰船，所携带的重炮已经多达四十门以上，火力自然无比强大。

　　17 世纪初，荷兰东印度公司的舰队在南海与明朝水师交战，荷兰军队犀利猛烈的炮火给中国人留下深刻的印象。明军"以平日所持火器遥攻之"，哪知荷兰船上发出一缕青烟，打得明船"应手靡烂，无声迹可寻，徐徐扬帆去，不折一镞，而官军死者已无算，海上惊怖"（《万历野获编·红毛夷》）。

　　荷兰人在海战中使用的火炮使朝廷大为震惊，遂觉得"佛郎机为笨物"，不能与西洋大炮相匹敌。不久，明朝得到一门荷兰人造的大炮，长二丈余，重 3000 斤。据说，演放时"能洞裂石城，震数十里"（《明史·兵志四》）。也就是说，这种火炮不仅能击沉舰船，还能洞穿城墙。这对城墙林立的中国来说，无疑将会改变战争的形态。

　　由于当时人们称荷兰为"红毛夷"，从此这种神秘的火炮就成为传说中的"红夷大炮"。

明代红夷大炮

真实的历史总是充满无数不可思议的细节，比如怛罗斯战俘将造纸传到西方，比如种子岛台风将火绳枪传进日本，比如佛郎机来自一场小小的海战。同样，红夷大炮传入中国竟然也是戏剧性地来自一场意外的海难。

万历四十八年（1620 年），英国东印度公司商船"独角兽"号在广东沿海遇台风沉没，船上配有 26 门当时世界上最先进的前装滑膛加农炮。肇庆推官邓士亮费了九牛二虎之力，创造了中国古代一次最伟大的打捞工程。

这些嵌着东印度公司徽章的"红夷大炮"被打捞上来后，由两广总督胡应台亲自押送到北京。其中的十门直接被送到宁远城，交给袁崇焕。

在此后的两个多世纪里，这种以射程远、威力大而闻名的红夷大炮，成为影响世界格局的最重要武器之一。

火器要比冷兵器复杂，红夷大炮则更为复杂。中国原有的火铳和佛郎机都仅设准星和照门，按三点一线射击，命中率不高。红夷大炮配有窥远神镜、量铳规、炮表等辅助设施，量其远近而后发，非一般人可以操作，而必须掌握一定的数学知识和计算能力。

与红夷大炮相比，佛郎机只能算是大口径火枪，红夷大炮才是真正的大炮。李之藻在给皇帝的奏疏中写道："其铳大者，长一丈围三四尺，口径三寸，中容火药数升，杂用碎铁碎铅，别加精铁，大弹亦径三寸重三四斤，火发弹飞二三十里之内，攻无不摧，其余铅铁之力，可及五六十里，其制铳或铜或铁，每铳约重三五千斤，其放铳之人，明理识算。"[1]

当时，来自意大利的传教士利玛窦、汤若望等都极受明朝礼遇。他们万里迢迢来到中国，原本是为了传播上帝的福音，结果却发现，比起上帝来，中国人更喜欢他们的枪炮，所以他们便竭尽全力帮助中国人造起枪炮来。

在利玛窦和礼部尚书徐光启等人的努力下，明朝经澳门也进口了不少红夷大炮，还聘请了23名欧洲人担任军事顾问，并着手对红夷大炮进行大量仿制。

天启元年（1621年）到崇祯三年（1630年），十年期间，

1- 李之藻：《制胜务须西铳敬述购募始末疏》，转引自：李喜所、林延清《五千年中外文化交流史》，世界知识出版社2001年版，第89页。

红夷大炮上的铭文为：大明天启
四年造，重五千斤

明朝总共铸炮四次，都是由西方传教士龙华民和汤若望负责的。

当时明朝与女真战事正紧，红夷大炮来得正是时候。徐光启的弟子孙元化对此更是极力主张："弓矢远于刀枪，故敌尝胜。我铳炮不能远于敌之弓矢，故不能胜敌。中国之铳，唯恐不近；西洋之铳，唯恐不远，故必用西洋铳法。"（《明熹宗实录》卷之六十七）

孙元化本人有造火炮、筑炮台的实践经验，并曾主持修筑宁远城。其撰写的西洋火炮著作《西法神机》，被称为是第一部向中国介绍西方火器的兵书。此书还首次传入西方弹道知识、铳规的概念以及许多应用的实例，这对明军的火器装备水平提高大有助益。

佛郎机射程只有 500 米，中国铁火铳虽然可以达到 1500 米，但偶尔总要炸膛一次。1 吨多重的红夷大炮可以轻松打到

4000 米，再加上可怕的开花弹，使明军获得了一种明显优于女真人的武器，这也成了袁崇焕最大的底气。

红夷大炮甫一出世，就结束了努尔哈赤的神话。

天启六年（1626 年）正月十四日，努尔哈赤统领 6 万铁骑（诈称 20 万），气势汹汹来攻宁远。袁崇焕制定的反击战略是"以台护铳，以铳护城，以城护民"。只要八旗骑兵进入 4000 米的大炮射程，那么威力无比的开花炮弹绝对让他们难以逃生。

八旗兵精于骑射，明军则不利野战，只有凭坚城、用大炮一策。战争开始前，袁崇焕对着女真大营测试红夷大炮，"一炮歼虏数百"，吓得女真人赶紧移营后撤。

十天之后，女真人大举攻城，明军用矢石、铁铳和红夷大炮"从城上击，周而不停，每炮所中，糜烂可数里"（夏允彝《幸存录》卷上）。据《明熹宗实录》记载："贼遂凿城高二丈余者三四处，于是火球、火把争乱发下，更以铁索垂火烧之，牌始焚，穴城之人始毙，贼稍却。而金通判手放大炮，竟以此殒。城下贼尸堆积。"

次日，这场冷兵器与热兵器的攻守战仍在继续。女真倾力攻城，城上施放炮火，"炮过处，打死北骑无算"（明·张岱《石匮书后集》），"其酋长持刀驱兵，仅至城下而返"（《明熹宗实录》）。"是夜，贼入外城，……须臾，地炮大发，自城外遍内外，土石俱扬，火光中见胡人，俱人马腾空，乱堕者无数，贼大挫而退。翌朝，见贼拥聚于大野一边，状若一叶"（朝鲜·李星龄《春坡堂日月录》）。

这些记载有的出自朝鲜人李星龄的《春坡堂日月录》，当时他正作为外交使节路过宁远，目睹了整个战况。

关于女真可汗努尔哈赤在此战中被红夷大炮打死，在大多数历史记载中都语焉不详。当时的历史学家张岱在《石匮书后集》中记载："炮过处，打死北骑无算，并及黄龙幕，伤一裨王。北骑谓出兵不利，以皮革裹尸，号哭奔去。"明蓟辽经略高第当时的奏报称："奴贼攻宁远，炮毙一大头目，用红布包裹，众贼抬去，放声大哭。"（《明熹宗实录》卷之六十八）

有人认为努尔哈赤并非死于炮击，而是因病去世。但有一点是毫无疑问的，就是女真从宁远撤兵不久，即宣布可汗归天。显然，死亡总是发生在公开死讯之前。

宁远之战，除了努尔哈赤疑似被打死，女真人还死伤近 2 万，而明军仅 200 多人阵亡，战绩可谓显赫。

此战中，红夷大炮不仅击败了傲视帝国的女真铁骑，而且干掉了他们四十余年保持不败纪录的酋长，可谓一战成名。

悲愤的女真人面对宁远无计可施，转而扑向明朝的觉华岛（又名菊花岛），全岛万余军民全部遭到报复性屠杀。

英雄，还是汉奸？

　　当初宁远被围，举国汹汹，待到宁远大捷传入京师，无论士庶，皆空巷相庆。

　　这是后金崛起以来明朝的首次胜绩。

　　可以说，如果没有红夷大炮，关外关内早就成为后金国领地，而不用等到 17 年以后吴三桂引狼入室。

　　对病入膏肓的晚明帝国来说，宁远大捷如同久旱甘霖，"遏十余万之强虏，振八九年之积颓"。兵部尚书王永光赞道："辽左发难，各城望风奔溃，八年来贼始一挫，乃知中国有人矣。"

　　在袁崇焕被封为兵部右侍郎的同时，一尊由徐光启自费购买的红夷大炮也被封为"安国全军平辽靖虏大将军"。为一件武器命名，并且由皇帝亲封，这在中国历史上是绝无仅有的。

　　在宁远和锦州，袁崇焕和红夷大炮成为女真骑兵无法逾越的两大障碍。

　　在那一时期送往北京的奏报中，红夷大炮与袁崇焕一样，堪比保家卫国的民族英雄。

　　在宁远大捷后不久，北京便发生了王恭厂火药局大爆炸。在这场爆炸中，明熹宗第三子朱慈炅（当时唯一在世的儿子）

袁崇焕画像

被活活吓死。第二年，23岁明熹宗（即天启皇帝）驾崩，因为没有儿子，由他的兄弟朱由检登基继位，是为崇祯皇帝。

　　当时，袁崇焕被委任为兵部尚书兼蓟辽督师，他充满雄心壮志，信誓旦旦地告诉年轻的皇帝，制服女真用不了五年时间。

　　为了避开明军由红夷大炮和袁督师铸成的关宁锦防线，女真骑兵发动了一次极富想象力的长途奔袭，围困了帝国中枢北京。袁崇焕星夜驰援，虽然一场危机被消除了，但各种谣言和不信任还是像瘟疫一样蔓延开来。

　　在可怕的谣传中，袁崇焕成为帝国最大、最危险的"汉奸"。

　　明朝盛行恐怖的特务政治，锦衣卫和东西二厂常常令人谈虎色变。袁崇焕被捕之后，其所部官兵大为惊骇，纷纷四散逃亡。袁崇焕虽身陷囹圄，仍主动写信给部将祖大寿，好言安抚，叮嘱其务必效忠朝廷，"帝取崇焕狱中手书，往召大寿，乃归命"（《明史·袁崇焕传》）。

最后，袁崇焕仍难逃一死，而且被处以极刑——"寸磔"，也就是"千刀万剐"的凌迟。

袁崇焕拒绝服用可以减轻痛苦的鸦片，就这样，他以人世间最痛苦的方式离开了他所捍卫的帝国，时年 47 岁。这一天是崇祯三年八月十六日，公元 1630 年 9 月 22 日。[1]

在去往西市刑场的路上，人们用最恶毒的语言和诅咒，迎送这个曾经的英雄和如今的"汉奸"。

> 遂于镇抚司绑发西市，寸寸脔割之。割肉一块，京师百姓，从刽子手争取生啖之。（张岱《石匮书后集》）

面对不明真相的百姓，临刑的袁崇焕口占绝笔诗："一生事业总成空，半世功名在梦中。死后不愁无勇将，忠魂依旧守辽东。"

1- 袁崇焕墓位于北京广渠门。袁崇焕被杀后，佘家先祖冒险将其遗骨收葬，并立下家训世代秘密守墓。从 1630 年至 2020 年，佘家守墓已 390 年，第 17 代守墓人佘幼芝于 2020 年 8 月病逝。

嘉靖以来，大明帝国之内民变频起，朋党纷争，阉竖专横，内臣监军，文武失协，朝廷紊乱，中枢失衡，无一不是亡国之兆。

"自崇焕死，边事益无人，明亡征决矣。"这是《明史·袁崇焕传》的最后一句话。当一个人心离散的帝国从腐败走向失败时，再精良的火器也难以阻止其崩溃。

明朝户部太仓库每年岁入不足500万两，为了连年战争而加派的"三大饷"就达到2000多万两。沉重的负担激发了更多的民间反抗。"迎闯王，不纳粮"的暴动使帝国的征税体系几近瘫痪，内忧外患一并发作，朝廷经济实际上早已破产。

当李自成攻至宣化府时，宣府巡抚朱之冯誓死守城，亲自督战。他下令发炮，却无人应命。他自己去点炮，却发现炮孔已被铁钉塞死。朱之冯长叹道："不意人心至此！"

随着英勇的孙传庭战死潼关，孙承宗遭到罢免，袁崇焕和孙元化等被朝廷处斩，祖大寿、尚可喜、孔有德、耿精忠、洪承畴和吴三桂等帝国军人和他们的红夷大炮陆续背叛，加入到敌人阵营。[1] 女真人只需赏给每人一支孔雀羽毛，红夷大炮就调转炮口，向着大明王朝开火。

1-1631年到1632年冬，孙元化部属孔有德叛变，于登州袭击孙元化，获胜后占领登州，缴获了20门红夷大炮和300门西洋炮。孔有德随后投降了满人。孙元化自杀未遂，被俘后获释，回到北京后遭入狱、拷打，最后被处以极刑，和袁崇焕一样成为宫廷政治的牺牲品。

就军事技术而言，优势明显转换到了女真人这边，历史大势的走向已没有多少悬念。

中国传统上以 60 年为一甲子，来轮回计年。

1644 年是明朝崇祯十七年，农历甲申年。60 年前，即万历十二年（1584），袁崇焕刚刚出生在广西梧州府藤县北门街，如今他已经死去 14 年。这一年，北京城里的人们，先后忙着为三个政权迎来送往。

4 月 25 日，面对李自成军即将攻占北京的态势，明朝崇祯皇帝自缢煤山，明朝灭亡。

同日清晨，明朝兵部尚书张缙彦为一群来自黄土高原的农民军打开正阳门，然后又在 40 天后，送走这群匆匆过客，甚至没有人记得他们自立的政权叫大顺。

6 月 5 日，人们又迎来了多次围城而不得入的女真政权，随后，这个新王朝正式定都北京。

…………

帝国的溃败

虽然对明朝军队来说，引进和装备佛郎机、火绳枪和红夷大炮是一大进步，但黑火药的能量仍然不能与现代炸药同日而语，更何况当时并没有成熟的工业技术做基础。

人类的战争是极其复杂的，决定战争胜败的因素千千万万，武器只是其中之一。

客观来说，早期热兵器与冷兵器相比，仅是有一定的相对优势，而不是绝对优势。骑兵来去如风，而早期火器射速较慢，"临阵不过三发"，并不具备明显的优势。同时，火器属于技术性兵器，关键在于严格的训练和配合，一旦管理松懈、团队涣散，反而不及简单原始的刀箭。

对此，戚继光就曾反复提醒过——

> 夫今胡虏之技，远唯弓矢，近唯腰刀。……弓矢射不能及远，仅可五十步。使我兵敢于趋前拥斗，虏矢不过三发，则短兵相接，弓矢无用矣，此无足畏也。……铳尽发则难以更番，分发则数少而不足以却聚队。手枪打造，腹口欠圆，铅子失制，发之百无一

中，则火器不足以与虏矢敌矣。（《练兵实纪·杂集卷二》）

在萨尔浒战役中，总兵官杜松就是被女真兵一箭射死的，因为他盔甲的铁锈了，箭头穿胄而入。明军管理混乱，兵器铁甲生锈糟烂是常有的事。这在战场上往往会带来灾难性后果。

"器械不精，不可言兵；五兵不利，不可举事。"（《太白阴经》）与刀枪铁甲相比，火器的制造和维护更加复杂。在明朝的官有体制下，这些火器的质量极其低劣，明军拿着这样粗制滥造的武器上战场，结果可想而知。

明朝后期引进的西式火器具有较高的技术要求，从制造到操作使用，都需要专业技术以及严格的管理与训练。正是出于这个原因，当时有人自发编撰了许多关于西洋火器的技术指导书，如《西洋火器法》《西洋火攻神器说》《西法神机》《火攻挈要》《神器谱》等。

赵士祯在《神器谱》中指出，火器的关键在于精确，用他

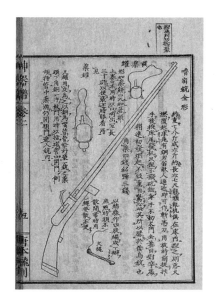

赵士祯《神器谱》中记载了多种式样的火铳

的说法就是"精工"，国产火器正是在精工方面存在差距——

海外鸟铳精工，诸夏不如，何也？曰：风俗习尚使然耳。曰各国犹有古人寓兵于农之意，兵民不分，公私一体。酋长程课头目，专视兵器精利以为殿最。个人奉为职业，保守富贵。若兵器不堪，讵唯畏法，且畏班辈见笑，习尚成风，安有不精之理。我中国尽属公家，有司不知造，将吏不知用，士卒不知打放、收拾。公家之事，匠作定然不肯尽心。监造之官，自爱者专求节省，不省者克落，一经节省克落，便难行法。既无利结于前，不畏法绳于后。大小糊涂，上下苟简了事足矣，安望精工？……尝闻东西两洋贸易，诸夷专买广中之铳。百姓卖与夷人者极其精工，为官府制造者便是滥恶。以此观之，我中国不肯精工耳，非不能精工也。（《神器谱》第五卷）

中国传统文化认为，道器相通，有其器必有其道。火器虽小，在它背后却有一系列相关技术和文化的支撑。中国火器之所以"滥恶"，也是因为更深层的原因。面对当时战局不利和官场腐败，赵士祯只能叹息。[1]

明朝后期的两场对外战争，一场能打败火器时代的日军，一场却惨败于冷兵器时代的女真骑兵。最不幸的是，朝廷最后根本无力控制自己的军队，他们在关键时刻纷纷倒戈背叛，转而成为帝国的掘墓人，使仅仅百万人口的女真得以轻易入主中原。

"得人者兴，失人者崩。"明朝建立之后，便对开国元勋加以杀戮，之后以文官太监钳制军人。卫所制度下，打仗只是副

1- 神器，物也，运用变化，存乎其人。……今日无能之将，何尝得用神器之法，稍有知觉者，恃贿赂可以公行，是非可以倒置，只图侥幸掠取，假级充为真功，损伤士马，涂炭生灵，弥缝遮饰，且了目前。国家后日利害，漫不关心，则神器似不能制虏者，非神器不能制虏，庸人不知用之也。（《神器谱》第五卷）

业，导致专业程度不高，遇到战事不得不依赖地方私人武装。

当时，欧洲的国王们正依靠军队开疆拓土，在中国则恰好相反，军人的地位极低，这让初来乍到的利玛窦惊讶不已——

> 这个国家中，大概没有别的阶层的人民比士兵更堕落和更懒惰的了。军队的每个人必定过的是一种悲惨的生活，因为他们应召入伍并非出自爱国心，又不是出自对皇上的忠诚，也不是出自任何想获得声名荣誉的愿望，而仅仅是作为臣民不得不为雇主劳作而已。军队中大部分人是皇上的奴隶，他们服奴役，有的是因为自己犯过罪，有的则是为其祖先赎罪。当他们不从事军事活动时，他们就被派去干最低贱的活计，例如抬轿，饲养驮畜以及其他这类的奴婢行业。只有高级官员和军事长官才在军队范围内有一定威权。供给军队的武器事实上是不能用的，既不能对敌进攻，甚至不能自卫。除了真正打仗时外，他们都只携带假武器，发给他们假武器是为了在演习时不致完全没有武器。我们已经描述过，无论是官是兵，也不论官阶和地位，都象小学生一样受到大臣鞭打，这实在荒唐可笑。[1]

1- [意] 利玛窦、金尼阁：《利玛窦中国札记》，何高济等译，中华书局 2010 年版，第 95—96 页。

"明朝不能发挥本身力量，不能引用军事科技非只表现于一时一事，而有官僚组织及社会状态为背景，积习已成。"[1]崇祯十五年（1642年），局势已十分危急，在一次御前会议上，有人提议起用西洋人汤若望制造红夷大炮，以加强军力。然而，官拜左都御史的东林领袖刘宗周说："国之大事，以仁义为本，若望向来倡说邪教，堂堂中国，若用其小技以御敌，岂不贻笑？"崇祯说："火器是中国长技，若望比不得外夷（当时汤若望已在钦天监供职）。"刘宗周仍坚持道："若望小技，何益成败？目今要慎选督抚，若文官不要钱，武官不怕死，何愁不太平？"（《三朝野记》）

1-［美］黄仁宇:《大历史不会萎缩》，广西师范大学出版社2004年版，第156页。

历史的飞去来器

　　中国人常常将火药作为"四大发明"之一而自豪不已，但从历史角度来说，火药史对于中国却是一部不堪回首的悲情史。

　　对于明朝来说，女真作为后冷兵器时代的征服者，对高度文明的大明帝国本来已经失去了传统的骑射优势。同一时期的欧洲和日本，火器已经将庄园领主的骑士武装（骑兵）彻底摧毁。然而在明朝，却制造了这一段吊诡的中国历史——当西方文明在全世界征服野蛮人的时候，中华文明竟然被"野蛮人"征服。

　　可怕的女真——这个刚刚创立文字和法度的渔猎部落，继蒙古族之后，成为第二个统一中国的少数民族。

　　明帝国之于清朝，就如同宋帝国之于元朝。有明一代，"国家之制、民间之俗、官司之所行、儒者之所守，有一不与宋近乎"（《宋史纪事本末》），甚至连结局都如此相似。在崖山四百年后，历史又在中国开始了一个倒退的轮回。

　　表面上看，拥有先进科技文化和火器技术的宋明两代帝国，最后都被生产力落后的游牧民族摧毁。但如果从较深层面进行探究，就不得不承认，灭秦者秦也。秦帝国本身才是自己的掘墓者。在病入膏肓、不可救药的时刻，外来者只需轻轻一推，帝国大厦就灰飞烟灭，万劫不复。

汤因比指出，从根源上来说，任何文明的灭亡都属于自杀，当文明衰落崩溃时，外来蛮族总会适时地出现。鹬蚌相争，渔翁得利。当李自成与吴三桂拼死相争时，获胜的是满洲八旗。

历史就像是寓言一样充满嘲讽。女真民族如同那个守株待兔的"宋人"，极其幸运地中了头彩。富饶的中原地区从来不乏虎视眈眈的觊觎者。来得早不如来得巧，50 年前海外的日本人失败了，50 年后辽东的女真人却成功了。

黄仁宇一生致力于明史研究，他从财政和经济制度的角度提出，明朝的覆亡乃是财政破产的结果。

宋明两朝都以养兵而著称，最后养兵养到破产。明末的北方暴动，其根源就是饥兵和叛兵，高迎祥、李自成和张献忠等都是叛逃的军人，他们大量吸引饥民，使兵变演变成民变。

根据一些经济史学家的研究，明朝中后期的边防经费支出，一度达到整个财政支出的 97.25%。边饷日虚，是明朝国防的长期结构性困扰。

万历二十三年（1595 年），从朝鲜战场归来的 3000 多名南兵因为向朝廷索饷，而遭到集体屠杀。

负责辽东岛屿防守的毛文龙总是要不到军饷，为了凑足抗金的费用，不得不以海岛为基地，做起人参毛皮海产之类的生意。这在后来也成为他被杀的罪名之一。袁崇焕杀了毛文龙，发现钱更加不够用。"毛文龙既诛，岛中需米甚急，请令登莱道府速运接济从之。……银则加于旧额十八万五千余两，而草折料豆在外也。"（《崇祯长编》卷二五）

驻守宁远的士兵一度因四个月无饷而哗变，后来向商人借了五万两银子才勉强化解危机，巡抚毕自肃因此而自杀。宁远兵变也是袁崇焕被杀的主要原因之一。

中国人常说"报应不爽"，有时候历史就如同飞去来器。明代遗民谈迁在《国榷》中说："袁氏杀岛帅适所以自杀也。"现在研究这段历史的有些学者也认为，袁崇焕在皮岛（今称椵岛）擅杀毛文龙，不仅害了自己，也害了辽东防线和整个大明。

袁崇焕杀毛文龙，崇祯帝杀袁崇焕，这与其说是一个历史隐喻，不如说是一个历史诅咒。

晚明时期，日薄西山，无论是抵抗女真的边防，还是镇压民变的官军，起事哗变，反戈一击者不胜枚举。相比之下，登州精锐火器部队的兵变，对明帝国的打击则更为沉重。

明朝为了这支现代化新军，投入了大量的人力和物力，不仅配备了许多最先进的火炮、火枪，还从澳门聘请几十名葡萄牙炮兵教师，本土的大量技术专家也云集于此。但就是这样一支上万精锐的帝国王牌部队，竟然因为军饷不足而发生兵变，最后携带大批先进的火炮装备投降了女真，直接改变了明朝与女真之间的力量对比。

明朝抵御女真骑兵采取的是"铳城战术"，即"建立附城敌台，以台护铳，以铳护城，以城护民"。吊诡的是，红夷大炮作为明朝的国之利器，明军恃之以守城护民，然而一旦落入敌手，立即就变成攻城掠寨的进攻性武器，对明帝国构成了致命的威胁，明军几无还手之力。

> 辽阳、广陵、济南等处俱有西铳，不能自守，反以资敌，登州西铳甚多，徒付之人，而反之以攻我。昨救松锦之师，西铳不下数十门，亦尽为敌有矣。……徒空有其器，空存其法，而付托不得其人，未有不反以资敌，自取死耳。（焦勗《火攻挈要》）
>
> …………

军事是政治的镜像，战争的戏剧性反转映射的是政治的彻底失败。

中国古代，从汤武革命到明清革命都是如此。每次革命的

《徐显卿宦迹图》中的皇帝与百官

代价之大,近乎天崩地裂,如同天翻地覆。似乎冥冥之中,革命就是中国历史的命运,谁也无力改变。

有明一代,基本是文人和太监秉政。这些文人大多出自江南,尤以东林党为著。军人(以北方人为主)在政治上地位较低,在一线抗击女真的基本都是辽兵。地域歧视、权力党争和宫廷黑暗,最后使得各种势力分崩离析。

宋朝灭亡后,忽必烈召见宋朝降将,问他们:"你们怎么那么容易就投降了?"这些降将回答说:"奸佞贾似道专权,总是优待文人学士，而对我们这些武将功臣轻视怠慢，我们这些人感到很受屈辱，早就忍无可忍，所以遇到战争机会，便望风送款。"忽必烈听了很不以为然："彼守城者只一士人贾制置（即贾似道），汝十万众不能胜，杀人数月不能拔，汝辈之罪也，岂士人之罪乎！"（《元史·郝经传》）

清朝建国百余年后，乾隆皇帝将对建立大清立下赫赫功勋的洪承畴、祖大寿、冯铨等120位明朝降臣降将列入《贰臣传》。与此同时，又郑重其事地为袁崇焕平反。

《清高宗实录》载："袁崇焕督师蓟辽，虽与我朝为难，但尚能忠于所事，彼时主暗政昏，不能罄其忱悃，以致身罹重辟，深可悯恻。"

红衣大将军炮

在一些关键时刻，往往是少数几个英雄人物影响了历史走向。大明王朝危在旦夕，崇祯皇帝却屡屡自毁长城，尤其是袁崇焕之死，导致人人自危，成为帝国军人背叛的催命符。

袁崇焕死后不久，明军就失去了对火器的垄断，开始遭到女真人的红夷大炮的猛烈攻击。当时服务于明廷的汤若望对此感到非常震惊："彼（女真）人壮马泼箭利弓强，既已胜我多矣，且近来火器又足与我相当……目前火器所贵西洋大铳（红夷大炮），则虏不但有，而今且广有矣。"（《火攻挈要》卷上）

在崇祯十三年至十五年（1640—1642年）的松锦之战中，清军无不使用红夷大炮攻城。如十四年（1641年）二月二十日，清军抵松山后即在南台下扎营七处，拥红夷大炮车分三路攻城，城上楼台三处被毁。二十三日，又在南关厢墙下安红夷大炮37门轰击城内。十五年二月，松山城被攻破，13万明军全军覆没，兵部尚书洪承畴被俘。三月，锦州守将祖大寿亦降清，城中火炮都归清军所有。

在松锦之战的最后阶段，清军进攻塔山，和硕郑亲王济

卷四 火药、枪炮与革命

尔哈朗、多罗贝勒多铎，下令清军在塔山城西列红夷大炮。四月九日，用红夷大炮猛轰城垣，次日城墙被轰开二十余丈，清军一拥而入，全歼城内明军三个营、7000余人。四月二十一日黎明，清军又以红夷大炮轰击杏山城，毁城墙二十五丈，明军开城投降。

松锦之战后，明军关外主力被歼，火炮尽数落入清军之手。只有驻守宁远的辽东总兵吴三桂所部尚存有十门红夷大炮，而此时屯兵锦州的清军已拥有近百门红夷大炮。

所以，从单纯的武器决定论而言，明朝与其说是亡于骑射，不如说是亡于火器，亡于红夷大炮。

在袁崇焕死后十四年，吴三桂成为袁崇焕的一个倒影。

同样面对北京十面围城，当年袁崇焕星夜驰援，如今吴三桂的关宁铁骑却"迁延不急行，简阅步骑"，坐看帝国坍塌。

可以说，袁崇焕之死就已经为大明帝国的棺材敲下了第一颗钉子。

天聪七年（1633年），降将祝世昌给皇太极的一份奏疏里

八旗炮兵

说："自古攻守全赖火器，如鸟枪、三眼枪、百子铳、佛郎机、二将军、三将军、发烦炮之类，用之城上防守极好。若攻打城池，必须红衣大炮。"（《天聪朝臣工奏议》）

女真人认为"夷"是大明对自己的鄙视，故红夷大炮统一改叫"红衣大炮"。

天聪五年（1631年）正月，清军第一门红衣大炮制成。其后，在大凌河、于子章台战役中均使用了炮兵。据《清实录》记载："至红衣大炮，我国创制后携载攻城自此始，若非用红衣大炮击攻，则于子章台必不易攻……克成厥功者，皆因上造红衣大将军炮故也。自此，凡遇行军，必携红衣大将军炮。"

女真人像蒙古人一样好学，尤其是对战争技术和火器工匠分外重视。皇太极铸造的 35 门铁心铜体的"神威大将军"火炮，甚至已经达到当时世界最高水平。该炮长 2.83 米，重 1950 公斤，用药 2.5 公斤、铁制子弹 5 公斤。如此大的用药量和超重铁弹，使其成为摧坚攻城之利器。而且，大炮被安装在四轮炮车上，以马拉动，还具有相当不错的机动性。

像红夷大炮这种大型武器，因其技术工艺复杂，必须有一个稳定、系统和规模化的专业生产管理服务体系。满人以其组织严密的军事体制，恰好构成红夷大炮的有力保障。

崇祯自杀后，明朝崩溃，全国陷于一片战乱。

一时之间，火药成为清军攻城夺寨的主要武器。因为只有他们才有这么多火炮和炮兵。

明朝城墙又高又厚，且为黄土夯成，一般炮击根本不能使其倒塌，这是与西方城堡不同的地方。正因为如此，一般的火炮只能轰击木制城门，或者城楼。

…………

清军依靠独有的红衣大炮，在接下来的战争中，使任何防守都变得难以维持，也使进攻的结果变得毫无悬念。

当时，民间的各个大小军事抵抗组织均少有火力强大的红衣大炮。这使清军入关后，依赖火炮几乎无坚不摧、战无不胜。占领北京后，清兵首要之事便是加紧造炮，每旗都设炮厂、火药厂。前线用炮则由各省总督、巡抚奏造。

顺治元年（1644 年），李自成退守潼关，据以为天险，但仍被火炮攻克。此后清军南下，杭州、金华、建宁、广州等传统的高墙城防，都无法抵挡火炮的轰击。

"红衣大将军"成为满族入主中原的致命武器。

围攻江阴时，清军动用大小火炮数百门，每日耗费火药15000斤。相比之下，守军的火器数量则少得多，且火药很快就用光了。城破后，清军屠杀3日，仅存53人，让其掩埋尸体。李清的《南渡录》中说："扬州城颇坚，督辅可法在焉。北兵从西北隅以大炮击破，遂入城。死者甚众，肇基当破处抗敌，力杀数人，无继者，遂见杀。"

在清兵挟红衣大炮之威入主中原之时，郑成功则用这种西洋大炮收复了台湾。荷兰人没有想到，经他们输入中国并以他们的名字命名的"红夷大炮"，竟然将他们赶出了苦心经营多年的台湾，这真是历史的嘲讽。

1661年4月29日，郑成功统率25000名水军，在台湾鹿耳门港登陆。在海战中，荷兰东印度公司的重型战舰"海克托号"被炸沉。

参加过这次战斗的瑞士人阿布列特·赫波特回忆说：

> 郑成功的舰队装有精良的大炮，他们用大炮和火箭猛轰，想烧掉我们的船帆。还不到半小时，突然起了一阵火花，"砰"的一声，我们以为是敌船毁掉了；但当黑烟散后，才发现那是我方三船中最大的一只，

明末的"红夷大炮"，郑成功用它收复了台湾

叫作特洛亚的海克托号，船上有一百名战士，也随船一起炸飞了，一个也没有逃脱。剩下两船不得不退回原来的碇泊处。与此相反，敌人却十分骁勇，不断登陆，凶猛地向我们冲杀过来。[1]

郑成功的军队登陆之后，开始围攻赤嵌城（今台南），他们集中了28门大炮，猛烈轰击荷军，把坚固的城墙轰塌了许多缺口。仅5月2日凌晨，就发射了350发炮弹。

1- 李少一、刘旭：《干戈春秋：中国古兵器科技史话》，中国展望出版社1985年版，第134页。

17世纪版画，郑成功与荷兰人在台湾海峡交战。"反清复明"失败后的郑成功转向台湾发展，他率领强大的船队，趁潮进入安平，与荷兰人展开激战。荷兰人投降，撤离台湾岛

赤嵌城因为被切断水源，很快就投降了。但台湾城（今安平）的围攻战则持续了 8 个月，荷军最后弹尽粮绝，伤亡达 1600 多人。

台湾城属于棱堡，非常坚固，但也架不住长时间的炮击和围困。几乎每天都会有冰雹一般的炮击。仅 1662 年 1 月 25 日一天，就有 1700 次炮击，还有说是 2500 次，其中有些炮弹重达 13.6 公斤。两天后，荷兰总督揆一正式投降，带领幸存的 500 多人走出摇摇欲坠的台湾城。

台湾城又称"安平城""热兰遮城"，美国军事史学家欧阳泰用中西文献著成《1661，决战热兰遮：中国对西方的第一次胜利》一书。书中说："荷兰的优势并不在于大炮与火枪。如同揆一所认知到的，中国军队的大炮威力并不逊于荷军，这点也已为华人史学界所证实。举例来说，台湾的一名学者指出，只要对国姓爷（郑成功）的火炮及其使用方式加以分析，就不免令人'讶异于他麾下军队的现代化程度'。"[1]

…………

1- [美] 欧阳泰：《1661，决战热兰遮：中国对西方的第一次胜利》，陈信宏译，九州出版社 2014 年版，第 34 页。

第九章　权力的道具

被禁止的火器

　　明朝的灭亡证明，这场以西洋火器为方向的军事改革并不成功。这场改革的成果也未能被清朝全部继承，准确地说，清朝只是继承了其中一部分。而仅仅这一部分，就已经保证它足够创建一个前所未有的大帝国。

　　与一切专制文化一样，清朝担心擅长技术的汉人以火器来威胁其统治，不仅禁止民间的火器技术，还禁止地方官府研制火器。

　　康熙五十四年（1715年），山西总兵愿捐造子母炮，玄烨御批："子母炮系八旗火器，各省概造，断乎不可。"到雍正时，又令除盛京、吉林、黑龙江外，其余各省一概将子母

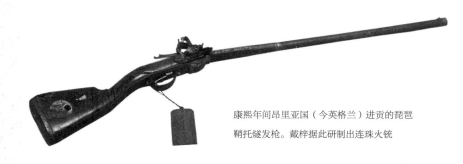

康熙年间昂里亚国（今英格兰）进贡的琵琶鞘托燧发枪。戴梓据此研制出连珠火铳

炮收缴送交兵部。

康熙年间的戴梓发明连珠火铳后，清朝不予推广，只能"器藏于家"。[1]清朝的三个火器制造工场都在北京，而最大的就在皇宫里，最先进的火器都藏在养心殿。即使需要用火炮镇压"暴民"，一旦完事，也要马上运回紫禁城封藏，以保证统治安全。

在清朝前期，基于镇压反叛和维持统治的考量，清政府对火器的生产和研发工作颇为重视，由兵仗局统一管理各铸炮厂

1- 纪晓岚《阅微草堂笔记》记载："少时见先人（戴梓）造一鸟铳，形若琵琶，凡火药铅丸皆贮于铳脊，以机轮开闭。其机有二，相衔如牝牡，扳一机则火药铅丸自落筒中，第二机随之并动，石激火出而铳发矣。计二十八发，火药铅丸乃尽，始需重贮。"这就是康熙年间戴梓发明的连珠火枪。由这一段描述可知，扣动第一机是装填弹药，第二机是发射弹药，依次再扳再射，可连续28次，可见这是一种连扳连射的燧发枪，也是由单装单发向多装多发、连射过渡的单兵用枪。《清史稿》说戴梓的发明"法与西洋机关枪合"，但戴梓发明的连珠火铳不能等同于近代的机枪。因为近代机枪采用撞针后装式枪机，发射弹筒式长形枪弹，依靠火药燃气的反冲力完成打开枪机、退出弹壳和重新装弹发射的全套动作，而戴梓发明的枪还达不到这种水平。

和火药厂。"自康熙十三年（1674 年）迄十五年，共制大小炮一百二十位，至二十一年（1682 年）四月吏部题称，……南怀仁先铸炮一百三十二位，又神威炮二百四十位，指样制造精坚。"（黄伯禄《正教奉褒》）

耶稣会士南怀仁因为铸炮有功，还被加官工部右侍郎。

在平三藩、灭噶尔丹等战争中，这些红衣大炮发挥了决定性的作用。这使得清朝对红衣大炮更加迷信，以至于佛郎机最后竟然失传，甚至连疑似杀死努尔哈赤的开花炮技术也失传了。

与欧洲早期的愚蠢经历一样，清朝的红衣大炮越来越大，技术却越来越与世界脱节。这些动辄就万儿八千斤的巨无霸大炮完全失去了机动性，而射程并没有多少提高。

同治年间，在西北地区镇压暴乱的左宗棠，从关中凤翔一处明代炮台遗址挖掘出 100 余枚开花弹[1]，不禁惊叹："利器之入中国三百年矣，使当时有人留心及此，何至岛族（指英国）纵横海上，数十年挟此傲我？"（《左文襄公书牍》卷十三）

左宗棠戎马半生，竟然不知道杀伤力巨大的开花弹，更不知道这是中国人的独立发明。

康熙时代的雅克萨之战，显示清朝军队与沙俄军队在火力

1- 开花弹由许多小型炸弹组成，发射后四处"开花"，具有极大的杀伤力。因其看起来如同一颗剥开的石榴，所以西方也称其为"榴弹"。

上已经存在不小的差距。826 名俄军拥有火绳枪 100 支,先进的燧发枪 850 支。[1]清军虽然人数占优,主要武器却还是弓箭刀矛,鸟铳不超过 100 支。清军最后采取围困战,才迫使据守雅克萨城的沙俄人接受议和,《尼布楚条约》得以顺利签署。

到了"文治武功"的乾隆时代,火器技术不进反退,大不如前。乾隆二十年至二十六年(1755—1761 年)平定西域时,廓尔喀以及阿睦尔撒纳、准噶尔叛军的枪械装备已稍强于清军。一场攻缅之役,清朝绿营兵"有闻枪炮声即股栗窜伏者"。

在镇压大小金川土司民兵时,面对"地不逾五百里,人不满三万众"、原始火器武装的嘉绒碉楼,曾经攻无不克的清朝军队竟然束手无策。为了攻下碉楼,乾隆令工部在北京西山专门修筑了三座碉楼,2000 名八旗精锐在此日夜演习。

两次金川之役,用时六年,耗费 7000 万两国库帑银。近20 万大军,阵亡者就有 25000 人以上。第二次战争时,清朝更几乎举国出动,动用了当时最先进的威远炮、冲天炮和九节炮,每日要用万斤火药,总共消耗了 420 多万斤火药和 300 多万斤铅铁炮弹。

总体而言,明清两朝对火器技术的追求仅限于镇压内部叛乱。没有外部压力时火器技术便停滞不前,甚至发生倒退。

1- 康熙二十五年(1686 年)第二次雅克萨之战,俄军装备的燧发枪射速约为每分钟 2 发,射程 300 米。

明清时期，中央集权化更加明显，火炮带来了更直接的中央统治。在边疆地区，传统的土司自治制度遭到废除。"改土归流"[1] 背后，完全以枪炮作为后盾。这种现象与欧洲发生的封建制瓦解极其相似。

乾隆四十二年（1777 年），金川战事刚刚结束，清朝立即在全国范围内禁止火器。当时，大学士高晋奏请改革武闱科举考试，将舞刀改为考试鸟枪，乾隆毫不犹豫就拒绝了，并严加申斥。

在此之前，受命镇压山东王伦起义的大学士舒赫德在奏疏中言：

> 王伦滋事一案，虽由满汉官兵鼓勇无前得以早行剿灭，而亦因贼无鸟枪一项，搜捕较易为力，是知民间藏匿鸟枪所关甚巨，若不实力查禁，恐日久滋生事衅。臣愚以为，所有商民防御盗贼猛兽应用鸟枪呈明制造之例，请永行停止，其竹铳铁铳之类亦概不许私自制造。其民间现在存藏在家者，请立定限期交地方官查收。如有逾限不缴及地方官不能查察者，并请皇上敕部严定科条，以示惩儆。（《乾隆朝宫中朱批

1- 清朝中期以后，开始在西南一些少数民族地区废除土司制，实行流官制的政治改革。土司为原原住民族的首领，而流官则由朝廷直接委派。

奏折》）

从乾隆四十六年到乾隆五十八年（1781—1793年）的十余年间，清政府收缴的鸟枪、铁铳多达43666杆。此后各省年终汇奏时，多称查缴已尽。通过对民间火器的查禁和清缴，清廷获得了绝对的武器优势，增强了皇权对民间的威慑力和控制力。

当时，西方先进的枪炮技术仍然能够通过朝贡贸易进入中国，但这些高科技武器，只是皇家用来收藏、打猎的玩物，很少流入民间，因此对清朝总体的火器水平没有构成任何影响。

比如康熙三十一年（1692年），荷兰给清朝的贡物中，就有100支火枪（铳）："厢金鸟铳二十把，厢金马铳二十把，精细马铳十把……精细小马铳二十把，短小马铳二十把，精细鸟铳十把。"（王士祯《池北偶谈》）

嘉庆十八年（1813年），直鲁豫三省连遭天灾，华北天理教起事，200名教徒由东华门和西华门攻进北京皇宫，

当年天理教攻进皇宫时留下的箭头至今犹在

"酿成汉唐宋明未有之事"。

当时还是皇子的爱新觉罗·旻宁在情急之下，手持西洋火枪还击，毙一人，伤一人。[1] 危急关头，火器营的军兵及时赶到，火器齐射，这些手持刀矛弓箭的天理教徒被全部杀死。事件之后，射在隆宗门上的一个箭镞一直被保留下来。

从这次突袭战可以清晰地看出，清朝严禁民间火器的深层原因。

1- 有史学家将这次事件视为"清帝国由盛转衰的重要标志"。平庸的旻宁也因此得到嘉庆的赞赏，而成为未来的道光皇帝。

军事大分流

中国古代这种大一统的皇权体制，始终视民众为仇寇，恐其造反，推翻统治。一旦战争结束，就马放南山，刀枪入库。就像当年秦始皇统一六国之后，便收缴天下兵器铸成八个巨大的铜人放在咸阳一样。

有清一代，大兴文字狱，不仅是文化思想，就连《武经总要》《武备志》《天工开物》等涉及军事的科技书籍，也一概被列为禁书，遭到焚毁。科技史专家黄一农说，在清朝的前150多年，大量兵书当中没有一本讨论火炮的专门书籍。

康熙时期，设计了威远将军炮的戴梓也难逃政治迫害，而后来的禁海政策和反宗教运动，也进一步阻断了与欧洲军事科技的交流。

康熙刚平定三藩，民间火器就开始遭到严禁，一些满族大臣甚至要求销毁一切火器，让火器在清朝彻底销声匿迹。

到雍正末年，清政府发现驻防的守军从来没有做过火炮演练，以至于准头的远近、星斗的高低官兵皆茫然不知。即使到了道光年间，用铳规量度仰角以调整射程远近的方法，官兵们仍然不熟悉。

清兵的火炮命中率非常差，晚清时的梁章钜在《炮说》一文中说，"数百炮仅得一炮之力"。这样的火炮，与其说是为了攻击敌人，不如说在吓唬人，"恃以攻敌则不足，用以惊敌则有余"。

历史充满这样的倒退。皇权出于自身的安全，宁愿让一个国家从热兵器的开创者和领导者，重新倒退回冷兵器时代，甚至回到石器时代也不在乎。晚清的梁启超感叹："我国万事不进步，而独防民之术乃突过于先进国，此真可为痛哭也。"（《梁启超年谱长编》）

许多历史学家都认为，科技创新曾经使中国的技术长期居于世界前列，但这种创新随着 17 世纪后期清朝的军事征服而突然终止了。

有人提出，中国之所以没有发展出精良的大炮，并不是缺乏技术能力，而是中国古代城墙太厚，火炮的攻城效果有限，导致造炮者进行改进的动力不足。也就是说，中国近代的落后有很大的运气成分。

事实并非如此。

清朝沉迷于盛世浮华之时，正值欧洲的工业革命时期，世界已经逐渐进入现代社会，但中国仍然停留在古老的中世纪，不知今夕何夕，完全隔离于世界之外。这种东西方的"大分流"，产生了乾坤倒转的历史局面。

乾隆五十七年（1792 年），如日东升的大英帝国为了通商，花费 8 万英镑，派遣使节马戛尔尼跨越大半个地球，于第二年

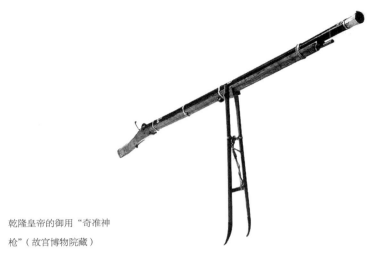

乾隆皇帝的御用"奇准神
枪"(故宫博物院藏)

来到中国。在送给清朝许多代表欧洲工业技术的珍贵"贡礼"中，就包括六门榴弹炮，还有一些毛瑟枪和连珠枪。[1] 当英使说欧洲早已经完全用火器取代了冷兵器时，清朝的官吏很不以为然。

英国人为了展示榴弹炮惊人的杀伤力，进行了现场试射。结果却让马戛尔尼目瞪口呆，"这个发明火药的民族，竟一见放空炮就吓得魂不附体，实在匪夷所思"。"慈悲"的乾隆批评说，"这种杀伤力和仁慈的原则不能调和"。

在火药刚刚用于战争的宋初，中国就发明了火柴，"杭人削松木为小片，其薄如纸，熔硫黄涂木片顶分许，名曰发烛，又曰焠儿，盖以发火及代灯烛用也"(陶宗仪《南村辍耕录》)。然而数百年后，当马戛尔尼展示火柴时，竟被清朝士人认为是

1- 70 年后，英国人从圆明园里发现了这些原封未动的枪炮和弹药，又原封未动地运回英国。

西洋魔术。

　　日本在战国时代就已经完全实现了火器化，但德川统一日本后，却又重回冷兵器时代。这说明一件事，"体"与"用"完全取决于政治需要。

　　历史学家麦克尼尔指出，欧洲的长期分裂造成剧烈的军事和政治竞争，由此产生的巨大压力迫使各国必须不断变革，以求生存，从而为军事体制（包括武器和军队组织）的改进和资本主义的发展提供了自然环境。这其实就是"多难兴邦"的意思。《左传》云："邻国之难，不可虞也。或多难以固其国，启其疆土；或无难以丧其国，失其守宇。"

　　与清朝的停滞相反，在同一时期的欧洲，工业革命催生了一系列的武器革命。同样是黑火药和前装滑膛炮，欧洲因为经过科学革命和工业革命，其火药和火器的质量已经让中国无法望其项背。用欧阳泰的说法，这是一场军事技术的"大分流"——中国人和英国人的武器完全处于两个历史时期：英国人处于火器时代，而中国人处于传统冷兵器占大部分、火器占少部分的过渡时代。[1]

　　就火药而言，中国只有技术没有科学。一切都依赖经验的积累，知其然不知其所以然，对火药内在的发生原理所知不多，因此也谈不上进行革命性的发明创造。

1- 可参阅：［美］欧阳泰：《从丹药到枪炮：世界史上的中国军事格局》，张孝铎译，中
　　信出版集团 2019 年版。

应当承认，欧洲的火药革命、军事革命和工业革命，这是崇道鄙器的中国传统儒家社会所不能出现的。

仅仅内弹道学，就涉及有关火药通过燃烧转化成的气体的形成、温度和体积的研究，有关这些气体的膨胀对大炮、炮架和对射弹所做的功的研究，又需要大量的数学、物理和化学知识。

通过对火炮的研究，牛顿推导出，空气对射弹的阻力接近于速度的平方。

在18—19世纪，率先进入现代的欧洲社会发生了一场深刻的变革。

在欧洲工业革命的推动下，基于机床精加工技术和钢铁工业，大量的线膛炮和后装炮装备起一支支现代化军队。同时，军事理论与无烟火药使热兵器时代方兴未艾，杀人的效率被迅速放大，战争的规模和范围也已经进入全球范畴。

在贸易的旗帜下，战争如同一个不速之客，走向世界的每一个角落，也终于闯进了清朝神圣的禁宫。

从文明冲突的角度来说，清朝被迫签订的《南京条约》的意义在于，中国传统的华夷体系首次遭遇挫折。正如马克思在《中国革命和欧洲革命》中所说："英国的大炮破坏了皇帝的权威，迫使天朝帝国与地上的世界接触。"[1]

1-《马克思恩格斯论中国》，人民出版社1997年版，第43页。

武器的批判

即使大明帝国江河日下的时候，中国官军遭遇葡萄牙和荷兰海军时，从装备上来看也几乎是一场势均力敌的军事对抗。而满洲贵族建立的清朝从一开始，就将汉人当作自己的假想敌，因此更加自闭和内向。再加上长期的和平环境，最终导致清军军备荒废、孱弱不堪。

在鸦片战争这场著名的中西战争中，清朝的"天兵"使用的仍是200年前的红衣大炮，发射的是实心弹，而英国已经大量使用霰弹、葡萄弹、榴霰弹、新式爆炸弹、燃烧弹等。

钦差大臣琦善在给皇帝的奏章中说："计该夷水战之具，船只则大小悉备，火器则远近兼施。更有所谓飞炮者，子内藏放火药，所至炸裂焚烧。又有炮内尽属铁片，系于桅顶，高出炮台之上，能使射入台内，一经散放，约及数十丈广远，而台内台外同时被焚。他如火枪、火箭、火罐、火球之类，亦皆远且准，而为我师之所不及。"（《筹办夷务始末·道光朝》）

步兵方面，清军主要武器仍是传统的弓箭，也有少量火绳枪，而英军正在从燧发枪向火帽枪转型。[1]

英国早在 1780 年，就将步枪的燧发装置应用在火炮上，只需拉动绳子即可发射。而清军要引爆火炮发射，还需用手引燃点火孔里的火绳，一般会延迟一段时间。

清军所用的火药仍按照明末的配方，以手工作坊生产，而经过科学革命和工业革命的英国，已经实现了火药的标准化大量生产。采用现代镗孔技术生产的大炮也更加精密和轻便，炮弹与炮筒之间的游隙也更小，这使英军具有压倒性的火力。

茅海建在《天朝的崩溃》一书中专门进行了中英武器对比。他指出，手工生产的火药纯度差，颗粒过大，含硝量过高，容易吸潮，爆炸效力差。鸦片战争中的绝大多数战斗，是清军的

1- 火帽枪出现于 19 世纪初。1818 年，英国人首先发明了雷汞，他们发现雷汞对撞击、针刺和热作用反应敏感，发明了用击锤打击雷汞起爆的点火法，并制造出雷汞火帽，把火帽套在带火孔的击砧上，打击火帽即可引燃枪膛内的火药，这就是击发式枪机，这种具有击发式枪机的枪称为"火帽枪"或"击发枪"。从燧发枪到火帽枪的这段时间内，膛线的发明也对于提高枪械射程和射击精度起到了关键作用。

岸炮与英军的舰炮之间的炮战。虽然清军的岸炮从重量上超过英军的舰炮，但在射程和威力上却大为逊色。硝烟散尽，清军没有击沉一艘英舰，自己的阵地却被打得千疮百孔。有人对中英火炮材质的金相进行了微观的实验分析，发现英军火炮分类统一、膛壁薄、重量轻、各部位比例与设计理念相符、材质良好、制造与加工技术高、弹药质量优、点火装置先进，从而使之射程远、射速快、射击精度高、杀伤力大；清军火炮则与之相反。

尤其是爆炸弹的广泛使用，完全改变了几百年来实心弹留给人们的印象。江苏候补知府黄冕形容说："其炮弹所到，复行炸裂飞击，火光四射，我军士多望风胆裂。"（《海国图志》卷 87）

虽然中国人制作火药的历史比英国人悠久得多，但到鸦片战争时，双方的火药质量已经有霄壤之别。

在沙角战役中，英军缴获了大量中国火药，但后来都抛入大海，因为实在太粗劣，无法用。福建提督陈阶平在战后设法买到了一批英国火药，装在中国鸟铳里试射，射程从原本的不到 100 米竟然提高到将近 400 米。

如果说在火器装备方面尚有高下之比的话，那么在政治体制上，一个古代帝国与现代国家几乎没有什么可比性。

在现代国家体制下，英、法两国可以更有成效地动员各种资源，而清朝统治下的中国人只知有朝廷，而不知有国家。在

西洋画师笔下的清军火炮

中国传统的"家天下"观念里，整个天下的土地、臣民都是皇帝家的私产：在皇帝眼里，"国"是一个放大的"家"，他是这个"国家"的"君父"；在普通老百姓眼中，这场战争是"皇帝家的战争"，而不是国家的战争。

更为荒诞的是，对清朝绝大多数人来说，他们甚至搞不懂这些凶恶的"红夷"来自哪里。事实上，自从征服印度莫卧儿王朝以来，英国成为中国的强邻已经将近一个世纪。

鸦片战争的失败的根本理由是我们的落伍。我们的军器和军队是中古的军队，我们的政府是中古的政府；我们的人民，连士大夫阶级在内，是中古的人民。我们虽拼命抵抗终归失败，那是自然的，逃不脱的。[1]

当然，清朝也不是不重视火器。战争之前，清政府就已经花费巨资制造和进口了不少火炮，用于海上防御的炮台也都选择了很好的地理位置。但因为观念落后，这些无法转动炮口的银样镴枪头，实际上只是一种炫耀天朝威仪和吓唬人的摆设。在北塘炮台上，甚至真的架设了许多以假乱真的木头大炮。

在虎门战役中，面对英国舰队，清朝有 200 多门大炮，却连一炮都没有打中。英国人嘲讽说，"那更像烟花而不是大炮"。

数年之后，谪戍新疆的林则徐在给友人的信中坦言：

彼之大炮，远及十里内外，若我炮不能及彼，彼炮先已及我，是器不良也。彼之放炮，如内地之放排枪，连声不断。我放一炮后，须辗转移时，再放一炮，是技不熟也。求其良且熟焉，亦无他谬巧耳。[2]

1- 蒋廷黻：《中国近代史》，中华书局 2016 年版，第 15 页。
2- 同上书，第 17 页。

当时的海上战争也已经进入热兵器时代，尤其是战舰，正在向铁舰重炮发展。中国与英国在这方面的差距更加明显——

中国最典型的战船载重量为 250—350 吨，仅装备有 13 门大炮，而标准的战船载重量为 1500 吨，装备有 74 门大炮。中国最大的木制战舰建于 19 世纪中期，仅装备有 36 门大炮，发射的炮弹多数是 9—12 磅重的。而英国皇家海军胜利号战舰则装备了 100 门大炮，其中能发射 12 磅重炮弹的有 30 门，发射 24 磅重炮弹的有 28 门，发射 32 磅重炮弹的有 30 门，发射 64 磅重炮弹的有 2 门。[1]

英国舰队突破虎门要塞，沿着珠江北上，吸引了清朝无数百姓沿江围观，"国既不知有民，民亦不知有国"。从虎门、厦门、定海、镇海、镇江到宝山，这些被清朝官吏自诩为"固若金汤"的炮台望风沦陷，被英国人夺去的大炮达 1500 门之多，英国人反过来用这些"摆设"来反击清朝。

这是一场一边倒的战争，基本上只要英国舰队一开炮，清

1- [英] S. A. M. 艾兹赫德：《世界历史中的中国》，姜智芹译，上海人民出版社 2009 年版，第 279 页。

朝军队就如惊弓之鸟，作鸟兽散。[1] 甚至在所有近战中，清军也常常一败涂地。这完全印证了两个世纪前英国思想家培根的一段名言：

> 国家的强弱，并不仅取决于拥有多少高墙、坚垒，大炮、火药，战车、骏马。从根本上说，只有民气强悍英武，国势才能强盛而不可侮。否则，尽管有强大的武备，也不过只是金玉其外败絮其中而已。[2]

1- 时人梁章钜在《炮说》一文中写道："统军者惊奔，众无不溃矣。……今日军中全中此病。"

2-［英］培根：《培根人生随笔》，何新译，人民日报出版社 2007 年版，第 106 页。

清朝的巫术

中英鸦片战争发生时，欧洲已经经历了一场轰轰烈烈的革命战争，很多君主和独裁者都被送上了断头台。与之相伴的是关于现代化的启蒙运动，人们的思想观念和国家制度都发生了剧烈的变革，尤其是现代军队的出现，让战争模式完全跳出了传统框架。

首先一点，所有的战争都由专业的军队来进行了。所谓专业，就是有着严格的训练和纪律。这既不是以前为了挣钱的雇佣军，也不是为了荣誉而战的骑士。战争是国家的事业，而军队，体现的是国家的暴力意志。

有了专业化、职业化的军队，政府便加强了对社会资源的控制能力；反过来，政府强化了对社会的管控，也才有能力供养一支专门的军队。对拿破仑来说，国家、政府和军队是一回事，与其说国家拥有军队，不如说军队拥有国家。

普鲁士作为武力国家，有一多半是拿破仑军队侵略的结果。对普鲁士来说，整个国家就是靠发展军队建立起来的。在骑士时代，这里城堡林立，有数不清的容克小国。这些贵族出身的年轻一代纷纷入伍，成为极其忠诚而又勇敢的军官，使得普鲁士在很短的时间里便崛起了。

从滑铁卢战争来说，英国人在战争方面比拿破仑做得更好。对英国来说，军队作为政府的暴力工具，可以对外侵略，对内镇压，对社会各界形成足够的威慑力，再加上铁路和蒸汽战舰的快速与便捷，这让大英帝国统治世界的力量更加强大。

在18世纪之前，欧洲曾经风靡过很长一段时间"中国风"，人们对来自中国的丝绸、瓷器和茶叶赞不绝口。工业革命和启蒙运动的兴起，对东方的了解越来越多，让东方的形象一落千丈，欧洲的精英们甚至将中国看作一个拒绝进步的反面典型。正如法国思想家托克维尔所说，清朝腐朽的官僚集权制度吞噬了中国社会的创造力与能量，从而导致了僵化，"中国人有安宁而无幸福，有百业而无进步，有稳劲而无闯劲，有严格的制度而无公共的品德"[1]，在他们看来，鸦片战争不过是"欧洲的活跃和中国的停滞交锋了"。

在这场"中国人不可能战胜而英国人绝不该发起的战争"中，守卫宁波城的重任竟然被寄托在一群猴子身上。

当时，清兵不知从哪里找来一群猴子，计划将鞭炮绑在猴子身上，然后将其驱赶到英国军舰上，好让猴子在慌乱中点燃

1- [法] 托克维尔：《论美国的民主》，董果良译，商务印书馆1988年版，第101页。

英军的军火库。结果当英军发起攻击时，所有清兵都只顾自己逃命，猴子的事情早就抛在脑后了。那些猴子被锁在一起，最后全部被活活饿死。

克劳塞维茨说，战争是政治的延续。换句话说，战争永远是政治的一部分，政治的不正义最终往往成为战争的阿喀琉斯之踵。

孟子说："君之视臣如土芥，则臣视君如寇仇。"1840年的鸦片战争中，英国人的炮火竟然成了中国民众的烟花，一场英国人的"孤军远征"，戏剧性地变成了清朝"敌众我寡"的危局。

随着英军连战连胜，清朝出现了"汉奸"一词，意思是给外国人当奸细的汉人。官军为什么打了败仗？不能说敌人强大，不能说满人不行，只能说汉人在背后捅刀子。

浙江巡抚刘韵珂的奏折中称："盖其炮火器械，无不猛烈精巧，为中国所必不能及。……无一处不勾结汉奸，无一汉奸不得其重贿，为之致死。"（《筹办夷务始末·道光朝》）负责抗英军务的杨威将军奕经亦认为："防民甚于防寇，此所谓患不在外而在内此也。"（同上书）

从"防民甚于防寇"到"攘外必先安内"，胡绳在《从鸦片战争到五四运动》中，一语道破中国古代专制体制的秘密："统治者所豢养的军队本来是为了镇压人民的，只能在手无寸铁的人民面前逞凶暴。"[1]

1- 胡绳：《从鸦片战争到五四运动》，人民出版社1981年版，第49页。

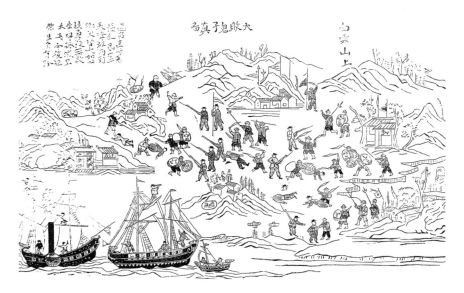

《伦敦新闻画报》1858 年 1 月 23 日刊载的中国画《大败鬼子真图》

　　道光二十二年（1841 年），清政府以奕山亲王为靖逆将军，以户部尚书隆文和湖南提督杨芳为参赞大臣，率兵 17000 余开往南国，征剿英夷，收复香港。

　　年近古稀的杨芳戎马一生，身经百战，无一败绩：镇压湘黔苗民起义大胜、镇压川楚陕三省白莲教起义大胜、镇压河南李文成起义大胜、镇压张格尔大胜、镇压彝族起义大胜。

　　其时的广州，英军兵临城下，城内一片风声鹤唳。老将杨芳的到来令清朝臣民欢呼不绝，林则徐也亲自为其祭旗。

　　据时人梁廷枏的《夷氛闻记》记载，杨芳看到"夷舰"上的大炮总能击中"我",而"我"却不能击中对方,因此杨大人英明地指出,夷舰"必有邪教善术者伏其内",于是"传令甲保遍收所近妇女溺器",作为清朝的制胜法宝。

清军将这些马桶平放在一排排木筏上,由一位副将率领,以马桶口面对敌舰冲上去,以破"邪术"……随后,在英军的反攻炮击之下,清军一哄而散。

最后,这场闹剧般的战争以奕山签订《广州和约》,付给英夷600万西班牙银元的"赎城费"而结束。

杨芳和他的军队将广州城洗劫之后,凯旋还朝。时人写诗嘲讽道:

> 杨枝无力爱南风,参赞如何用此公。
> 粪桶尚言施妙计,秽声长播粤城中。
> 芳名果勇愧封侯,捏奏欺君竟不羞,
> 试看凤凰冈上战,一声炮响走回头。
> (《平夷录·广东·感时诗》)

············

巫术是蒙昧时代的技术,火药是科学时代的技术。在传统文化中,科学常常被蒙昧解构,因此形成许多不可思议的历史细节。

自从中国发明火药和火器之后,野蛮落后的原始部落常常将其作为巫术看待,因此也试图以巫术破解。在中国传统巫术中，常以人粪、鸡血和女人阴户等"不洁之物"，作为镇邪除恶的手段使用。

明朝万历年间，官军以火器营镇压地方叛乱，四川播州土司杨应龙以数百名裸体妇女迎战，果然官军"炮不得中"。魔高一尺，道高一丈。后来官军"斩黑狗血洒之，法立破"。

崇祯八年（1635年），张献忠攻桐城时，以妇女"裸阴向城"，城上官军"泼狗血、烧羊角以解之，炮竟发矣"。

清乾隆三十九年（1774年），山东王伦起事，白莲教军围攻临清，守城官军以鸡血和粪汁洒城，并使妓女以阴门迎敌，临清之围遂解。

鲁迅小的时候，他家的女佣阿长对他说，太平天国的天兵占城时，"我们也要被掳去。城外有兵来攻的时候，长毛就叫我们脱下裤子，一排一排地站在城墙上，外面的大炮就放不出来；再要放，就炸了"。在鲁迅看来，"这实在是出于我意想之外的，不能不惊异。……不料她还有这样伟大的神力。从此对于她就有了特别的敬意，似乎实在深不可测"。[1]

…………

1- 鲁迅：《阿长与山海经》，载《鲁迅全集》（2），人民文学出版社2005年版，第253页。

八里桥伯爵

　　关于中国近代史，美国汉学家费正清曾提出了一个"冲击—回应"理论。按照他的解释，中国近代史是因为与西方发生碰撞才开始的，这导致中国从此以后一直处于西方的阴影之下，处处要与西方进行对比，胜则喜，不胜则悲，则怒。因为在火器技术上的落后，中国后来十分信奉"落后就要挨打"这句话。

　　中国人常常以大国为荣。不过，《红楼梦》里的王熙凤有句话说得好，大有大的难处。美国学者霍夫曼认为，正是因为中国太大，才导致了火器技术的迟滞——

　　　　（古代）中国拥有最多的人口，是东亚最大的经济体，这让那些使用火药武器的对手相形见绌。虽然人均税收低，但中国不会遇到小国对手所遭遇的人力、开支受限的问题。国土面积的悬殊虽然没能阻止游牧民族的侵扰（他们最终能撤离中国势力范围），但会让一些潜在的拥有火药武器的敌人不敢轻易挑衅

手持鸟铳的清兵

中国，或者说至少会让他们后悔曾侵扰了中国。长期看来，中国之大使潜在的对手不敢开战，虽然不能完全避免战争，但也减少了整个东亚地区运用火药技术发动战争的数量。结果，不仅对中国，还对所有潜在的对手国家来说，火药武器的创新步伐因而更为缓慢，只因中国是令人畏惧的对手。[1]

事实上，即使近代史上中国在与西方的战争中一败再败，仍基本保持了国家的完整，并未沦为印度那样的殖民地，也没有像奥斯曼帝国那样分崩离析，这多少也说明了大有大的好处。因此，火药和军事技术上的落后，并不是中国想要这样，而是没有提高火药技术的压力和需求。在相对封闭的东亚，中国的老大地位是安全而稳固的，直到西方炮舰的突然闯入打破了这种安稳。

从鸦片战争开始，这场军事"大分流"突然重新汇合，东西方的剧烈碰撞，引发了一系列令人瞠目结舌的戏剧性结果。

早在崇祯年间，南京户部右侍郎毕懋康就独立发明了燧发枪（自生火铳），并在《军器图说》中阐述了燧发枪的形制构造。这一发明无疑是枪械发展史上的创举，因为燧发点火不

1- ［美］菲利普·霍夫曼：《欧洲何以征服世界？》，赖希倩译，中信出版社 2017 年版，第 74 页。

仅克服了风雨对射击造成的困扰，而且不需用手按龙头，使瞄准较为准确，并且在各种情况下都可发射，增强了发射的机动性。

可惜的是，明末的社会动荡使这项技术遭到埋没。入清之后，有人为康熙和乾隆制成少量燧发枪，供其打猎。但这些新技术的火器并没为清朝军队所用。直到鸦片战争时，中国还停留在五百年前的火绳枪时代。

更为不幸的是，不仅火绳枪（鸟铳）在天朝军队装备中仅占一半，而且这些火器也基本上掌握在鄙视火器的八旗军之手，常常被唤作"烧火棍"。

清军的鸟铳射程约 100 米，射速为每分钟 1 至 2 发，而当时英军的制式来复枪射程已经约达 300 米，射速为每分钟 3 至 4 发。在射击精度上，手工时代的滑膛枪与工业时代的来复枪更不可同日而语。尤其是火帽枪的出现，使步兵可以全天候作战。

1841 年，一连印度兵在三元里被围，大雨让他们的燧发枪无法射击。正在这时，两连配备火帽枪的海军陆战队及时赶到，使他们得以解围。

如果说第一次鸦片战争时期，中国的火器水平还可以一拼的话，那么 20 年后的第二次鸦片战争中，中国与英法已经完全不在一个技术层面上了。具体地说，枪炮火力和射程的大幅度增长，让进攻的军队想要接近敌人变得越来越难，哪怕是一支快速移动的骑兵，也同样如此。

西方画家笔下的八里桥之战

　　世界似乎总在中国之外。对一个封闭停滞的帝国来说，20年不会带来任何变化，但对日新月异的工业时代来说，20年时间完全可以创造一个新的世界。

　　当时，清军仍是弓箭加鸟铳，而英法联军装备的是击发式恩菲尔德步枪，最大射程1100米，每分钟可射击5发子弹。当这样的步枪成百上千互相叠加，加上火炮的巨大威力，可以共同构建起一个密不透风的火力网，可以想象，哪怕再勇敢的古代武士面对它都无法逃生。

　　历史总是充满各种荒诞和戏剧性，常常超乎人们的想象。

一队"马镫—弓箭"时代的帝国官军，遭遇到一队"钢铁—蒸汽"时代的现代化军队，一场大屠杀就开始了。

这场屠杀发生在咸丰十年（1860 年）的北京八里桥。

僧格林沁，这个成吉思汗的胞弟、哈撒尔的第二十六代孙，率领着 3 万多清朝步骑兵，冲向蒙托邦率领的 6000 多法国陆军。这场战斗，其结果毫无悬念，英法联军轻松取胜，而清军骑兵几乎全军覆没。

从当年用麻袋来装十字军骑士的耳朵，到如今八里桥覆灭，历史在 600 年间打了一个颠倒。当年是蒙古骑兵扮演屠夫的角色，如今他们成了工业时代的猎物。阿姆斯特朗大炮将这些成吉思汗的后代撕成碎片。"法国和英国的炮兵压倒了他们的箭、矛、迟钝的刀和很不像样的炮。尽管他们呼喊前进，勇猛和反复地冲杀，还是一开始就遭到惨败。"[1]

僧格林沁的军队在本质上与成吉思汗的军队没有什么区别。最大的区别是他们遇到的是枪炮武装的现代军队，而不是金戈铁马的贵族骑士。即使成吉思汗再世，他的命运也不会比僧格林沁甚至澳大利亚的原住民好多少。

远东这场战争的硝烟刚刚散开，蒙托邦就被凡尔赛宫的拿破仑三世授予"八里桥伯爵"。

历史的发展推进是有规律的，很多时候它不是一条直线，

1- 保尔·瓦兰：《征华记》，转引自齐思和编《第二次鸦片战争》（六），上海人民出版社1978 年版，第 293 页。

而是一条波浪线。600 年后，当年被蒙古骑兵带到西方的火药又回来了，但一切已物是人非。发明火药的中国竟然被人以火药洗劫，这简直是人类历史上最荒诞的场景。

八里桥之败，使八旗精锐彻底覆灭，清朝统治者用完了最后一张王牌。

傲慢的英国人将一门巨型火炮架设在安定门上，留守的恭亲王奕䜣就在炮口下的紫禁城中，签下了《北京条约》。

奕䜣这一年只有 28 岁，他还不知道照相机这种东西。在英方随军摄影师的偌大镜头面前，"这位皇帝的兄弟惊恐地抬起头来，脸刷的一下就变得惨白……以为他对面的这门样式怪异的大炮，会随时把他的头给轰掉"[1]。

1- 出自英国陆军司令格兰特的日记。

安内与攘外

末日的清朝惶惶不安，深恐 200 年前的甲申灾难再次重演。在"灭发、捻为先，治俄次之，治英又次之"的借师助剿战略下，太平天国的士兵沦为新的猎物，恃枪炮之利的西方雇佣兵"常胜军"和"常捷军"扮演起清朝帮凶的角色。

其时，洪秀全以民族主义旗帜，起事于广西金田，其檄云：

> 夫天下者中国之天下，非满洲之天下也……自明季凌夷，满奴肆逆，乘衅窃入中国，盗窃神器……迄今二百余年，浊乱中国，钳制兵民，刑禁法维，无所不至……至兵则满兵双粮，汉兵单饷，一遇战阵，则汉兵前趋，满兵后殿。故每天兵临压，立成齑粉，其肝脑涂地，尸首堆山者，唯汉兵最多，而满兵在后，虽前锋失利，可鼠窜奔逃，故世俗谓乡勇为挡死牌，而呼汉兵为替死鬼也。[1]

1- 萨孟武：《中国政治思想史》，东方出版社 2008 年版，第 457 页。

受清廷支持的曾国藩以捍卫儒家传统的名义，也在湖南颁布《讨粤匪檄》：

自唐虞三代以来，历世圣人扶持名教，敦叙人伦，君臣父子、上下尊卑，秩然如冠履之不可倒置。粤匪窃外夷之绪，崇天主之教。自其伪君伪相，下逮兵卒贱役，皆以兄弟称之，谓唯天可称父。此外凡民之父皆兄弟也，凡民之母皆姊妹也。农不能自耕以纳赋，谓田皆天主之田也；商不能自贾以取息，谓货皆天主之货也；士不能诵孔子之经而别有所谓耶苏之说新约之书。举中国礼义人伦，诗书典则，一旦扫地荡尽，此岂独我大清之变，乃开辟以来名教之奇变，我孔子孟子之所痛哭于九泉。凡读书识字者又焉能袖手坐观，不思一为之所也。[1]

1- 萨孟武：《中国政治思想史》，东方出版社 2008 年版，第 460 页。

为了镇压太平天国起义，曾国藩早在 1852 年就开始购进西洋大炮。从 1856 年起，已经能够自己生产一些洋枪洋炮。到攻陷南京时，曾国藩的湘军中几乎没有什么冷兵器，装备着当时世界上最先进的步枪和火炮，甚至包括发射米尼弹的前装线膛步枪。

太平天国既反对传统又反对现代，但这并不妨碍他们追求洋枪洋炮。洪秀全也聘请了一些洋人担任军事顾问，而且还兴建了西式兵工厂和军火库。

据记载，前期的太平军中能放枪炮的人不多，"以一军计之，仍不过万人中数十人"，并且"不谙造法，甚至不知施放"，仅对技术简单的地雷、抛火球、放喷筒，或者用火药"穴地轰城"较为精通，但火药难得。太平天国后期，太平军从洋人手里买来或缴获到了一些洋枪洋炮，并按图样仿制，不过在其整个武器装备中火器的比重极小。因此，受到西方支持的清军在火器方面具有压倒性的优势。[1]

从明末到清末，中国两次都在大量吸收西方火器技术，但清末面临着一个更深层也最根本的问题——

引进佛郎机铳、日本火绳枪、红夷大炮都相对

1- 张玉田等：《中国近代军事史》，辽宁人民出版社 1983 年版，第 120 页。

直接，真正难的是引进 19 世纪的技术。历史学家当然早有此见，但细节才是重要的。何种知识、何种技能、何种练习、何种工具才是现代化所必须？现代化的推动者如何看待自身的无知？答案是惊人的。比如说，缺少技术制图和机床被证明是最大的掣肘。[1]

从汉开始，中国就遭遇到两种不可抗拒的外来力量：武力上是北方的游牧民族，即胡人；文化上是印度的佛教。胡人虽然拥有强大的武力，但他们在文化上却远不及中原。

近代以来，侵入中国的西方国家不仅有着强大的武力，同时也具有先进的现代科技，这远非古代胡人和消极避世的佛教可比。中国所面对的，不仅是一场战争危机，同时也伴随着一场科技危机。

战争是技术最有力的推进器，几乎是一种直觉反应，"落后就要挨打"也一度成为清朝的经验之谈。对当时的精英们来说，之所以"挨打"，只是因为火器"落后"，绝不是文化和政治落后——"中国但有开花大炮、轮船两样，西人即可敛手"（李鸿章）。

暴力决定权力。为了生存自保，权力者对暴力技术从来都是从善如流。晚清时期，军事技术的进步是极其明显的。李鸿

<hr>

1-[美]欧阳泰：《从丹药到枪炮：世界史上的中国军事格局》，中信出版集团 2019 年版，第 203 页。

章屠杀苏州的太平军降兵时还在放箭，冯子材在镇南关追击法国远征军的时候就已经在开枪了。

就这样，清朝在洋人的枪炮与鸦片中，走向"同光中兴"。

同治元年（1862 年），清廷下令都司以下军官一律开始学习西洋武操，各省防军开始更换新式武器，管式前装的马步枪和长短火炮迅速取代了传统的管状火器。接下来，后装连发枪炮也陆续进口，国内兵工厂开始大量仿制。

同治三年（1864 年），曾国藩的湘军用西洋炮轰塌了南京的城墙，轰轰烈烈的太平天国运动最后终结于一场血腥屠城。

对于依靠暴力征服建立的清朝来说，离开暴力压制，其统治片刻也无法存续。可以说，正是西方先进的枪炮对清朝统治的支撑，才使它继续苟延残喘了将近半个世纪。

当时，中国在搞洋务运动，日本在搞明治维新，谁也没想到，最后会以一场完全西式的炮舰对决，来检验双方的现代化成果。

1894 年的甲午战争其实是万历朝鲜战争的再现。在事隔 300 年后，中日两国为了争夺朝鲜的宗主权，再次兵戎相见。只是，这一次的结果迥异。

打仗离不开地图。当时，朝鲜实际控制在清朝手里，但清朝军机处竟然找不到一张朝鲜地图。北洋衙门提供的朝鲜地图非常粗略，连地名和里程都没有。后来，有个从日本回来的人，随身携带的日文报纸里附有一张朝鲜地图，上面关于港

洋务运动中，李鸿章在南京建立了金陵制造局。图为制造局仿制的加特林机枪

口、铁道、电线等等，事无巨细，都有标注。军机处如获至
宝，总算有了一份能用的地图。

　　"敌人谋之非一日，我乃临渴掘井，如何制胜？"[1]仅从这

1- 顾颉刚：《人间山河：顾颉刚随笔》，北京大学出版社 2009 年版，第 234 页。

件小事上，战争结果便可想而知。

这场战争中，中日双方的指挥官都曾在欧洲同一个军校受训，舰炮也均为西方进口，主力炮舰都出自同一个英国军工企业。按照清朝传统，采买西洋军火器械，有浮报价银两三倍者，并有浮报至四五倍者。李鸿章被称为"李合肥"，可谓"名至实归"。为了表示对"头号大客户"的敬意，德国克虏伯兵工厂特意为李鸿章塑铸了一座巨大的全身铜像，不远万里运到中国，树立在上海徐家汇。

曾经采访过李鸿章的英国作家布兰德在《李鸿章传》中认为，黄海海战几乎是败于张佩纶的贪腐。张佩纶是李鸿章幕府里的"捞钱冠军"。由于他的"节约"思想，定远和致远两艘战舰上的10英寸大炮，只有三颗重型炮弹；鱼雷里装的是铁屑而不是火药；威海卫炮台甚至以沙子来代替炸药。在电影《甲午风云》中，邓世昌的炮手从"哑炮"炮弹里倒出的全是沙子，看来也不是向壁虚构。

…………

中国的"光荣革命"

当国内的反抗被枪炮镇压下去以后，国外压力就不得不面对。在清廷的纵容和蛊惑下，狂热的义和团运动席卷整个中国北部，老佛爷以被囚禁在中南海的皇帝的名义，向全世界宣战。[1]

在这场疯狂的战争中，义和团自诩替天行道，"弟子在红尘，闭住枪炮门。枪炮一齐响，沙子两边分"。然而，十多万"刀枪不入"的义和团，围攻仅仅41条洋枪保卫的西什库教堂，竟然长达60多天而不下。

1900年6月2日，义和团和八国联军在天津火车站的夜战，被一个俄国记者记录下来：

1-《谕内阁以外邦无礼横行当召集义民誓张挞伐》诏书：光绪二十六年五月二十五日（1900年6月21日），内阁奉上谕：我朝二百数十年，深仁厚泽，凡远人来中国者，列祖列宗，罔不待以怀柔。……尔普天臣庶，其各怀忠义之心，共泄神人之愤，朕实有厚望焉。钦此。

每一次齐射之后，我们都听到了刺耳的号叫声，只见红灯掉落了，溃散了，熄灭了。但是团民们仍然挥舞大刀长矛，高喊"义和拳！红灯照！"向车站前进。

他们中有一位师傅，是个脸色阴沉的高个子老头。他带领一群团民径直向我们连冲过来。走在前头的小孩子举着大旗，上面写着"义和团"三个大字。

月亮照耀着这些丧失理智的莽汉，照耀着他们的大刀和旗帜。

一排子弹射过去，大旗倒下了，又举了起来，接着又倒了下去。[1]

在甲午战争之后的好长时间里，清朝有很多人依然相信，北洋水师之所以战败，是因为没有在战舰前面画上一双老虎的眼睛；坚信传统的弓箭比步枪子弹厉害的，也不乏其人。在袁世凯举行的一场子弹试验中，有一个义和团领袖自告奋勇，自以为刀枪不入，结果被子弹当场洞穿。[2]

············

当时，八国联军在数量上仅为清兵的十分之一，已经实现

1- [俄] 扬契维茨基：《八国联军目击记》，福建人民出版社 1983 年版，第 92 页。

2- 郑曦原：《共和十年：〈纽约时报〉民初观察记（1911—1921）》，当代中国出版社 2011 年版，第 28 页。

西洋版画中的庚子事件

火器化的清兵在装备上也毫不逊色，甚至长途奔袭的八国联军在重武器上还不如以逸待劳的清兵多。然而临战时清兵却逃了个精光，慈禧和整个皇室则远遁到西北的关中。

守卫京津的精锐清军均受过德式和俄式训练，拥有各种现代枪炮，装备不可谓不精良。光绪十四年（1888年），清廷专门花费三十多万两白银，从德国购进328门克虏伯大炮，然而这些先进的武器并没有形成相应的战斗力，只能沦为昂贵的道具。

面对看似乌合之众的八国联军，反而是十余万清军在一日间便化作鸟兽散。

如果从天津算起，40 年前，英法联军用了 50 多天，才穿过清朝骑兵的防线。如今，八国联军只用了 30 天，就已经穿越了清朝最隐秘的禁宫。

李鸿章和张之洞是晚清时期推动洋务运动的两位重臣。不过，从后人的角度来看，他们的思想格局也是有其局限性的。他们那种以强军为本的实用主义，只能是头痛医头，脚痛医脚，并不能改变中国的历史困境。就连李鸿章自己，也自叹只是个帝国的"裱糊匠"。[1]

李鸿章尝言："中国文武制度，事事远出西人之上，独火力万不能及。"张之洞为清朝量身定做了"中学为体西学为用"的体用学说，即发展技术"以强我中华国力"，但"使民权之说一倡，愚民必喜，乱民必作，纲纪不行，大乱四起"（《劝学篇》），说白了就是只用现代技术，而不要现代文明。

"治国之道在乎自强，而审时度势，则自强以练兵为要，练兵又以制器为先。"张之洞在担任湖广总督期间，从德国克虏伯公司引进了当时最先进的制造毛瑟枪和榴弹炮等的成套设

1- 李鸿章在甲午战争失败后发表了一番痛心疾首的感言："我办了一辈子的事，练兵也，海军也，都是纸糊的老虎，何尝能实在放手办理？不过勉强涂饰，虚有其表，不揭破犹可敷衍一时。如一间破屋，由裱糊匠东补西贴，居然成是净室，虽明知为纸片糊裱，然究竟决不定里面是何等材料。即有小小风雨，打成几个窟窿，随时补葺，亦可支吾应付。乃必欲爽手扯破，又未预备何种修葺材料、何种改造方式，自然真相破露，不可收拾，但裱糊匠又何术能负其责？"

晚清时的中华门

备。他所创建的汉阳兵工厂（湖北枪炮厂）开创了中国现代兵器工业之先河。仅仅数年之间，"汉阳造"装备的新军就成为中国第一支现代军队。

这支张之洞的"自强军"总共有 13 营的编制，张之洞还特意聘请了 35 位德国教官。1911 年 10 月 10 日，武昌的新军工程营里的一声枪响，不经意间敲响了清朝的丧钟。

纵观中国古代历史，一朝天子一朝臣，每一次"汤武革命"都是一场改朝换代的战争，免不了血流成河。应该说，在中国历代王朝更替中，清朝的逊位算是相对平和的，既没有出现全国性的动乱，也没有发生流血的宫廷政变，只是个别城市出现围攻"满城"的事件而已。

试图通过谈判和妥协解决政治困局，这在中国传统政治中非常难得。因此，现代有个别学者甚至认为，清室的逊位可比拟为中国的"光荣革命"。

1912 年 2 月 12 日，隆裕皇太后以末代皇帝溥仪的名义宣布逊位，并颁布《逊位诏书》。根据《优待皇室条例》，北京紫禁城中依然保持着一个"逊清小朝廷"。随后，天安门前的"大清门"牌匾被摘下，原本想在背面刻上"中华门"后，重新悬挂原处，但人们却惊讶地发现，"大清门"的背面赫然刻写着"大明门"。

如同无数个微妙的历史细节，在一块 500 多年的牌匾中，权力与历史就这样轮回。[1]

中国火药进入欧洲，摧毁了黑暗的中世纪；当火药再回到中国，不仅摧毁了一个王朝，也彻底崩塌了一个古老的帝国体制。从此，中国从一个世界上最古老的帝国涅槃重生，成为亚洲第一个共和制国家。而皇帝，则成为一种关于专制权力的传说。

1915 年 12 月 12 日，袁世凯宣布恢复帝制，改中华民国

1- 中华门为古代北京皇城的正南门，明代称"大明门"，清代称"大清门"，民国时期改名为"中华门"。1959 年天安门广场扩建，中华门被拆除，原址位于正阳门北侧。

为"中华帝国"，改民国5年（1916年）为"洪宪元年"。这场"洪宪帝制"的闹剧很快便草草收场。仅仅数年时间，人们已经无法再接受一个"皇帝的中国"。

在中国发生辛亥革命之时，法国思想家勒庞正在写作《革命心理学》。他在书中这样预言：中国不久就会发现，一个失去了漫长历史给它披上的盔甲的社会，等待着它的会是怎样的命运。在几年血腥的无政府状态之后，它必然会建立一个政权，它的专制程度将会比它所推翻的政权有过之而无不及。事实上，1949年垮台的国民党政权的行径，倒也确如预言所说。

…………

第十章　暴力的技术

太阳神的儿子

当火炮在欧洲战场上取代传统的投石机的时候，火枪最终也取代了弓弩。

如果说火炮导致了封建主义的结束，并使集权主义开始崛起的话，那么火枪则赋予大众以反叛的力量。

在火炮时代，暴力被垄断在财大气粗的君主手中，他们依靠火炮的杀伤力，拥有不可挑战的权力。随着火枪时代的来临，人成为战争的决定力量，即使未经任何训练的农民，只要拥有火枪，就可以依靠人数优势击败专横的君主。

历史总会有例外。

虽然从来没有进入火炮时代，但丰臣秀吉时代的日本，无疑是世界上火枪（火绳枪）最普及的封建国家。随着战国时代结束，"征夷大将军"德川家康让日本重新又退回到冷兵器时代。

对势力强大的日本武士来说，剑（日本刀）是他们这个权力阶层的象征，同时也是征服下层阶级的工具。在日本传统文化中，武士战争是一种体面而高尚的剑术角斗艺术。当一个剑术大师遭遇一个连剑都没摸过，却手持火枪的农民时，获胜的竟然是这个农民，这是武士们无论如何不能接受的。再加上火枪是卑贱的"夷人"的发明，因此更加遭到武士和贵族的鄙视。

18 世纪以后，由武士控制的幕府只允许生产少量火枪，而且需要获得特许。再后来，幕府完全垄断了火枪生产，并逐渐荒废，以至于到了"黑船事件"时，日本几乎没有什么像样的火器，只能以刀剑面对美国人的火炮。

依靠对火枪的压制，日本武士极力维护了一个传统的封建体制。从 1633 年到 1639 年，短短的 6 年时间，德川幕府连续 5 次颁布锁国令，以此确立的"锁国体制"将日本隔离出世界以外。

但随着"黑船"的到来，日本武士封建制度迅速崩溃。对于幕府将军来说，与其说他们是害怕蒸汽船，不如说是害怕船上的大炮——

　　美国军舰于正月二十八日由蒲贺出发，至神奈川湾抛锚停泊，幕府惊恐万状，担心美舰会绕过羽田滩而直抵品川，而一旦谈判破裂，江户则将在彼等大炮之下化为黑烟。[1]

接下来的明治维新，将日本带入了一个扩张型的帝国时代。

讽刺的是，在帝国体制下，火枪化的平民力量并未形成一种民主潮流，反而成就了军国主义的崛起。在接下来的一个世纪中，由武士精英领导的日本军队成为东亚势力的主导者。

作为现代暴力技术，火器从它出现的那一刻起，就拉开了一场全球性的文明大清洗运动。无数古老但落后的文明都在这场残酷清洗中被消灭，或者被取代。

> 我们可以认为，战争武器越昂贵、越巧妙、越复杂，文明的扩张与持续将越确定。我们将要描述的昂贵器具，发明它们需要天赋才能，建造它们需要精致机械，使用它们必须具备技巧，这些武器永远只能是富有和智慧国度的左膀右臂。我们知道，在古代，富有和文明的社群几乎不可能对抗穷人和野蛮部族并保卫他们自己……在我们这个时代，各地的穷人和野蛮

1- [日] 吉田茂：《激荡的百年史》，袁雅琼译，上海人民出版社 2018 年版，第 3 页。

西非人制作的葡萄牙火枪手铜像，这反映了原住居民对欧洲人的最初印象

部族则只能听任富有文明国度的摆布。[1]

在人类第一个全球化时代，拥有火药的殖民者给许多原始的原住部落带来灭顶之灾。

当西方殖民者来到新大陆时，这里已经存在着几大帝国，他们也有军队，甚至有不错的弓箭。但即使他们具有极大的人数优势，却仍然无法胜过欧洲人原始的枪炮。

1519 年，西班牙征服者埃尔南·科尔特斯带领 500 人和 16 匹战马，还有 32 支火绳枪和 7 门火炮，毫不费力，就征服了美洲古老的阿兹特克帝国。10 年后，弗朗西斯科·皮萨罗用 180 名士兵和 4 门火炮，成功征服了古老的印加帝国。

1-［美］约翰·埃利斯：《机关枪的社会史》，刘艳琼、刘轶丹译，上海交通大学出版社 2013 年版，第 73 页。

在卡哈马卡战役中，168名西班牙人击溃了在人数上超过他们500倍的印加军队，杀死了数以千计的印加武士，而西班牙人却几乎毫发无损。

印加人坚信这些西班牙人是太阳神的儿子："太阳神用自己的武器装备了他们，这些武器能发出闪电和雷鸣。"

但实际上，这些"太阳神的儿子"却用枪炮干尽了罪恶的勾当。以后的几个世纪中，欧洲人用"闪电和雷鸣"惊醒了整个人类世界。

即使300多年后，这种不对称的残酷杀戮与征服仍在继续。

1808年，英国的萨维奇携带一支火枪，流窜到斐济群岛，顿时打破了斐济原有的权力平衡。他依靠火枪优势，肆意血洗原住民的村落，成为斐济人心中最恐怖的魔鬼。

类似这样的暴行，在热兵器与冷兵器碰撞时代屡见不鲜。

1873年，一支用来复枪、加特林机枪和野战炮武装的英国探险队，轻而易举就击败了西非最强大的阿散蒂帝国。

1904年，英国军队在中国的拉萨与藏族士兵的冲突中，仅仅几分钟，就使一多半藏族士兵丧命于火枪之下。

随着工业技术的迅速发展，完全成熟的热兵器对原始冷兵器构成了绝对优势，使这种关公战秦琼的战争成为一场赤裸裸的屠杀行径。

如果说八里桥之战仅仅被斥为"可笑"的话，那么拉萨之战就已经使胜利者本人都感到"可耻"。指挥拉萨战争的英国将领杨哈兹本充满罪恶感地说："这样的所谓战斗实在令人恶心，我简直不是人！"

暴力与本能

人性有许多弱点，除了吸毒，人类还具有仇杀外族的阴暗特征。不仅人类，其实许多物种在个体或群体竞争中也往往以谋杀终场。人类的技术与发明只不过增进了这种杀戮本能。

著名的奥地利动物行为学家劳伦兹在《论侵略性》中认为，动物的"侵略本能"受到"抑制本能"的制衡，以避免导致谋杀的结局。但在人类历史上，这个"侵略/抑制"的平稳状态（劳伦兹假设）却常常由于武器的发明而失衡：人类天生的"抑制本能"不足以节制新增的杀戮力量的冲（蠢）动。

在热兵器时代，火器就是权力。而西方人不仅以此获得暴力优势，也垄断了话语权——"欧洲人既没有发明火器，也不曾垄断火器的使用权。然而，大范围制造、分发火器并努力进行提高其致死性的研究，这样的行为只属于欧洲人。从 14 世纪引入火药到现在，火器上的所有主要改进——火绳、燧发、击发火帽、无烟火药、线膛、米尼弹、连发枪和机枪——都是在西方产生，或在西方帮助下出现。"[1]

　　就人类整体而言，虽然有种族和文化的悬殊差异，但在智力和体力方面并无太大差别。因此，一旦拥有了火器技术，无论是澳洲毛利人，还是美洲印第安人，对欧洲征服者来说，也将是噩梦般的存在。

　　在北美的大平原、智利和阿根廷的无树大草原，傲慢的白人一向目中无人，为所欲为，直至遭到印第安人的火器攻击。因为印第安人从荷兰人手里买到了滑膛枪，仅仅 1676 年，就有 3000 多名英国军人丧生于印第安人的枪下。

　　1790 年，一个英国水兵在阿拉斯加遇到一个特里吉特人，他说起这些人在火器出现以后的巨大变化：他们以前用的武器，像棍棒、矛和弓箭都被置之脑后，完全废弃了。每个努特卡人都有自己的火枪。这些武器一旦被他们拥有，就会用来

1-［美］维克托·戴维斯·汉森：《杀戮与文化：强权兴起的决定性战役》，社会科学文献出版社 2016 年版，第 336 页。

对抗那些向他们提供武器的人。在海边，几乎每条船都遭到过攻击，通常都会有很多人被打死。[1]

最著名的事件是 19 世纪的小比格霍恩河战役。在这场遭遇战中，苏族印第安人战士以优势火力，全歼了美国内战英雄乔治·卡斯特将军的第七骑兵团。在此之前，卡斯特到处吹牛说，全美国的印第安人加在一起也不是他的对手。

在第二次布尔战争时期，短短一周，亦即 1899 年 12 月 11 日至 16 日，仅仅在马格斯方丹、斯托姆贝赫和科伦索三场战役里，就有将近 1800 名英军战死，其数目远远多于 1879 年祖鲁战争中祖鲁人所杀英军的人数。在此前的祖鲁战争中，英军仅阵亡 1700 人，而他们用机枪杀死的祖鲁武士则超过 10000 人。

英国人用火器将印度变成自己的殖民地，然而双方的军力比例却在火器的传播下发生着改变。18 世纪末，英国军队可以打败 7 倍于自己的印度军队；到了 19 世纪初，就只能打败 2 倍于自己的印度军队；到了 19 世纪 40 年代，英国人不得不用等量的军队和最先进的火炮，才可以打败印度军队。

在新西兰，有一个叫恩加普希的毛利人部落，1818 年左右，他们从欧洲商人那里得到了火枪。

1- 可参阅：[美] 查克·维尔斯《武器的历史》，吴昊译，黑龙江科学技术出版社 2007 年版。

在其后的 15 年中，好战的新西兰毛利人甚至没有经历青铜和铁器时代的过渡，一下子就从石器时代跳入火器时代，南北二岛顿时硝烟弥漫，各个部落之间你征我伐，打得不亦乐乎。欧洲人只需卖给他们最先进的武器，就可以坐等他们自相残杀，直至灭绝。

随着工业技术的日新月异，蒸汽机、钢铁和机械制造技术使西欧和美国拥有了近乎绝对性的经济和军事优势。雷管、来复线和后膛装弹的一系列技术，最终带来了火药革命之后的"火力革命"，马克沁机枪和野战炮，彻底消除了其他农耕及游牧民族的任何抵抗能力。

对游牧民族来说，自古就存在对狼和马的崇拜。到了火器时代，无论狼还是马，都很快灭绝了，这其实也是游牧民族自身处境的一个隐喻。狼没有了，只剩下一个可怜的图腾。

美洲新大陆有数以亿计的原始野生动物，野牛、麋鹿和河狸等等。几千年来，手持弓箭和长矛的印第安猎人并没有使它们有任何减少，但欧洲人送来火枪之后，仅仅二三百年，就让这些已经在此生存繁衍了几十亿年的动物数量急剧减少。

在那个疯狂的灭绝年代，火枪不仅是武器，更像是货币，白人用火药和火枪从印第安人那里交换动物的毛皮。在这场贸易中，白人得到了动物毛皮，印第安人得到了枪，还有死亡。

据估计，从 1620 到 1750 年的 130 年间，新英格兰有 3.6 万印第安人死亡，其中有 1 万人死于火枪战争。

老子说："胜而不美，而美之者，是乐杀人。夫乐杀人者，则不可得志于天下矣。"[1] 希腊历史学家希罗多德说，波斯国王薛西斯率领他的军队翻过一道山峰后，回头望着他的军队，不禁恸哭起来，部下问他哭什么，他说："想一想百年以后，所有这些人都不见了，因而悲伤莫名。"

回首人类的战争史，所有的武器其实都是一种杀人凶器，它们共同的特性就是具有杀伤力，或使人伤残，或使人毙命。

在所有的战争中，人们都试图用自己的杀伤能力压倒对手的杀伤能力。武器发展的历史，实际就是杀伤力提高的过程。每一种兵器的杀伤力是相对而言的，面对赤手空拳的人，有剑的人就具有更大的杀伤力。当然，这种杀伤力还要受距离和人的身体条件等因素的影响。

如果加以相对化的比较，那么就可以得到一张所有武器的对比表，比如来复枪是火绳枪杀伤力的 10 倍、是弓箭的 5 倍。

如果从冷兵器时代、火药时代至今画一张武器杀伤力变化图，那么我们就可以直观地发现，在整个冷兵器时代，武器的杀伤力曲线都相当平直，但自从启用黑火药兵器之后，特别是从 20 世纪中叶开始，这条曲线便急剧上升。一架 2000 年的轰炸机，就其破坏力而言，相当于 2000 年前一个罗马军团的 50 万倍。

1- 见《道德经》第三十一章。意思是说，战争即使获胜，也不值得沾沾自喜。若津津乐道，就是喜欢杀人。喜欢杀人的人，不会得志于天下。

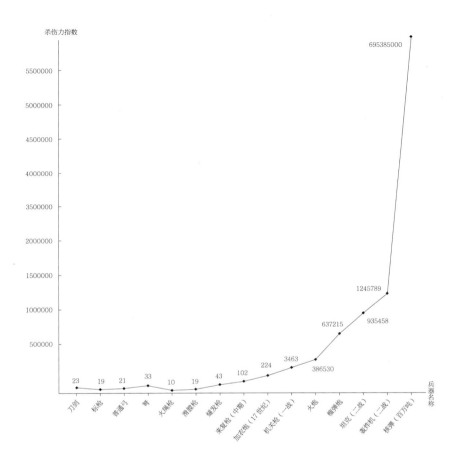

杀伤力指数

695385000

5500000

5000000

4500000

4000000

3500000

2000000

1500000   1245789

1000000   935458

500000   637215

386530

3463

224

102

43

33

23   19   21   10   19

刀剑 标枪 普通弓 弩 火绳枪 滑膛枪 燧发枪 来复枪（中期） 加农炮（17世纪） 机关枪（一战） 火炮 榴弹炮 坦克（二战） 轰炸机（二战） 核弹（百万吨）

兵器名称

兵器杀伤力的理论指数[1]

1- 数据节选自［美］杜普伊：《武器和战争的演变》，李志兴、严瑞池等译，军事科技出
　　版社 1985 年版，第 116—117 页。

大众的反抗

虽然弓弩也是射击性武器，但火枪与它仍然有着根本性的不同。

如果说弓弩是手臂的延伸，那么火枪则是眼睛的延伸；弓弩几乎永远都是一种曲射，而子弹则实现了远距离直射。直射比曲射更容易瞄准，因此更容易击中目标的要害。

与弓弦的弹力相比，火药的瞬间爆发力要大得多，这使子弹的初速远远超过箭矢。如果说人在听到弓弦响之后，尚来得及躲避箭矢，那么在听到枪响之后，根本不可能躲开子弹，而且子弹要比箭矢小得多。

在滑膛枪时代，因为枪管是平滑的，子弹的准确性差强人意，只能勉强击中 100 米以内的目标。为了提高杀伤力，火枪步兵只好以密集队形集中射击，即使打不中这个，总会打中那个。英国汉格上校曾经调侃道："如果想用一支滑膛枪射击180 米外的人，那还不如去射击月亮，因为两者打中目标的概率是一样的。"

在美国独立战争期间，肯塔基的来复枪手改写了战争历程。这种在枪膛内刻上螺旋形纹路的火枪，射出的子弹高速旋转着前进，因此具有更远的射程以及更理想的杀伤力和命中率。

在 1777 年的萨拉托加之役中，美国狙击手使用来复枪，在 300 米外射杀英军西门·弗雷泽将军，最终导致英军战败。

这场胜利直接导致观望中的法国成为美国的同盟，独立战争由此改写。

历史学家罗兰曾说，来复枪以极小的沟槽，却极大地改变了战争规模和杀伤力。对于刚刚诞生的美利坚合众国而言，来复枪几乎可以说是这个新兴国家的助产婆。

现代国家基本都是战争的产物，对美国而言更是如此。或者说，美国就是火枪的产物。

1633 年，由"五月花"号的清教徒建立的普利茅斯殖民地颁布法律，成年男子必须拥有一支火枪、一条子弹带、两磅火药和 10 磅子弹。

在那个时代的北美大陆，无论是白人殖民者，还是印第安人，枪械、火药和子弹都被视为硬通货，并且能够直接交易使用。

英国军队枪击美洲殖民者成为美国独立战争的导火索，此事件后来被称为"波士顿惨案"

　　在独立战争中，民间保有的枪支就显示出惊人的威力。如此暴力民主化的社会基础，也构成了美国国家民主的前提。

　　现代战争离不开科学的组织和指挥。面对前来镇压的英国皇家军队大兵压境，一个由民众自发组织的联邦政府成立了。深孚众望的华盛顿发出号召："为了保卫与我们生命中的一切息息相关的、无限宝贵的天赋自由，我们每一个人都应义无反顾地拿起武器。"

无数民众带着自己的燧发枪，加入反抗英国远征军的队列中，为独立和自由而战。对这些勇敢的美洲殖民者而言，枪就是他们的选票。

…………

在著名的约克敦战役中，这些装备简单的步兵拿着步枪开创了一个新时代——

　　起义者虽然没有经过步法操练，但是他们能很好地用他们的线膛枪射击；他们为自己的切身利益而战，所以并不象雇佣兵那样临阵脱逃；他们并不象英国人所希望的那样，以线式队形在平地上和他们对抗，而是以行动敏捷的散兵群在隐蔽的森林中袭击英国人。[1]

依仗船坚炮利，西方列强在15—19世纪征服了一系列亚洲帝国。但随着火枪的普及，这种殖民统治就难以为继了。

澳大利亚驻华公使在1942年5月写道："远东的英帝国依赖于威望，而这一威望已经被彻底粉碎了。"对于法国和荷兰这两个殖民帝国而言，这点更是确凿无疑。在二战后，法荷两国试图收回其殖民地，但却发现这已经变得如同痴人梦呓一

1-［德］恩格斯：《反杜林论》，载《马克思恩格斯全集》（20），人民出版社1973年版，第183页。

般绝无可能。

在印度尼西亚、马来西亚、缅甸、菲律宾、越南以及其他
各地，太平洋战争激发了反殖民运动。其中部分人曾与日本征
服者合作，并且得到了日本人的武装，而有些人则是与日本人
战斗，接受了盟军的武器援助。无论是前者还是后者，这些人
在二战结束后都没有放下武器。

手里有了枪之后，驯良的原住民可以被一群欧洲殖民者和
殖民官吏任意支配的时代便终结了。

萨特在为《全世界受苦的人》写的序言中说：

> 当农民们接触到枪支，古老的神话就变得苍白无
> 力了，那些禁令被一个个地推翻：战士的武器就是他
> 的人道。因为，造反在最初时，必须杀人：杀死一个
> 欧洲人，这是一举两得，即同时清除一个压迫者和一
> 个被压迫者：剩下一个死人和一个自由人；幸存者第
> 一次感到他脚下植物下面的国土。[1]

1- ［法］弗朗兹·法农:《全世界受苦的人》, 万冰译, 译林出版社 2005 年版, 序言第
 　24 页。

铁与血

"火药革命"的到来，很快就引发了一场影响广泛的"军事革命"，不仅改变了战争的面貌，也完全改变了战争的性质。

从文艺复兴时代开始，火药就成为一个新时代的标志，一直以来遭人鄙视的步兵成为战争的主宰者，任何精英的装甲骑士都无法阻挡火药的力量。

火药以其可怕的杀伤力著称，一旦被用于战争，就开始吞噬越来越多的财富资源和人口。

15世纪40年代，法军中的大炮只需要20吨火药、40名合格的炮手；但到了1500年，这个数字增加到100吨火药、600名炮手；1540年时又变成500吨火药、275名炮手。

1494年，法国的查理三世带领18000人进攻意大利；而300年后，拿破仑远征俄罗斯的军队就达到60万人。

从16世纪到17世纪的100年间，战争的规模突然被火药放大了无数倍。这一变化类似于两千年前中国春秋战国时期的"军事革命"，当时是弓弩引发的步兵崛起。

在法国和西班牙发动的意大利战争中，正如研究它的历史学家所说，1529 年以前"没有证据说明任何一方使用 3 万以上的兵力"；然而仅仅十几年后，西班牙查理五世派出的军队就达到 15 万人左右。这种军事升级以后还在一直持续。到 1574 年，腓力二世的"无敌舰队"拥有 146 只大帆船，几乎是十几年前的 3 倍。

这支"无敌舰队"在 1588 年的花费竟达 1000 万达卡，而它的覆灭不仅仅是一场海军灾难，更是王室财政的灾难。

18 世纪之前，欧洲的战争基本都是在各王朝统治者之间进行的，战争的目的主要是取得政治上的有利地位，或者争取一些王室成员的权益，因而冲突的范围也是有限的。

但由于战争日益强调火力的作用，枪炮和弹药所需的花费越来越多。

普鲁士国王腓特列·威廉一世（1713—1740 年在位）视军队如生命，因此获得了"士兵王"的绰号。他将整个国家收入的 85% 用于军队。到他的儿子腓特列二世（1740—1786 年在位）时，利用强大的军队发动了两次战争，占领了富饶的西里西亚。

在 1756—1763 年的七年战争中，人口只有 600 万的普鲁士与三大国单挑并战而胜之，而奥地利、法国和俄国的人口都在 2000 万以上。战争的胜利让腓特列二世被尊称为"大帝"，而普鲁士军队也成为欧洲的神话。到他去世时，拥有 20 万军队的普鲁士简直像是一个大兵营。他所著的《战争原理》和克劳塞维茨的《战争论》，成为普鲁士留给后人的两份特别的遗产。

工业革命与现代国家的诞生，拉开了一场军事竞赛，以国家为后盾，人类的战争技术突飞猛进

　　一个世纪之后，普鲁士宰相俾斯麦以"铁和血"的军事手段完成了德国的统一，普鲁士的军国主义传统也成为德国的立国思想。一个普鲁士化的德国，随即成为欧洲大陆舍我其谁的新霸主。对战争的狂热，使它制造了 20 世纪最可怕的两次世界大战，将古老的欧洲带到了毁灭的边缘。

　　从 17 世纪第一次欧洲国家混战的三十年战争开始，战争的耗费与日俱增，也成为财政与经济力量的大比拼。总体的变化是，火药使战争更加普遍，战争从政治暴力学变成政治经济学。进入现代之后，战争完全变成工业技术的博弈。

　　工业革命以铁与血的方式，将古老的世界赶出了那个漫长的农耕时代。

随着工业化的出现，相对于经济增长，军队的装备和给养越来越容易解决，而人口的增长也为战争提供了充足的兵源和炮灰。俾斯麦毫不讳言地说："一个国家是否重要，取决于它能够把多少军队投入战场。"

若以国防军费占国民生产总值的百分比来说，罗马帝国约为 6%；欧洲在中世纪时约 1%，16 世纪时约 2%，18 世纪时是6% 至 12%；美国在第二次世界大战后约为 10%。这些高额的军事开支大大增强了国家的课税能力，使国家的权力开始无限膨胀。[1]

毫无疑问，战争最终仍然是一种经济行为。在美国的南北战争中，财政的优势使北方战胜了南方。[2]

亚当·斯密在《国富论》指出，战争和革命将会很轻易地榨干通过商业贸易积累起来的财富。他认为，保持一支军队以保护国家"不受其他独立社会的暴力扰乱和入侵"是必要的，

1- 赖建诚：《西洋经济史的趣味》，浙江大学出版社 2008 年版，第 94 页。早在工业革命之前，西欧各国的税负就开始翻番增长，英国有羊毛税、西班牙有牧羊人税、法国有食盐专卖税。在战时，国家大量地铸"劣币"来赚"铸币税"。同时还向犹太商人借贷。日后如果还不起或者不想还，就干脆抄犹太人的家，将债主没收财产，驱逐出境。

2- 当时美国北方拥有 11 万个制造业设施，而南方只有 1.8 万个，其中许多还得依靠北方的技术和技工；南方只能生产不足 4 万吨生铁，而北方的宾夕法尼亚一地的产量就达 58 万吨；仅纽约州的生产总值就是弗吉尼亚、亚拉巴马、路易斯安那和密西西比四州总和的 4 倍以上。南方仅能制造少量的步枪，主要依靠进口，而北方每年生产的步枪近 170 万支。

但因为军队的"非生产性"，应使其减少到与国家安全相称的尽可能低的水平。

进入 19 世纪，人们在印度和智利发现了丰富的硝酸盐矿，同时提取氮的新工艺也得到普及，因缺少硝石而导致火药短缺的战争制约被彻底消除。

到 1860 年左右，因为发现了级进式燃烧原理，火药技术突然发生了重大改进。当火药被压缩成密度更大的药粒后，它在枪膛内的燃烧速度和膨胀气体的压力出现延级。在燃烧初期，瞬间产生气体较少，但当弹丸被推动沿膛壁前进时，气体还在继续产生。这样一来，就形成持续性推力，膛压降低了，但弹丸的初速却加大了。

因为枪管和炮管可以做得更长，膛线便显得非常重要，一直以来的球形弹丸也变成长圆锥形，大大减少了子弹飞行过程中的空气阻力。这种新式子弹不仅速度更快，射得更远，而且命中率也更高。

伴随火药缓燃技术而来的，还有无烟火药的发明。

以前的火药在射击时会产生大量硝烟，不仅会阻挡射击者的视线，而且会暴露射击者的位置。无烟火药的出现，一下子就结束了长达千年的旧火药时代，西方世界迅速崛起。

等到后膛枪出现以后，战争越来越成为工业化的象征，已经完全失去最后一点美感，而变成一种纯粹的工业行为。

在化学毒剂、内燃机、火箭和喷气发动机以及新改良的高爆炸药出现之后，战场上对人的杀戮技术与工厂流水线上的生产效率一样，不断得到提高。

接连不断的战争，使枪炮技术突飞猛进，同时也制造了诺贝尔这样一个前所未有的富翁。

诺贝尔发明了黄色高爆炸药，其威力是传统黑火药的 16 倍。临死前，他用自己天文数字般的遗产设立了包括和平奖在内的奖项。[1]

自火药传入西方至今，可以说火药时代仍是传统战争模式的延续。但进入现代战争之后，所谓战争，已经完全变成工业生产力和技术资源的大比拼，而人成为技术进步的试验品——

> 技术每天都在无情地把一切东西、甚至是刚开始使用的东西当作已经无用的东西加以抛弃。它现在甚至在消除富有浪漫色彩的硝烟，从而赋予战斗以事先绝不能预见到的完全不同的性质和进程。[2]

1- 诺贝尔将其遗产约 920 万美元作为基金，以其年息（每年 20 万美元）设立物理学奖、化学奖、生理学或医学奖、文学奖以及和平奖共五种奖金（1969 年瑞典银行增设经济学奖），奖励一年里在这些领域做出最大贡献的学者。从 1901 年开始，奖金在每年诺贝尔逝世时间 12 月 10 日下午 4:30 颁发。

2- ［德］恩格斯：《欧洲能够裁军？》，载《马克思恩格斯全集》（22），人民出版社 1965 年版，第 444 页。

火枪时代

火药时代大体可以分为火炮时代和火枪时代。

拿破仑战争之前的一段时间基本属于火炮时代，火炮是主要的战争武器，炮兵在作战中起决定性作用，是战斗中杀伤敌人的主要兵种。敌人约有一半以上的伤亡是炮兵造成的，尤其是著名的"12磅拿破仑炮"[1]，可发射实心弹、爆破弹、霰弹和榴霰弹。

拿破仑把炮兵作为最主要的作战工具，并注意充分发挥它的机动性。他最喜欢使用的战术之一，就是大规模的炮队作战。

拿破仑一生战绩辉煌，但最后却毁于滑铁卢。滑铁卢战役之所以失败，关键因素是拿破仑的炮队因为道路泥泞而完全瘫痪。如果还要找一个原因，就是法军没能让英军的大炮也同样瘫痪——

1- 这是一种前装滑膛野战炮，出现于拿破仑三世时期，12磅为大炮口径，约为117毫米。它具有机动性强、火力凶猛、制造和使用简单等特点。

将无头钉子钉进火门，销毁敌人的大炮，这是一种军事常识。每支骑兵队伍都会在马鞍口袋子里放上锤子和钉子的。"钉子，钉子，该死的，难道没人有钉子吗？"一遍遍地问，一队队地问。埃姆越来越感到绝望，他沿着骑兵队列不停地来回跑。"钉子！"

存活的士兵中没有一人有钉子，那些有钉子的士兵都已经阵亡。只要有一撮钉子就能使这些大炮瘫痪，那么即使有回天之力，即使是普鲁士士兵也不能挽救惠灵顿。[1]

在拿破仑的时代，燧发式火枪的有效射程最多 90 米，因此发射霰弹的火炮射程都超过了火枪。但到 1861 年，燧发式火枪被米涅式的来复枪所取代，其有效射程达到 450 米，比火炮的射程远得多。

这样一来，火炮就退到了步兵后面，变成一种支援性的武器，由火枪步兵进行突击。步兵的火力射击从 400 米远处就开始，不再是以前的 90 米。

19 世纪初，雷管发明以后，雷管式的击发步枪大大减少了熄火的次数，并且可以在风雨天气中正常发射，步枪成为一种全天候的武器。1841 年 10 月 8 日的《伦敦公报》报道了一

1－［英］埃里克·杜尔施米德：《转折因素：机遇和愚蠢怎样改变了历史》，陈玉芳译，东北师范大学出版社 2008 年版，第 53 页。

火枪的技术迅速发展，一度超过大炮，成为战场上的决定性力量

场发生在鸦片战争期间的战斗——

　　1841年，"一连印度兵，携带着燧发式步枪，在大雨之中无法发射，结果被一千余名中国人所围困。于是两连陆战队，装备着雷管式步枪，奉命往援，不久就将敌人击溃，并使其受到重大的损失"[1]。

　　与此同时，金属弹壳取代纸弹壳，进一步加快了步枪的标

1－［英］富勒：《战争指导》，李磊、尚玉卿译，广西人民出版社1985年版，第56页。

准化和射击速度。

早期的前装枪，都要从枪口放进火药和弹丸。尤其是弹丸，要从枪口一直推放到枪膛。一般是用木榔头击打弹棍进行推送，费时费力，尤其是在作战时，简直是在等死。后来便有了标准化的纸质弹壳，里面包括固定的火药和弹头。纸弹壳的弹丸外面包裹着浸油的亚麻布，以减少弹丸与枪膛的摩擦和间隙。这种纸弹壳不仅装填方便，火药对子弹的推力也增强了，因而射得更远。

1857 年，印度的雇佣兵因为怀疑东印度公司以猪油或牛脂作为子弹用油，而掀起一场大规模的武装叛乱，这被称为"印度大起义"。

当时，以火帽击发、用薄铜皮卷成的金属弹壳已经出现，现代火枪技术日趋成熟。尤其是来复枪取代滑膛枪后，其良好的射击性能远比以前的排枪火力更为有效，这使得战斗中的个人能力得到提高和增强。

火枪与弓弩都是射击武器。人们很早便发现，如果将箭羽倾斜一定的角度，射出的箭就会自转着飞向目标，从而具有更好的稳定性。同理，一个自转飞行的子弹也会提高准确性，要让子弹自转，只需在枪管内壁刻上螺旋膛线即可。

早期的火枪（从火门枪到燧发枪）子弹都是圆珠形，枪管内壁尽量光滑，以减少子弹与枪膛间的游隙，从而最大限度利用火药的推力，提高子弹发射的初速。但事实上，这种子弹的准确性并不好，所以燧发枪必须以线性战术的齐射来弥补。

"膛线"的英文为 rifle。根据音译，带有膛线的枪就叫"来复枪"或"来福枪"。来复枪要比以前没有膛线的滑膛枪具有更好的准确性。根据空气动力学原理，滑膛枪子弹的飞行是挤压空气，而来复枪子弹的飞行就像钻头在推进，因此射得更远也更准确。

随着来复枪的出现，圆锥形子弹逐渐取代了传统的圆珠弹，从枪口填装弹药的前装式也被后膛撞针击发所取代。此时，现代步枪趋于完善和定型。

来复枪的出现，也让狙击手成为可怕的传说。

英国虽然在特拉法尔加海战中获得胜利，但英国海军上将纳尔逊却被法国狙击手猎杀。在美国南北战争中，一位北军将军看见士兵们都趴在地下不敢起来，就笑道："这么远的距离，就是一头大象，敌人也打不中。"话音未落，他就被南军的狙击手一枪毙命。

在 1853 年的克里米亚战争中，英法土联军装备的是米涅式来复枪，俄军还是老式滑膛枪，最后俄军不仅战败，还付出了 7∶1 的高死亡代价。在 1866 年的普奥战争中，奥地利军队被普鲁士的后膛撞针击发枪打得落花流水，仅在短短 4 天的萨多瓦会战中，奥地利就损失了 3 万名士兵。

技术的变化并没有立刻被人们认识到，战士们仍像以前一样发起进攻，但他们很快就被子弹打倒在地，甚至连敌人都没有来得及看清楚。

火枪技术的提高必然会导致军事革命。

当防御比进攻更加有利，为了减少被敌人射中的危险，整整齐齐按着鼓点前进的线式阵形也变成散开队形。为了修筑藏身的工事，锹镐比刺刀更受欢迎。

可怕的机枪

马克思说：美国的南北战争代表了军事史上绝无仅有的大战争。美国内战以前所未有的伤亡率，宣布了可怕的火枪时代的到来。

美国内战早期，战斗时普遍都是线性战术，双方队伍面对面向对方靠拢，距离够近时一齐向对方射击，最后发起冲锋，以白刃格斗决胜负。来复枪凶猛的杀伤力让南北双方都付出了惨重的代价。到战争末期，防御战和堑壕战已经成为常规。

当时美国的南北两方均以前装滑膛枪和圆锥形子弹为标准武器，它的杀伤距离远远大于当时火炮发射的榴霰弹和圆形霰弹，因此步兵武器和火炮的杀伤力之间的对比立刻发生了逆转。

通过对 144000 名伤亡人员抽样调查，轻武器（主要是步枪）造成的伤亡占 86%，火炮仅占 9%。刃具伤害最低，为 5%。相比之下，步枪子弹造成的伤亡率几乎是火炮的十倍。

由于火帽、圆锥形子弹、来复线、后装射击等一系列技术上的改进，火枪的杀伤力被大幅度提高。除非大山或建筑物挡住视线，否则一个火枪手几乎拥有与火炮相同的射程，而火枪远比大炮更容易移动，火炮手也更易受到机动灵活的火枪手袭击。

转眼间，火炮支配步兵的时代一去不复返了。

从美国内战开始，轻武器迅速提升的杀伤力使伤亡率突然提高，甚至比拿破仑时代 15% ~ 20% 伤亡率还要高。但到了第一次世界大战时，这个数字已经降为 3% ~ 7%。自动化技术催生的机枪是改变这一死亡率的根本原因，两名熟练机枪手发射的火力，几乎相当于拿破仑时期一个步兵团的火力。

加特林机枪面世时，美国内战已经结束，但它很快就在非洲显示出毁灭性的效果。加特林这样解释他发明机枪的初衷：

> 1861 年，在战争的初始阶段……我几乎每天都见证部队出发去前线和返回的伤员、病员和死者。后者中大部分不是在战场上死亡，而是死于疾病或护理中容易发生的疾病。因此我想，如果能发明一样机器——一种枪——单个士兵能凭借它的设计速度完成 100 个士兵在战场上的职责，这就将最大限度地取代大量兵力的必要性，他们暴露于战场上和疾病中的机会也就大大减少。[1]

1-［美］约翰·埃利斯：《机关枪的社会史》，刘艳琼、刘轶丹译，上海交通大学出版社 2013 年版，第 18 页。

最早的加特林机枪是手动曲柄操作的六管机枪，每分钟可发射 200 发子弹

　　加特林这段话听起来十分讽刺，因为美国南北战争中，杀死的都是美国人。

　　在加特林机枪的基础上，马克沁发明了一种更方便可靠的新式机枪。他将机枪带到了欧洲，结果找到了世界上最大的市场，也可以说是世界上最大的战场。

　　第一次世界大战基本上是马克沁机枪的战争，机枪成为战争各方的标准配置。在"一战"中，将近 80% 的伤亡是由机枪造成的。

机枪所具有的强大杀伤力，导致战争形态发生了根本变化。这种改变纯属后知后觉，欧洲人并没注意到美国内战的惨痛教训，直到半个世纪后，西方军队才彻底放弃了排着方队的传统作战形式，因为密集方队带来的结果是居高不下的伤亡率。

当"疏散队形"成为主流时，传统的鲜艳军服也退出了战场。

从克伦威尔时代起，英国军队的军装就极其夸张，高高的熊皮帽子，鲜红的上衣，白色紧身长裤，两条白色武装带，扛一杆长长的火药枪，常被戏称为"龙虾兵"。这种鲜艳的军装固然威武，但也更容易成为对手射击的标靶。

火枪时代的来临，也使传统的刺刀突击遭到淘汰，面对面肉搏的冷兵器战斗似乎越来越远了。一位将军感叹说："当刺刀在冲锋时发出闪亮的光芒，其威势似乎非常可怕，但它们却很难再有染上鲜血的机会，刺刀时代已经过去了。"

比较具有历史意义的是，机枪的出现也彻底结束了骑兵时代。

机枪出现之前的年代，面对高速冲击的骑兵，步兵几乎只有挨宰的命运。成吉思汗凭借几万蒙古精锐骑兵，就几乎扫平了半个欧洲和大半个亚洲。而机枪的出现，直接把骑兵这种纵横疆场千年的决胜兵种扫进了历史的垃圾堆。

拿破仑战争时期，骑兵还是一支重要的战争力量，但到了普法战争中，骑兵竟变得无处躲藏。对于匍匐在树丛和战壕里的散兵来说，骑兵实在是一个过于巨大的射击目标，无论是进行突袭还是进行冲击，都是飞蛾扑火，毫无意义可言。

在第一次世界大战中，一队训练精良的法国骑兵连试图冲击德军机枪阵地，结果不到一分钟时间，就被全部放倒。在没有装甲防护的情况下，冲击速度再快，也躲不开迎面而来的密集子弹。

一物降一物，机枪被广泛应用后，才有了开发具有装甲防护武器的需求动力，直接催生了陆战之王——坦克。

在亚眠会战中，协约国的 511 辆坦克让德军闻风丧胆，纷纷溃逃，整个防线即刻便被突破。德军战争日志上写道："当 8 月 8 日的太阳在战场上下沉时，德国陆军已经遭受了自从开战以来的最大失败。1918 年 8 月 8 日的悲剧并不是由于战车的杀伤力所造成的，而是由于其所产生的心理恐惧现象。德军不战而逃，这算是一个意想不到的奇事。在战车的奇袭之下，徒步的士兵感觉到他是毫无抵抗能力的，于是本能使他放弃了战斗——所以战车与其说是一种物质性的兵器，毋宁说是一种心理性的兵器。"[1]

可以说，机枪的高效杀人方式，彻底结束了以骑兵畜力为

1-［英］富勒：《战争指导》，李磊、尚玉卿译，广西人民出版社 1985 年版，第 124 页。

主的农业社会战争形态，开始了以引擎、石油为主的工业机械化战争形态。

> 第一次世界大战中的诗人们明确地指出，人们再也不能依靠个人的勇猛或气力获得胜利甚至生存了；机械化、军队规模的扩大化、军事行动的复杂化以及远距离武器攻击效率的科技化，共同扼杀了人类个性的构成因素：勇气、希望、进取心，以及在道德与物质冲突中英雄主义情怀的可能。[1]

1-［美］约翰·埃利斯：《机关枪的社会史》，刘艳琼、刘轶丹译，上海交通大学出版社 2013 年版，第 141 页。

战争的演变

美国自从诞生之后，其本土几乎从未遭受过他国侵略，但发生在 19 世纪的南北战争给美国造成了毁灭性的浩劫。这场内战，也让许多历史学家将它定义为最后一场传统战争和第一场现代战争。

从当时的一些政治家和军事家的个人性格来说，南方军的李将军和华盛顿非常相似，他基本上属于 18 世纪的农业时代的人；而格兰特、谢尔曼和其他北方将军都是典型的工业时代的人。

葛底斯堡战役是联邦军队转败为胜的关键一役，战争极其惨烈。仅此一役，双方就有 5 万年轻人命丧疆场。

在这次战争中，火枪成为主力武器，连续射击的加特林机枪也陡然崛起，从而引发了一场全面的武器和战术革命。

作为这场现代战争的最直接象征，明显地表现在来复枪的使用上。自 18 世纪 90 年代以来，美国政府一直在马萨诸塞的斯普林菲尔德的兵工厂生产武器。到 1820 年时，在斯普林菲尔德的工厂已经拥有一条现代化的生产装配线，生产并组装通用件。但是这种生产本身从 1812 年战争到内战并没有发生多大变化，当时射程长而精确度高的来复枪大规模地为联邦步兵生产出来。这些斯普林菲尔德的步枪虽然标志着一种巨大的进步，但是它们仍然是前装枪。每一次开火之后，士兵就不得不停下来，把步枪竖起，通过枪口装入一些火药，紧压于枪膛之中，然后在他重新开始射击之前再把推弹杆放到枪筒底部。这样做起来很慢。如果一个士兵把推弹杆放错了位置，他就无法射击。然而到了 1862 年，他们给联邦骑兵提供了成千上万支新设计的后膛装填的来复枪。不管是在马上或者是跪在原木后头，一个骑兵就能迅速地在扳机上方或枪身底部重新装填弹药。推弹杆和前装枪被废弃不用了。到了 1864 年，当步兵被用后膛枪装备起来时，他们的火力或者说"效率"增加了三四倍。在战争结束时，当时连发的后膛填装来复枪还在使用中，且数量更高。这些武器与改进了的火炮结合在一起，对战术产生了革命性的影响。比军事技术变化更为重要的是，新的现代战争的概念在美国南北战争期间出现了。到战争结束时，北方军队已经在为摧毁南部联邦的事业和破坏南方的传统社会而战斗。

　　但这场革命并未引起埋头备战的欧洲诸国的关注。数十年后，第一次世界大战爆发，沿袭旧式思维的欧洲将军们亲手将自己的士兵送进了地狱。因为忽视火枪尤其是机枪的杀人效率，参战各国都付出了极其惨重的代价，大量的士兵糊里糊涂地死在了枪口之下。

一些军事学家认为，第一次世界大战的来复枪和拿破仑时代的火枪之间的区别，甚至要比火枪与弓箭之间的差距更大。

18世纪末，火枪的准确射程在46米到64米之间，但枪筒和子弹的设计经过了一系列技术上的改良。到了19世纪中叶，枪支射程已扩大到270米。19世纪60年代起，后膛枪和栓式来复枪的出现，又将枪支的射程增加到460米，重新上膛的速度也有所提升。而加特林机枪已无须重新上膛，实现了连续射击。

拿破仑时期的滑膛枪每分钟只能射击1到3次，而马克沁在19世纪80年代发明的机枪，每秒钟就能射出11发子弹，一分钟就是660发子弹。

在美国南北战争时期，格兰特将军曾愤慨地谴责南方军队使用一种爆炸式滑膛枪子弹，说这是一种野蛮行为。而谢尔曼将军则因为一种老式地雷而勃然大怒："这不是战争，而是谋杀！"但很快，他们就变得和南方军队一样地"野蛮"，一样地进行"谋杀"了。

战争是一场激烈的杀人竞赛。这种竞赛使得火药用于战争，并被传播到世界各地。同样，竞争之下，古老的黑火药最终遭到淘汰。

甲午战争是最后一场黑火药战争，中国在这场战争中惨败。此战之后，中国人发明的黑火药走完了千年历程，退出战场，成为节日上空的烟花。悄然登场的无烟火药让杀人者变得

现代战争中，女人、老人和孩子都要参与武器的生产，以节省出男人，让他们上前线

更加隐蔽，也更加阴险，战争也显得更加残酷。这完全是西方人的发明创造，接下来他们还将"创造"两次世界大战。

　　随着无烟火药、双基火药、TNT等更具杀伤力的新火药的出现，产生了一场现代意义上的军事革命，涌现出一批毁灭性空前的现代武器。从枪炮、炸弹，到火箭、导弹，战争的发展甚至超越了人类的想象力。

　　首先，现代国家依靠官僚机构和宣传工具，在战争动员方面做得更加高效。在第一次世界大战中，英国动员了12.5%的男子入伍，德国动员了15.4%，法国动员的人数高达17%。

到了第二次世界大战，各国平均动员了 20% 左右的人员从事军事行动[1]。

如此规模的战争总动员，完全来自工业化的高生产力。在传统的农业时代，只有农闲时节才可以发动战争，能提供的兵源总是有限的。在农忙时节，甚至连军人也需要帮忙。不得已的情况下，军人也需要种地，中国古代的屯田制就很普遍。

在一个工业化的社会，机器的高效与通用，使得妇女也可以从事生产，从而将大量的男人送上前线。在两次世界大战中，各国后方从事生产工作的基本都是老弱妇孺。

这两次世界大战基本都是总体战争。人类在这种大规模的战争里所使用和毁灭的物资数量之巨，是前人所不能想象的。

这种总体战争也是在打物资战。谁生产的物资越多，谁就能坚持到最后，各方也都在不计代价、不择手段地誓死血战到底。对任何一个参战国来说，一切都在为战争服务，军工是唯一的产业，战争负责消费，军工厂负责生产。战争时期人们的生活需求，则往往被压缩到最低水平。

从一战到二战，战争促进了武器的发展，也越来越成为武器的竞赛。这使得发达的富国面对穷国时，具有更大的战争优势。

1-［英］艾瑞克·霍布斯鲍姆：《极端的年代》，马凡、赵勇等译，江苏人民出版社 2010 年版，第 63 页。

··········

1919 年，军事史学家富勒在其著作中写道："手段，或者说武器，只要能发明出那些有威力的武器，就构成了胜利的99%。战略、指挥、统帅、勇气、纪律、补给、组织以及战争中其他所有的精神和物质要素，相对于武器的巨大优势而言，都不算什么——它们最多只构成整个可能性中的百分之一。"[1]

从手持弓箭到远程导弹，武器体现了人类的智慧。

当年天下无敌的罗马军团如果看到现代战争，他们一定会目瞪口呆。尽管他们围攻迦太基时无比凶残，但原子弹爆炸之后的广岛和长崎，仍绝对超乎他们的想象。

1- 转引自：［美］马克思·布特《战争改变历史：1500 年以来的军事技术、战争及历史进程》，石祥译，上海科学技术文献出版社 2011 年版，文前。

囚徒困境

富兰克林说："从来就不存在好的战争，也不存在坏的和平。"老子也说过："杀人之众，以哀悲泣之；战胜，以丧礼处之。"（《道德经》第三十一章）

在滑铁卢战役中，惠灵顿公爵打败了不可一世的拿破仑。面对尸体横陈的战场，他没有丝毫喜悦感，反而沉重地说：对战争来说，胜利和失败都是一个悲剧。

在本质上，战争是一场两败俱伤的游戏，而不是你死我活的零和游戏。中国古人也说：杀敌一千，自损八百。在火器战争初期，因为双方的武器差距较大，尤其是火炮的决定性作用，战败一方的损失比战胜者大得多。但随着武器技术的进步和交流加快，主要是单兵步枪杀伤力的提升，胜者与败者之间的伤亡率差距已经越来越小。

一般战争的伤亡率在 10% 到 20% 之间。在欧洲三十年战争时期，得胜一方的人员伤亡占总兵力的 12.5%，战败一方是37.5%，即输者要付出胜者 3 倍的代价。到了 18 世纪初，胜败双方之间的伤亡比例已经减小到 1：2，不久又降到 1：1.5 左右。到了 19 世纪中期，胜利者会损失 10% 的兵力，而失败者是 17%。

20 世纪的两次世界大战，多多少少颠覆了这种战争伤亡曲线。因为，武器技术已经发展到了极其可怕的程度。

第一次世界大战时，参战各国总共动员了 6500 万名士兵，在战斗中死伤人数达到 2900 万人。著名的索姆河战役持续了 141 天，300 多万人参战，最后死伤人数达到 134 万，仅战争开始第一天，英军就有 6 万人阵亡。

这场战役被当时的人称为"索姆河绞肉机"。他们一定没想到，接下来的第二次世界大战更是有过之而无不及。据不完全统计，第一次世界大战造成 1000 多万人死亡，2000 万人受伤；第二次世界大战共伤亡 9000 余万人。

前后两次世界大战，漫长而又残酷，从时间到空间都达到了前所未有的程度。战争的胜负常常取决于双方的火力对比，而不是人数上的众寡。在凡尔登战役中，英军用 2300 门火炮对着德军不到 10 公里宽的阵地进行了连续 10 天的炮击，消耗了 600 万发炮弹，总重量达 6.5 万吨。

在现代工业体系下生产的航空母舰、飞机、坦克和远程火炮等大规模杀伤性武器，往往会对依赖单兵火力的人海战术造成压倒性的优势，从而使战败一方陷入近乎全军覆没的绝境。

第一次世界大战时，机枪和火炮让战争陷于旷日持久的壕堑战。第二次世界大战则以坦克的闪击战拉开序幕，普通步兵像是回到冷兵器时代一样，不堪一击。

步兵手中的枪和刺刀对坦克没有任何作用，而坦克却像古时候的重骑兵一样，有装甲保护，横冲直撞，且还可用机枪射击。同样，步兵对快速运动的飞机也是无能为力，而飞机却能对他们进行轰炸和射击，就像古时候的轻骑兵一样。

在欧洲人看来，第二次世界大战是希特勒的战争，正如第一次世界大战是德皇的战争一样。穷兵黩武的德国在 30 年里连续失败了两次。不过，比起希特勒的下场，德皇威廉二世似乎要幸运一些，他在德国战败后仅遭到废黜。

据说这位前皇帝在失败后读中国古代兵书《孙子》，其中有一段话："亡国不可以复存，死者不可以复生，故明君慎之，良将警之，此安国全军之道也。"读到这里，威廉不禁废书喟叹。

谁能想到，在 18 年前，这位威廉皇帝还对着参加八国联军的德国远征军宣称："同胞们，你们必须清楚，你们要面对的是工于心计、装备精良、生性残忍的敌人。你们如果遇到敌人，就把他们杀死！不要留情！不要留活口！谁落到了你们手里，就由你们处置！匈奴人在流传至今的传奇中，依然声威赫赫。就像一千年前阿提拉麾下的匈奴人一样，德国人的声威也应当在中国历史中流传千古……"

"兵者，不祥之器，非君子之器，不得已而用之，恬淡为上。"（《道德经》第三十一章）对现代人来说，科学技术就是

哥伦布、达·伽马他
们带着火炮征服新世
界，近代以来的西方
殖民者主要依靠机枪

战争的阿拉丁神灯。现代人所崇拜的技术与文明，没有、也不
可能制止战争，只会造出更先进的武器。

　　从远古时代起，人们就不断地通过技术改进和专门训练，
来减少战争的发生成本，比如降低战士的心理压力，增强其杀
敌的勇气和胆量。射击性武器的出现，拉开了杀戮者与被杀戮
者之间的距离，这使杀人者可以较少地受到杀戮场景的冲击，
道德障碍也变得越来越小。

　　身怀利器，杀心自起。可以说，火器不仅提高了杀人效
率，而且给杀人者提供了道德解脱之路。

随着火器的出现，虽然杀戮的残忍程度更加令人发指，但面对这种血腥的距离却越来越远，战争因此变得越来越像游戏。

就人的本性来说，坐在飞机上手摁电钮扔炸弹的人，心里肯定没有面对面用刺刀杀死一个人所受的精神冲击大。当杀戮者逐渐远离杀戮现场时，对杀戮这种行为就变得麻木起来，杀戮和被杀戮都只有一个结果和数字而已。

弗洛伊德从社会心理学角度，把现代战争造成的伤害归因于现代文明社会虚假的道德进步与战时人类野蛮行为之间的巨大断裂。

一场劳师远征的越南战争，几乎成为美国最新式武器的试验场。相比越南人，美国军队装备了当时世界最先进也最致命的武器，这让美国士兵在战场上获得了极大的心理优越感，他们根本"不把越南人当人看"——

> 年轻、男性荷尔蒙、种族主义、怒火、无聊、害怕、异国他乡的感觉、没人知道名字、免责的感觉，还有刺激，这些因素混合起来，发生了一种有毒害的反应，并燃起了一种破坏性冲动，导致士兵随意开枪乱射。住所、坟墓、宝塔都遭到了这种冲动和行为的破坏。在这样一个遥远又陌生的国度里，把那些火力惊人的远程武器分发给年轻的士兵，而这些人已经与这个社会在心理上拉开了距离。从某种程度上来说，

无意识的破坏行为是一种很自然的结果。比如，士兵可以用 M-79 榴弹发射筒从 430 码之外杀人。这意味着，为了追求刺激，美军士兵可以瞄准稻田另一边的水牛，然后在一定距离以外的地方玩射杀。到了战争的后期，连标准的 M-16 步枪都可以装配半自动的榴弹发射筒。据军事心理学家威廉·高尔特说，这种改装让"每名士兵都成了小型炮兵"。[1]

1- [美] 尼克·特斯：《杀死一切会动的东西：美国人眼中的越南战争》，李隽旸译，中国友谊出版社 2016 年版，第 121 页。

诺贝尔的战争

在美国内战正打得死去活来之际,瑞典人艾尔弗雷德·诺贝尔发明出了威力巨大的新型炸药。[1] 他欣慰地说:从此再也不会有战争了!

诺贝尔坚信可以"以战止战"——终结战争唯一的方法是让战争更加恐怖,他以为他做到了。

第一次世界大战反证了诺贝尔的预言,诺贝尔炸药成为双方的标准武器,因此说这场战争也可以叫作诺贝尔战争。

有人做过一个统计,在第一次世界大战中丧生的 1000 万人,其中绝大多数人死于枪炮。具体一点说,58% 的伤亡来自炮弹和迫击炮,39% 来自枪弹,2% 来自手榴弹,白刃伤亡仅占 3%。

1- "黑火药"与威力巨大的"黄火药"之间,本身并没有继承关系。"黄火药"是近代化学的产物。最早的黄火药被称之为"苦味酸"(别名:2,4,6-三硝基苯酚),这种黄色结晶体最初只是作为黄色染料使用,一次偶然的爆炸事件让人们发现了它的军事价值。"黄火药"或者说"黄色炸药"遂成为近代火药的代名词,以区别之前的黑火药。后来,诺贝尔发明了更安全的炸药,即硝化甘油。

很多战争之所以发生，是因为某个自负的狂人相信自己可以轻易地打败对方。然而，战争一旦发生，就常常失去控制，它会按照自己的逻辑进行下去。这正像马基雅维利说的，"战争可以在你需要时开始，但绝不会在你希望停止时结束"。

1920年，英国记者查尔斯·阿考特·李平顿出版了他的战地日记，他将当时人类历史上伤亡最为惨重的这次战争命名为"第一次世界大战"——这标志着人类进入大规模屠杀性战争的一个开始。有了第一次，就会有第二次、第三次。

············

在中国古代发明中，对人类历史影响最大的莫过于火药，但中国人却从来没有搞清楚火药爆炸的原理，更不可能写出其化学反应的方程式。

对中国人来说，火药只是一种技术，而非科学。

人们常说"科学技术"，甚至将其并称为"科技"，但"科学"和"技术"是两个完全不同的概念。技术发明靠的是经验的积累，或是妙手偶得，而科学发现则是建立在系统研究和专业训练的基础之上。

对于火药，中国古人基本上只满足于它能燃烧爆炸的事实，并加以应用，但没有由此引发出更深一层的化学研究。长久以来，人们对火药的认识仍停留在"一硝二硫三木炭"，至于其中的化学和物理原理，既少有人知晓，也少有人感兴趣。

用古人的说法，这就是"知其然而不知其所以然"。

明朝末期，利玛窦来到中国，佛郎机和红夷大炮也得到引进，但因为在数学和化学方面的鸿沟，当时中国并没有多少人能真正搞懂这些东西。

从长期来说，这种认知上的落后，使得中国一直停滞于黑火药，未能研发出黄色炸药。事实上，现代黄色炸药和中国古代的黑色火药没有多少直接关系。

如果从历史来说，中国人发明火药，确实是人类战争史上最重要的革命——在火药之前，人们只能在冷兵器这个窠臼中，挖掘战士的力量和武器的强度，研究地形和战术。当火药与工业技术结合，将战争带入枪炮时代，战争的能量和破坏力被火药突然放大了无数倍，人类自远古以来绵延数千年的战争模式被彻底颠覆。

这场火药革命的影响一直延续到今天，或许只有原子弹的出现，才可以与火药的历史影响相提并论。赫胥黎在《美妙的新世界》的序言中嘲讽道："原子能的释放标志着人类历史的一次了不起的革命，却不是影响最深远的终极革命，除非我们把自己炸为飞灰，从而结束历史。"[1]

从远古开始，战争就是战士和军人的专利。但现代战争则

1- [英] 阿道司·赫胥黎：《美妙的新世界》，孙法理译，译林出版社 2008 年版，前言第 4 页。

大多成了技术专家的事情。

与那些在战场上死去活来的士兵或运筹帷幄的将军相比，技术专家更有可能决定战争的走向。对核武器来说，几乎不需要士兵和将军的参与，一群工程师就可以决定一个国家的存亡。

第二次世界大战时，如果德国对喷气飞机和火箭技术更投入一点，那么伦敦就会被夷为平地，而诺曼底登陆将不可能发生。如果德国率先制造出了原子弹，那么获胜的可能就不会是同盟国。

事实上，在现代战争中，导弹技术和核技术正制造出一种典型的囚徒困境，即在战争中，将不再有胜利者和失败者之分，战争就是玉石俱焚的全人类毁灭。

罗伯特·奥本海默在目睹人类历史上第一次核弹试验时，引用了《薄伽梵歌》中的诗句："现在我成为死神，世界的毁灭者。"

1945年8月6日，美国总统杜鲁门发表了一项声明："一架美国飞机在日本的一个重要军事基地——广岛投下了一颗炸弹。这是一颗原子弹，其威力超过了2万吨梯恩梯当量。"这次爆炸导致的伤亡竟达144000人（其中死亡约68000人）。无数平民在瞬间化为灰烬，整个城市被夷为平地。

仅用一架飞机、一次空袭、一颗炸弹，便完成了早些时候需要1000架飞机才能完成的轰炸任务。

这枚叫作"胖子"的原子弹被投向了日本长崎

　　在日本投下的这两颗分别被称为"小男孩"和"胖子"的原子弹，拉开了一个核时代的大幕。

未来的战争

1938 年末，在柏林的一个化学研究所，奥托·哈恩发现了一个特殊的现象：用中子去撞击某种形态下的极重元素铀，将会出现数个极轻元素，同时也释放出新的中子。

核分裂就这样被发现了。这是人类历史上具有划时代意义的重大事件，很快就传遍了科学界。

科学家们同时也意识到，若核分裂不受控制，只要中子连锁性撞击铀 235 这一同位素，就会引发连锁性裂变。因此，有可能借此开发出一种比普通的化学性炸弹威力大得多的炸弹——原子弹。

不管从哪方面来说，原子弹都是一种"绝对武器"。就其毁灭性而言，它远远超出了诺贝尔的想象，但它又在某种程度上将诺贝尔"以战止战"的梦想变成现实。

原子弹的意义，在于它不仅具有史无前例的巨大摧毁力，而且对传统作战方式和国防政策产生了极大的影响。

> 核武器的发展和积累——首先是美国，然后是苏联，接下来是其他国家——已经使国家安全问题发生

了革命性的变化。在此以前，历史上还不曾有过任何堪与之匹敌的武器技术革命。人们常拿火药的发明与之相比。然而，火药经过几百年的时间才逐渐取代了旧武器，而且就像它所取代的武器一样，火药的使用几乎完全局限于被人们叫作"战场"的有限区域。核武器发明后不过数载，便使得同时消灭敌方的军队和居民一下子成为可能——并且花钱不多、轻而易举。[1]

原子弹的问世，尤其是与导弹技术结合之后，打破了人类武器发展的规律。在相当长的时间内，人类很难找到对付原子弹的有效措施。曾经力推原子弹研制的爱因斯坦说："我不清楚第三次世界大战将使用何种武器，但是我知道在第四次世界大战中他们的武器——都是石头。"

如果说火药的出现改变了人们对暴力的崇拜，那么原子

1-［美］查尔斯·J.希奇、罗兰·N.麦基因：《核时代的国防经济学》，闵振范等译，北京理工大学出版社 2007 年版，第 9 页。

弹的出现则彻底改变了人类对战争的沉迷，冲动而好战的人类不得不冷静下来，控制和压抑与生俱来的贪婪、残酷和好斗，试着学习妥协、理解和宽容。在这个意义上讲，用于大规模杀伤的原子弹，反倒成了人类的"守护神"，创造了一种"恐怖的和平"。

对日本人来说，原子弹让他们终于认识到，战争本身便意味着非正义。因为战争不会损害那些发动战争的大人物，天皇还是天皇，倒霉的是普通大众。在战争中，无论是胜利还是失败，带给平民的都是灾难。伊拉斯谟曾说："绝大多数人和战争毫不相干。即便在战争中获利的少数人，他们的好运道也是以他人的损失和厄运为代价。"[1]

二战之后，原子弹将世界带入了"冷战"。

在"冷战"这场战争中，冲突双方毫无伤亡，然而却总是存在着产生数以百万计巨大伤亡的可能性。各方都希望利用一种无所不能的武器而令敌人束手就擒。为了降低武器对自己的威胁，美苏双方竞相提高军事防御开支，甚至最后发展到"太空计划"。

在某种意义上，这场不同阵营之间的对抗成了工程师的技术竞赛。

1—［奥］斯蒂芬·茨威格：《鹿特丹的伊拉斯谟》，舒昌善译，生活·读书·新知三联书店 2016 年版，第 93 页。

在萨哈罗夫的主导下，苏联成功制造出了第一颗氢弹，萨哈罗夫谦虚地称自己"只是个工人"。他后来还设想了一个"鱼雷计划"，可以瞬间就让一座敌人的港口城市化为灰烬。

当萨哈罗夫拿着这个方案找海军少将商量时，对方却被这种大规模的屠杀计划吓了一跳，甚至有些反感——"他说，如果真的开战，他们海军官兵只习惯跟敌方的武装部队战斗。"[1]

可见，有时候武器工程师会比职业军人更加可怕。相比之下，政治家们反而常常是克制的。

随着原子弹的垄断被打破，各国发展核武器的最终目的并不是为了在战争中使用它们，恰恰相反，只是为了互相威慑，为了避免在战争中使用它们。

历史学家罗兰因此表示出诺贝尔式的乐观。多数人都认为，这种类型的武器会使战争更加恐怖，因此核武器首次使人类达成共识——这个武器不该被使用。

从伯罗奔尼撒战争的长矛到二战的坦克，武器的杀伤力提高了 2000 倍，第二次世界大战造成的死亡人数（5500 万人）要高于之前人类所有战争死亡人数的总和。

如果用一句话来总结人类截至现在的暴力史，就是"武器的演变开始于牙齿和拳头，以原子弹告终"。一个乐观的人会

1- 江晓原：《科学中的政治》，商务印书馆 2016 年版，第 171 页。

说，广岛和长崎的悲剧是人类最后一次大规模的无限战争。

如果说火药是无限战争的开启者，那么核武器或许正在成为无限战争的终结者。在核武器面前，人类需要面对的，不仅是自己的个体死亡，还包括整个人类的集体灭绝。

历史学家汤因比对现代人提出这样的期许——"我们已在无意中将自己陷入一种新的境地，即人类可能不得不在两个极端之间做出一个选择，要么有计划地灭绝和屠杀，要么从此学会像一家人那样生活。"[1]

回首人类战争史，从人力型战争到武器型战争，战争史越来越成为武器史。武器不仅取代人力成为战争的主角，而且随着武器走向智能化，战争也正在走向"无人化"时代。

与人类战士相比，机器人效率高、成本低，最重要的是，可以由它们执行杀伤行动，不必使战士冒伤亡的风险。机器不会感情用事，因此也能减少或消除战士有悖道德伦理的行为。

在未来的战争中，一批批导弹可能会以音速的 10 倍到 20 倍的速度呼啸着飞向敌国。每一枚导弹都瞄准一个重要目标——核导弹发射器、军用雷达、潜艇基地、指挥中心等。攻击方不必动用核武器即可在几分钟内使敌人的大部分战略能力灰飞烟灭。敌方指挥中心将成为瞎子、聋子、哑巴，只

1-[英]阿诺德·汤因比:《历史研究》，刘北成、郭小凌译，上海人民出版社 2000 年版，第 23 页。

古巴危机时期，人类世界几乎到了毁灭的最后时刻。虽然苏联现在已经解体，但世界范围内的核武器竞赛并没有结束

能束手就擒。

在一个拥有原子弹的世界，战争已经不再是国家与国家之间的对抗。恐怖分子和平民混在一起，而他的对手竟然是无人机。在这场无人机与恐怖分子的战争中，交战双方的身份越来越模糊，甚至连人和武器之间的区别也模糊了。

战争是一种独特的人类文明，但战争本身并不意味着文明。

不管武器技术再怎么发展，战争也不会演变成武器（机器）与整个人类的战争，战争仍是人类发起的，并在人类与人类之间发生。战争的形式或许会有所不同，但战争的实质并未改变，人类仍将是战争的唯一受害者。

尾 声

战争的终结

在中国先秦时代，战争受到军礼的约束和限制，"凡兵，不攻无过之城，不杀无罪之人"（《尉缭子·武议》）。但自从秦始皇以来，几乎所有的战争都是无限战争。

一旦战争的号角吹响，整个国家就进入非正常秩序的战争状态，没有人可以置身事外，每个人都成为战争的受害者。每一场战争所波及的范围内，都是血流成河，白骨千里，生命和财富一起归零。

特别是中国古代战争最常见的城市攻守战，可以说是典型的无限战争。一座城镇被占领后，经常发生大屠杀。

这些历史足以证明，人类的历史是残酷的破坏性与残忍的记录，而人类的侵犯性远远超过人类的动物祖先。

从对待"战俘"的态度，可以看出有限战争与无限战争的区别。

在有限战争中，战俘被视为失败的战士；在无限战争中，战俘则被视为可耻的叛徒。有限战争虽然也对物质财富造成极大的毁灭，但并不构成对文明的严重威胁。

如果说中国传统律法是战争法的延伸，那么封建皇权统治下的株连和灭门灭族，就带有无限战争的典型特点。

西方世界因为受教会和骑士文化影响，在某种程度上还多少保留了一些有限战争的克制，但在有些时期，他们对异族和异教徒，仍然不惜以种族灭绝式的无限战争来对待。

克劳塞维茨也不得不承认："战争是一种暴力行为，而暴力的使用是没有限度的。"[1]

…………

仇恨会引发战争，狂热也会引发战争。在西方，新教与天主教之争引发了一场长达三十年的战争，这或许是无限战争在西方的滥觞。

当时，天主教军队像当年的十字军一样，对"异教徒"展

1-［德］克劳塞维茨：《战争论》（第一卷），中国人民解放军军事科学院译，商务印书馆 1997 年版，第 26 页。

开了征伐和屠杀。而新教地区的农民也进行着不断的偷袭，然后军队进行报复，杀光所有被发现的农民和他们的家人。当所有村庄都被破坏时，这些四处劫掠的士兵也陷入了困境，没有食物，无处栖身，甚至找不到水。

在欧洲三十年战争中，德国人口由 1800 万锐减到 400 万，整个欧洲大陆哀鸿遍野，这简直是一个末日般的预兆。

或许是反感于三十年战争的疯狂和恐怖，18 世纪的欧洲战争总体是相对文明的。

"破坏和不必要的流血受到严格控制，人们必须严格遵循有关战争的规则、习惯和法律"，这是 18 世纪战争游戏的通行法则。

相较于任何其他时代，这都是一个有限战争的时代。这是一段人类历史中的罕见插曲，战争变得相对而言易于控制和限制。

茨威格说："历史无暇顾及公正。"现代战争试图以崇高的道德权力来重塑世界，这种毫无法律界限的战争变得极其危险。[1]

在美国内战中、北方军司令格兰特明确要求对南方进行毁灭性的、不计后果、不惜代价的摧毁。用他的话说，不但要消

1- 可参阅：［美］詹姆斯·Q. 惠特曼《战争之谕：胜利之法与现代战争形态的形成》，赖骏楠译，中国政法大学出版社 2015 年版。

荷兰独立战争中，一个村庄遭到西班牙士兵的洗劫

灭敌人的军队，还要摧毁敌人的经济基础和敌方居民的战斗意志。很多北方人相信，"结束这场战争的唯一方法，就是使它变得恐怖，变得令敌人无法忍受"。

事实上，这种"恐怖"既不空前，也不绝后。

半个世纪后的两场世界大战，将无限战争发展到极致。战争以国家联盟的形式，将世界划分为敌我两个阵营，在对对方进行封锁的同时，不择一切手段地攻击对方的商船、工厂和城市。古老的传统文明在战火中毁于一旦，欧洲在战后不可避免地走向没落。当二战硝烟散去时，英国、法国、荷兰和德国都已经沦为一片废墟。

在第一次世界大战中，平民受害者占到 1/20；在第二次世界大战中，这一比例达到 2/3。南京大屠杀和奥斯维辛集中营都是针对平民的大屠杀。

> 在现代条件下，全面战争的出现或重现，具有一种十分重要的政治意义，因为它违背了一个基本假设，即保卫平民是军队的功能。政府的军事部门和民事部门之间的关系就建立在这一假设之上。相形之下，本世纪的战争史简直就像是在讲述这样一个故事，那就是军队越来越不能履行这一基本功能，发展到今天，威慑战略公然改变了军队的角色，使它从保

卫者变成一个滞后的、本质上没有作用的报复者。[1]

进入现代以来，越来越发达的军事技术使战争成本的增长态势发生逆转。从海洋到天空，经济学家和政治家们开始计算，如何提高每一块金属的投入产出比，如何降低战争成本。

战争成本的降低，也体现在军人和平民伤亡人数的大大降低。战争从武装占领，变为武力更迭他国政权，从无限战争变为有限战争，这是战争成本降低的关键因素。

但从另一方面来看，战争的低代价也使战争变得更加容易发生，一些倒行逆施的国家政权变得更加脆弱，时刻面临被颠覆的危险。

在一些情况下，因为没有了征服和占领，现代战争对一般民众的影响正越来越小，有时候简直像是一场经济寡头与政治寡头之间的私人决斗。

人们对无限战争的恐惧或许是因为原子弹。对整个人类来说，原子弹的出现使"世界末日"的古老预言更加真实了——在战争状态下，核武器让人类有能力快速消灭自己。

在广岛爆炸23年之后，当年负责两颗原子弹运送任务的重巡洋舰"印第安纳波科斯"号舰长马克维，因不堪忍受沉重

1-［美］汉娜·阿伦特：《论革命》，陈周旺译，译林出版社2011年版，第4页。

的罪恶感而自杀。

负责制造这两颗原子弹的犹太科学家奥本海默拒绝继续研制氢弹，被美国政府宣布为政治不安全人物，成为当时麦卡锡主义的受害者。

在冷战时代的苏联，"氢弹之父"萨哈罗夫同样陷入深深的痛苦中。当苏联军队攻入阿富汗时，萨哈罗夫成为唯一一个公开谴责这场战争的苏联公民。

人是万物之灵，拿破仑和爱因斯坦分别证明了人的两种可能。

据说拿破仑临死前总结自己的一生，留下这样一段话："我曾经统领百万雄师，现在却空无一人；我曾经横扫三大洲，如今却无立足之地。耶稣远胜于我，他没有一兵一卒，未占领过尺寸之地，他的国却建立在万人心中。世间有两种武器：精神和利剑。从长远看，精神必将打败利剑。"

作为原子弹的最先倡导者和最早反对者，爱因斯坦为现代世界留下的遗产，不仅是相对论，还包括一份"反战宣言"——

作为人类来说，我们必须记住，人类决定自己的命运。如果我们选择和平，在我们眼前的是不断进步的幸福、知识、智慧。相反，我们是在选择死亡。人类：记住你们是人类，忘记其他的。如果你能这样做，一个新的天堂将出现；如果你不能，那将是宇宙中的死亡。[1]

人为什么打仗

战争一直是人类文明史中的热门命题，最著名的战争思想源于《战争论》。

军事学家克劳塞维茨说，战争是政治通过另一种手段的继续。但军事历史学家约翰·基根对此深不以为然，"战争比国家、外交和谋略的出现早几千年。战争几乎和人类一样古老，它触及人心最隐秘的角落——在人的心灵深处，自我挤掉了理性的目的，骄傲、情感和本能占据着主导地位"[2]。

在基根看来，克劳塞维茨不仅是一位军事理论家，也是一位历史学家。基根颇有创见地将《战争论》与马克思的《资本论》、亚当·斯密的《国富论》相提并论。如果再加上达尔文的《进化论》，那么这四部巨著可以说构建了主导现代社会的核心思想体系。

在心理学家看来，战争是人最重要的一个非物质的情结。弗洛伊德对爱因斯坦说，他并不认为战争的原因是人类的破坏性，而认为战争是由团体与团体之间事实上的冲突引起的。由于国与国之间没有强制性的法律可以和平地解决冲突，双方只

1-《罗素—爱因斯坦宣言》，1959 年 7 月 9 日于伦敦。
2-［英］约翰·基根：《战争史》，林华译，中信出版社 2015 年版，第 3 页。

得用武力来解决。人类的破坏性只是一个辅助因素，使政府一旦决定战争，国民便易于参战。[1]

在有些社会学家看来，战争是因为人口过剩，也就是马尔萨斯诅咒——战争起到了控制人口的作用。这种说法其实是把战争的动机归结为争夺稀少的资源，比如女人、土地、水源、财富、权力等。

这种说法确实得到了很多历史学家的承认，但这种说法似乎并不能圆满解释 20 世纪最惨烈的两次世界大战。因为进入现代工业社会后，人类已经成功摆脱了马尔萨斯诅咒。过去两个世纪以来，人类在改善物质生活方面取得了空前的成功，但却也发生了空前的两次世界大战。

这时，我们或许有必要重新回到克劳塞维茨的《战争论》——"战争既然是一种暴力行为，就必然属于感情的范畴。即使战争不是感情引起的，总还同感情或多或少有关，而且关系的大小不取决于文明程度的高低，而取决于敌对的利害关系的大小和久暂"；"火药的发明、火器的不断改进已经充分地表明，文明程度的提高丝毫没有妨碍或者改变战争概念所固有的消灭敌人的倾向"。[2]

1-［美］埃里希·弗洛姆：《人类的破坏性剖析》，李穆译，世界图书出版公司 2014 年版，第 189 页。

2-［德］克劳塞维茨：《战争论》（第一卷），中国人民解放军军事科学院译，商务印书馆 1997 年出版，第 26 页。

历经两次世界大战，德国并没有改变自己的命运，反而牺牲了整整两代青年，几乎彻底毁灭一个国家

关于现代性的质问从未停止，因为技术的进步并不代表人类智力水平有多么大的提升。正如房龙所言："个人的野心、个人的恶意和个人的贪婪与战争的最终爆发并不相干。这一切灾难的祸根在于我们的科学家开始创造出一个钢和铁、化学和电力的新世界，而忘却了人类的头脑比谚语中的乌龟还要缓慢，比出名的树懒还要懒惰。"[1]

1- [美]房龙：《人类的故事》，刘缘子等译，生活·读书·新知三联书店 1988 年版，第 488—489 页。

有一个常常被人们忽略，而又确凿无疑的现象是，所有战争都是男人的专利。

人类学家指出，战争是人类（和黑猩猩）与其他物种的最大区别。很少有哪些动物以父系制生活，父系制需要激烈的雄性主导系统来保卫领地，包括侵入邻近部落、攻击并杀死无助的敌人。在 4000 种哺乳动物和 1000 万种其他动物中，这种行为只有人类和黑猩猩所独有。[1]

按英国动物学家莫利斯的说法，在攻击性、领地欲、战争威胁、人口爆炸等问题上，人类仍然无法摆脱其生物学属性。在 193 种猿猴中，只有一种猿猴全身赤裸，他们自诩为"智人"，实际却是"裸猿"。

赫胥黎曾说，知识分子是发现了比性更有意思的东西的人。有人因此指出，所谓文明人，也就是发现了比战争更能带来满足感的东西的人。

按照这种思路，一个社会一旦达到了原始以上的文明水平，不愿打仗而宁肯做别的事情的人，便会随着经济资源的增加而增加，无论是种地还是制造，或者建筑、教书，以此获得与他人的交流。

在现代思想中，这种理想主义者认为，全球合作的商业贸易将取代征服战争。但实际上，现代经济本身就是从殖民战争

1- ［美］尼古拉斯·韦德：《黎明之前：基因技术颠覆人类进化史》，陈华译，电子工业出版社 2015 年版，第 138 页。

开始的。商业不仅没有取代战争，反而与战争进一步融合，变成战争经济学——"战争成为国家的一种产业"。

如果说大英帝国是从一场场海战中崛起的，那么也不能不承认，现代美国也崛起于两次世界大战。

人类的战争由来已久。战争有它的历史。战争消灭一切，唯独战争难以消灭。如今，即使被称为终极武器的原子弹的出现，同样没有消灭战争。

实际上，战争也推动了科技进步，而这些科技进步不仅可以用来杀人，同时也造福了人类。在推动技术发展方面，大概没有比战争更巨大的力量了。

我们今天见到很多影响历史进程的科技文明，最早都出自战争发明，比如：木材与织线的偶然结合，不仅让人们手握弓箭，也催生了弦乐、音律，甚至引发了对动力学最初的思考；为了在战争通信中快敌人一步，人们修筑道路、改进车马、设计密码、研究出无线电和互联网，以至于今天人们可以与地球上任何一个人联结；我们现代生活中的各种仪式和旗帜、条约和法规、理性和道德也无不与战争息息相关。

核武器固然可怕，但在 1945 年 8 月 9 日之后，全世界没有一个人死于核武器。核裂变技术最大的应用是用来发电。在一些发达国家，核电占电力来源的 70%。

当然，这并不是说从此以后就没有了战争和死亡，事实是，战争和死亡照样继续存在。也就是说，原子弹并没有消灭战争，虽然原子弹没有再杀死一个人。

残酷的现实是，自 1945 年以来，全世界约有 5000 万人因战争而死亡，其中绝大多数是被大规模生产的廉价武器和小型弹药杀死的[1]，那些弹药并不比同时期泛滥全球的半导体收音机贵多少。更有甚者，卢旺达大屠杀造成数十万平民死亡，其中绝大多数人死在了原始的砍刀之下。

卢比孔河

公元前 49 年，尤利乌斯·恺撒接到罗马元老院的命令，要他辞去在高卢担任的指挥官职务，他不仅不辞去指挥职务，反而违反禁令，率军向罗马挺进，义无反顾地渡过卢比孔河。

卢比孔河位于高卢与罗马帝国的边境。据说恺撒在渡河时说出了那句名言——"骰子已经掷下！"

恺撒进入罗马城，没有来得及逃跑的元老院议员被迫选举他为终身独裁官。

卢比孔河仅仅是一条不起眼的小河，恺撒渡过卢比孔河这件事本身也毫无意义，但在历史中，却具有特殊的象征意义——罗马共和国由此变为罗马帝国。在西方世界，"渡过卢

1- ［美］杰弗里·帕克：《剑桥插图战争史》，傅景川等译，山东画报出版社 2004 年版，第 332 页。

比孔河"已成为典故，通常用来表示不可逆转地走上了危险之路。

风起于青蘋之末，许多战争都是在这样的自负与冲动中形成的。讽刺的是，战争的发动者常常只知道战争的开始，却根本想不到战争的结局。

1648年时，欧洲三十年战争在满目疮痍中走向终结。这场旷日持久的战争没有赢家，参战各国坐在一起，发誓再也不会打仗。

威斯特伐利亚和会诞生了现代国际体系，在此之后一个半世纪中，西方世界仍然打个不停，只是不再为宗教，而是为民族、为皇帝、为君主而战。法国大革命爆发后，国家战争取代了君主战争，"王朝战争结束了，民族战争已经开始"。这种19世纪模式一直持续到一战结束。随着苏联的崛起，意识形态冲突引发了持续半个多世纪的"冷战"，最后以苏联崩溃而宣告结束。

但20世纪之后的世界并没有从此太平无事，"9·11"宣告了一种新的战争。在"文明的冲突"之下，恐怖主义战争已经彻底改变了战争的传统形态。这是一种新的无限战争，甚至无远弗届。

对一个恐怖主义者来说，因为暴力的严重不对称，他发动"战争"的目的，与其说是制造死亡，不如说是为了制造恐惧。

有人把这种新式战争称为"非对称战争"或"第四代战争"。

德拉克洛瓦名画《自由引导人民》

根据其分法，第一代战争是使用大炮和步兵密集队形的交战；第二代战争是大规模工业动员、巨大的推毁性火力和惨重的损失；第三代战争是游击战和搞破坏，不进行正面攻击。如今的第四代战争经常完全绕过军事行动，使用恐怖和其他犯罪手段来攻击政治和文化目标。

纵观人类大多数战争的历史，战争的主要结果是死亡，而且战争一般只与战争参与者有关。然而现代社会与古代社会最大的一点不同，是信息传播的全球化。信息虽然不能制造死亡，但却可以制造恐惧。从这一点来说，恐怖主义战争其实是一场信息战争。

如果从人类大历史来看待战争的演变，还是值得我们欣慰的。至少现代人类所面临的战争危险已经大大减少。

人是一种理性动物，他的思想指导其行动，理性和道德控制着他的暴力冲动和杀戮能力。虽然从古至今，武器的进步将人类的杀戮能力提高了几千倍，但总体上来说，人类的暴力行为已经大为减少。有具体的统计证明，古代部落间的战争死亡率，要比 20 世纪的战争和大屠杀高出将近 10 倍。

发生在 1994 年的卢旺达大屠杀，便是一场部落战争，让全世界都感到了原始屠杀的可怕。半年间有 50 万～100 万人被杀，大多数人都死于原始的砍刀和棍棒，被枪杀的只占 15%。据说，在屠杀发生前，胡图族政府进口了 100 万把大砍刀，每把不到 1 美元。

进入现代社会后，古老的"丛林法则"逐渐被打破。虽然在 20 世纪发生了两次世界大战，但总体上战争还是比古代更为少见。

在远古农业社会，人类暴力导致的死亡人数占死亡总数的 15% ；而在 20 世纪，这一比例降至 5% ；到了 21 世纪初，更是只占全球死亡总数的约 2.5%。据世界卫生组织统计：2012 年，全球约有 5600 万人死亡，其中 47.5 万人死于人类暴力（战争致死 9.5 万，犯罪致死 38 万）。相较之下，每年自杀的人数有 80 万，死于糖尿病的有 150 万。因此有人开玩笑说，糖比火药对人更致命。

有人将战争减少的原因归结为国家——而非原子弹。战争打造出的利维坦式的大型国家，从而能够确保和平稳定。

几乎所有的国家都是战争的产物，只是有的国家是战争结束的产物，有的国家是战争胜利的产物。反过来，并不能说战争是国家的产物。国家作为一种战争机器，在全球化时代，国家与国家之间选择合作多过选择对抗，这使得发生战争的概率大为降低。

对现代国家来说，军队的国家化也是避免战争尤其是内战的一个重要因素。

有人说，不是军队引起了战争，而是战争缔造了军队。作为战争的主体，军人无疑是一个极其特殊的群体。他们既是战争的发起者、主导者和参与者，也是战争的受益者和受害者。

春秋时期的军事家吴起贪财好色，然而却很擅长用兵，他的名言是"将三军，使士卒乐死"。每次打仗，他都与普通士兵同吃同睡，席地而卧，枕戈待旦。有个兵卒背上长了疮，吴起用嘴给他吸脓。这个兵卒的母亲听说后，就哭起来。别人说，你的儿子只是一个小小的兵，将军能亲自给他吸脓，你应该感到十分荣耀才是，为什么要哭呢？这个母亲说，你们不知道，从前吴起将军就是给孩子他父亲吸脓，结果他父亲感恩戴德，拼死战斗，结果被敌人杀了。如今，将军又给我儿子吸脓，我不知道我儿子将来会死在哪里，所以才哭啊！[1]

孙子说：兴师十万，出征千里，日费千金，内外骚动，相守数年，以争一日之胜。对于同样一场战争，在前线冲锋陷阵的普通士兵与后方运筹帷幄的将军的感受是完全不同的。《公羊传》中记载，楚庄王远远看见晋国的船里全是砍下的手指，不由得哀叹道："吾两君不相好，百姓何罪？"

古代战争大都是君主发动的，百姓只有领受的份儿。无论古今中外，军人的美德就是听从指挥。

…………

人们可能无法想象，一个人虽然手握武器，却没有自由。

1–《史记·孙子吴起列传》原文：起之为将，与士卒最下者同衣食……与士卒分劳苦。卒有病疽者，起为吮之。卒母闻而哭之……曰："非然也。往年吴公吮其父，其父战不旋踵，遂死于敌。吴公今又吮其子，妾不知其死所矣。"

但这是事实。现代社会通过战争摧毁了奴隶制，这不仅解放了平民，也解放了军人本身。

对现代人来说，虽然面临的战争已经越来越少，但军人依然重要。现代军人是文明的保卫者，而非文明的敌人。这是他们与古代军人的最大不同。